民法典

学习问答

李雅云　李林宝◎主编

人民出版社

责任编辑：王　淼

封面设计：林芝玉

版式设计：汪　莹

图书在版编目（CIP）数据

民法典学习问答 / 李雅云，李林宝　主编 . — 北京：人民出版社，2020.11

ISBN 978 - 7 - 01 - 022611 - 8

I. ①民…　II. ①李…②李…　III. ①民法 - 法典 - 中国 - 问题解答　IV. ① D923-44

中国版本图书馆 CIP 数据核字（2020）第 211320 号

民法典学习问答

MINFADIAN XUEXI WENDA

李雅云　李林宝　主编

人民出版社 出版发行

（100706　北京市东城区隆福寺街 99 号）

北京中科印刷有限公司印刷　新华书店经销

2020 年 11 月第 1 版　2020 年 11 月北京第 1 次印刷

开本：710 毫米 × 1000 毫米 1/16　印张：16

字数：232 千字

ISBN 978 - 7 - 01 - 022611 - 8　定价：59.00 元

邮购地址 100706　北京市东城区隆福寺街 99 号

人民东方图书销售中心　电话（010）65250042　65289539

序 言

中共中央党校（国家行政学院）副教育长、
中国法学会副会长　卓泽渊

2020年5月28日，《中华人民共和国民法典》颁布，自2021年1月1日起施行。于是，学习民法典就成为全社会的现实需要。党员干部带头学习民法典就成为必然要求。

党员干部与一般公民一样，有着同样的权利和义务。从法律上讲，党员干部与其他公民一样，并无特殊之处，同样享有法律权利，承担法律义务。法律不过是权利和义务的规则，在法律下的公民既享有权利，也承担义务。从法理上讲，所有公民在法律面前一律平等，其具体体现就是在权利和义务上的平等。民法典涉及范围极为广泛，影响着公民个人生活和社会生活的方方面面。一个人的党员干部身份是政治身份，并不意味着在法律上有何特殊，他们与一般公民并无二致，要如同其他公民一样，同等地享有权利和履行义务，因而同样地需要学习民法典。如果从政治上讲，党员干部也许有所特殊的话，那就是必须带头学习民法典，带头遵守民法典。

党员干部作为公权力行使者有着独特的行权责任。就党员干部与一般社会成员的差别来说，无疑更多的是一定公权力的行使者。如果他们是公权力的行使者，就担负着比一般公民更重的职责责任、社会责任和道德责任。首先，党员干部学习民法典是尊重其他公民和法人民事权利的需要。民法典作为私法法典，是保护私人权利的法典。它在保护私权的同时，也为公权划定了边界，任何公权力都不得侵犯并必须尊重公民和法人的合法权益。其次，党员干部学习民法典是党员干部划清公权力边界、约束相应公权力的需要。公权力与私权利是相对应地存在的，公权力的不受制约与私权利的不受保护，是一体之两面。面对私权利，公权力必须抑制自己的冲动，为保护私权而抑制公权。再次，党员干部学习民法典也是履行法定职责、保护公民法人合法权利的需要。公民或者法人在权利上的自我保护能力总是有限的，一旦受到侵犯，就会寻求公权力救济。担负一定公职的党员干部如果不知私权为何物，就无法很好地保护私权。为了保护私权，党员干部就必须学习民法典。学习民法典是党员干部尊重和保护私权利、抑制公权力的需要，是党员干部特别是领导干部忠实履职的法治要求，是其为人民服务的法治体现。

党员干部，尤其是领导干部，必须发挥应有的带头作用。党员干部中相当一部分是领导干部，领导干部在政治上是"关键少数"，在社会生活中、在遵纪守法上也是"关键少数"。党员干部尤其是领导干部既要充分发挥在政治上的带头作用，也要发挥在社会生活和法律遵守上的带头作用，成为自觉守法的表率。由于党员干部具有独特身份，同样的行为，由他们做出，其影响力必然大于其他社会成员。因此，我们必须强调党员干部尤其是其中的领导干部充分发挥在学习民法典等法律法规上的带头与示范作用，引导全社会更好地遵守法律，营造良好的法治环境，用自己的实际行动推动法治发展。

中共中央党校（国家行政学院）政法部的民法学者在民法典颁布之后应人民出版社之约，立即组织编写了这一辅导读物，正是适应党员干部学习民法典需要的重要举措。期待这一著作能够为民法典的宣传、学习、实施，为满足广大党员干部的学习要求，作出应有的贡献。

2020 年夏
于中共中央党校（国家行政学院）

序 言

中国人民大学原常务副校长、中国法学会副会长、
中国法学会民法典编纂项目领导小组副组长 王利明

我国民法典是"社会生活的百科全书"，是市场经济的基本法，是民事权利保护的宣言书，是治国安邦、经世济民之重器。它的颁布在我国法治建设历史上具有里程碑式意义，必将对我国法治国家、法治政府、法治社会建设带来更积极、更全面、更规范的影响，也会对坚持和完善中国特色社会主义制度、推进国家治理体系和治理能力现代化、保障人民群众美好幸福生活提供充分的法律保障。就各级党政机关行政权力的规范有序运行而言，民法典也具有重要的意义，主要体现在如下几方面：

首先，民法典具有规范公权、保障私权的基础功能。自罗马法起，法律可以分为公法与私法两大类，它们分别确认公权与私权。法治的基本要义是"规范公权、保障私权"。一般认为，保障私权是由民法典等民事法律实现的，而规范公权是由公法承担的。但实际上，民法典在确认和保护公民各项民事权利的同时，也在一定程度上具有促进国家权力依法行使的作用。这是因为，民法典具有基础性和典范性，为依法行政、公正司法提供基本遵循，它对民事权利的确定和保护本身就为国家权力的行使划定了边界。这就意味着，一方面，在立法层面，不只是私法，涉及行政权、司法权运用的公法，也不能与民法典的规定相冲突，应当依法立法，不能轻易减损民法典规定的民事权利。另一方面，在行政执法、司法中，民法典也提供了重要遵循。民法典可以作为行政决策、行政管理、行政监督的重要标尺。可见，从民法典对于规范公权所发挥的作用来看，它具有基础性的作用。

其次，民法典具有保障依法行政的重要作用。习近平总书记指出，有

3

关政府机关、监察机关、司法机关要依法履行职能、行使职权，保护民事权利不受侵犯、促进民事关系和谐有序。民法典实施水平和效果，是衡量各级党和国家机关履行为人民服务宗旨的重要尺度。行政机关应当把遵循民法典作为依法行政的重要内容。一是依法行政必须要尊重私权。行政执法要尊重民法典规定的财产权利、人身权利等，不得以侵害私权为代价。任何公权力的行使，必须尊重老百姓的财产（如不得非法查封、扣押财产），必须诚实守信、严守合同，不得以"新官不理旧账"等理由违约毁约，要带头以政务诚信带动社会诚信。二是依法行政必须依法限制私权。对私权的限制必须有合法依据，不得违背法律法规随意作出减损公民、法人和其他组织合法权益或增加其义务的规定。即使为了公共利益必须对私权作出限制，也必须遵守法定程序和比例原则，不得过度限制。三是依法行政必须要依法行使职权、维护私权。国家机关要依法履行职能、行使职权，履行民法典规定的法定义务，保护老百姓人身、财产安全。例如，《民法典》第1005条关于有关国家机关负有法定救助义务、《民法典》第1254条关于高楼抛物损害的责任，规定公安等机关负有查找责任人的义务，有关机关应当履行这些法定义务。四是依法行政必须要善用民事方式遏制违法行为。党的十九届四中全会强调，"实行惩罚性赔偿制度，严格刑事责任追究"。所谓"严格"，应当是指严格适用刑事手段，严格限定刑事制裁方式，审慎地认定犯罪的标准。在罪与非罪界限不清时，凡是能通过民事法律手段妥善处理的社会纠纷、经济案件，就尽量不使用刑事法律手段。也就是说，"刑法要谦抑，民法要扩张"。

最后，民法典是国家治理体系和治理能力现代化的集中体现和重要抓手。国家治理体系和治理能力现代化的主要特征就是实现全面依法治国。民法典构建了完备的民事权利体系，确立了完善的民事权利保护规则，鼓励个人积极维护自身权利。同时，民法典的各项规则也明确了各级政府依法行政的边界。正如习近平总书记指出的："各级政府要以保证民法典有效实施为重要抓手推进法治政府建设，把民法典作为行政决策、行政管理、行政监督的重要标尺，不得违背法律法规随意作出减损公民、法人和其他组织合法权益或增加其义务的决定。"①民法典全面确认与保障私权可以调动各类主体参与国家与社会治理的积极性，充分发挥其国家治理作用，这也有利于实现更好的治理效果。民法典承认社会组织的能动性与对社会组织的有效监管并举，鼓励当事人依法创设各类企业，并依法保护其合法权益。民法典充分发挥社会组织的自治功能，使得社会组织成为社会治理的重要环节，进一步提升了社会治理能力。民法典还有效地处理了个人与个人、个人与社会、个人与国家的关系，在对个人的保护中，同时强调对公共利益的维护，以实现个人和社会之间关系的平衡，必将推动社会共建共治共享，促进社会和谐有序。因此，民法典的颁布实施，必将有力推动国家治理体系和治理能力现代化。

党员干部是我国社会主义现代化建设进程中的领导力量，是全面推动依法治国的实践者，也是贯彻习近平总书记的要求、学习普及民法典的重要组织力量。在民法典颁布之后，作为党员进修学习最高学府的中共中央党校政法部的民法教师们立即组织精干力量，结合党员干部的工作实际，编写了适合党员干部阅读学习的民法典辅导读本，号召党员干部要做学习遵守和维护民法典的表率。这必将能够有力推动民法典知识的普及学习，切实贯彻习近平总书记关于充分认识颁布实施民法典重大意义、依法更好保障人民合法权益的号召，让民法典进入党员干部脑海里、走到群众身边、走进群众心里，在建设社会主义法治国家的过程中发挥更大的作用。

是为序

2020 年 8 月于中国人民大学

---

① 习近平：《充分认识颁布实施民法典重大意义 依法更好保障人民合法权益》，《求是》2020 年第 12 期。

目 录

序 言 卓泽渊 1

序 言 王利明 3

第一章 新中国成立以来第一部以"法典"命名的法律 1

一、理解好民法典需追本溯源 2

二、实施好民法典需先把握其重大意义 9

三、学习好民法典应先把握其框架结构 13

第二章 鲜明中国特色、实践特色、时代特色 19

一、民法典的中国特色 20

二、民法典的实践特色 24

三、民法典的时代特色 28

第三章 总则编：基本原则基本规则 33

一、总则编的主要内容 34

二、总则编的学习运用 37

三、总则编有关案例问答 48

第四章 物权编：平等保护公私物权 59

一、物权编的主要内容 60

二、物权编的学习运用　　　　　　　　　　　　64

三、物权编有关案例问答　　　　　　　　　　　73

第五章　合同编：大力弘扬契约精神　　　　　　　87

一、合同编的主要内容　　　　　　　　　　　　88

二、合同编的学习运用　　　　　　　　　　　　92

三、合同编有关案例问答　　　　　　　　　　103

第六章　人格权编：加强保护人格尊严　　　　　113

一、人格权编的主要内容　　　　　　　　　　114

二、人格权编的学习运用　　　　　　　　　　121

三、人格权编有关案例问答　　　　　　　　　133

第七章　婚姻家庭编：坚守家庭伦理道德　　　　145

一、婚姻家庭编的主要内容　　　　　　　　　146

二、婚姻家庭编的学习运用　　　　　　　　　151

三、婚姻家庭编有关案例问答　　　　　　　　158

第八章　继承编：财产承续有法可循　　　　　　173

一、继承编的主要内容　　　　　　　　　　　174

二、继承编的学习运用　　　　　　　　　　　178

三、继承编有关案例问答　　　　　　　　　　187

第九章　侵权责任编：惩恶扬善保障权利　　　　201

　　一、侵权责任编的主要内容　　　　202

　　二、侵权责任编的学习运用　　　　206

　　三、侵权责任编有关案例问答　　　　216

第十章　领导干部要做学习、遵守、维护民法典的表率　　　　233

　　一、切实实施民法典的关键所在　　　　234

　　二、带头树立和弘扬民法理念和精神　　　　235

　　三、切实增强民法思维和依法办事能力　　　　238

　　四、自觉担负宣传普及的重要责任　　　　242

后　记　　　　244

第一章

新中国成立以来第一部以
"法典"命名的法律

民法典是新中国成立以来第一部以"法典"命名的法律，也是第一部超过 1000 条的法律，还是第一部超过 10 万字的法律。对于这样一部厚重的法律，理解好需追本溯源、实施好需先把握其重大意义、学习好应先把握其框架结构。

一、理解好民法典需追本溯源

毫无疑问，民法典是一部厚重的法律。民法典的厚重，不仅仅在于其条文之多，更在于其承载的文化之厚、传统之厚，它汲取了5000多年中华文明的营养、吸收了2000多年民法文化的积淀。就如同不了解中国悠久的历史就不可能真正认识中国一样，不了解源远流长的民法文化，就无法感受民法的博大精深。打开民法典的正确方法，应是追本溯源、寻根问祖。

与属本土固有词汇且能顾名思义的刑法、行政法不同，"民法"一词源自古罗马法，立基于比较发达的商品关系之上。恩格斯指出，罗马法"包含着资本主义时期的大多数法权关系"[①]，是"商品生产者社会的第一个世界性法律"[②]。在罗马法中，民法的本义为"市民法"，即规制城邦国家市民之间相互关系之法，其后在欧陆各国的发展也是一脉相承，1804年法国的《拿破仑市民法典》即是典型。可惜19世纪日本学者在翻译时由于不了解"市民法"中"市民"所担负的文化价值，便将其简译为"民法"，而这一误译又被清末的中国所照搬。

1 世界民法法典化之路

世界各国的法律，基于法律渊源和传统等的不同，大致可以归入大陆法系和英美法系。大陆法系又称罗马法系、民法法系、法典法系，涵盖的国

[①] 《马克思恩格斯全集》第36卷，人民出版社1975年版，第169页。
[②] 《马克思恩格斯选集》第4卷，人民出版社1995年版，第252页。

家和地区广泛，德国、法国是典型代表，日本、韩国、中国大陆和中国台湾地区均属这一法系。英美法系又称普通法系、海洋法系、判例法系，是以英国普通法为基础发展起来的法律的总称，英国、美国是其典型代表，主要涵盖曾经是英国的殖民地、附属国的许多国家和地区。

其实，大陆法系的诸多称谓本身就是从不同角度揭示该法系的特点，民法的法典化也就发生在这一法系之中。民法源于罗马法，罗马法的法律渊源除立法外，还包括习惯、法学家解释、长官告示等，罗马人编纂法典主要是在罗马后期，在查士丁尼皇帝执政时期达到顶峰。查士丁尼当政后的第二年即颁布一项谕令，任命一个由10人组成的委员会，编纂形成了系统编排并划分为章节的"简单明了的成文法律"——《查士丁尼法典》；之后又将法学家的著述汇编，形成了《查士丁尼学说汇编》；编辑了一本新的教科书，即《查士丁尼法学总论》，这三部加上之后的《查士丁尼新敕》构成著名的《查士丁尼国法大全》，也叫《查士丁尼民法大全》。

罗马帝国崩溃之后，精细的罗马法因很难被其他粗糙的法律所取代而被新统治者继续传播和继受。伴随着文艺复兴，罗马法在意大利出现了复兴，意大利的一些地方也成了欧洲的法律中心，欧洲共同法也随之形成。随着民族国家和民族主权观念的出现，民族法兴起，但共同法并未完全消失，这也是后来欧陆各国法典化的共同基础。17世纪的欧洲大陆，随着启蒙运动、科技革命、理性主义兴起，与之相应的便是以自觉设计、构造清晰、内容丰富的法典编纂代替分散凌乱、杂乱无章的单行立法。这一法典化趋势最早发生在丹麦，经由法国和普鲁士的努力，而在1804年的法国民法典达到顶峰。1804年的法国民法典揭开了近代法典化的序幕。

1804年的法国民法典、1900年的德国民法典和1907年的瑞士民法典，被称为"世界三大民法典"。亚洲的日本于1890年制定了旧民法典，1998年颁布了新民法典。据不完全统计，世界上包括奥地利、荷兰、意大利、葡萄牙、西班牙、巴西、埃及、越南、菲律宾等在内的至少50多个国家和地区有了自己的民法典。

在近代，中国先后编纂了两部民法典草案，即 1911 年的《大清民律草案》和 1925 年的《中华民国民律草案》。这两部草案因种种原因均未实施。另外，尚有两部正式生效的民法，即 1910 年颁布的《大清现行刑律》民事有效部分和 1929—1931 年颁布实施的《中华民国民法典》。

新中国的民法法典化之梦

马克思说："法典就是人民自由的圣经。"[1] 已故著名民法学家谢怀栻曾言："民法典较之刑法、诉讼法等，更足以代表一个民族的文化高度，而且只有一个全中华民族的民法典才能表明中华民族已攀上了历史的高峰。"

早在新中国成立前夕，民法学家陈瑾昆就于 1948 年在河北省平山县西柏坡村起草了新中国第一部民法草案，坚持了大陆法系的民法传统，作出了与民国民法不同的原则和制度设计，但未颁行。1949 年 2 月，《中共中央关于废除国民党的六法全书与确定解放区的司法原则的指示》中明确提出了"在无产阶级领导的工农联盟为主体的人民民主专政的政权下，国民党的六法全书应该废除"。

制定或编纂一部民法典，是新中国几代法律人尤其是民法人的梦想，也是几代中国人的夙愿。党的十八大之前，新中国曾先后四次启动民法（典）制定工作，但前两次不幸夭折，后两次也与民法典失之交臂。可喜的是，第三次诞生了被称为"小民法典"的《民法通则》，第四次催生了《物权法》《侵权责任法》等基本民事法律，这些为民法典的编纂奠定了厚实基础。党的十八届四中全会作出了《中共中央关于全面推进依法治国若干重大问题的决定》，将编纂民法典作为重点领域立法中的重中之重，为民法典的编纂扫清了障碍。下面简要回顾一下新中国的五次民法法典化历程。

---

① 《马克思恩格斯全集》第 1 卷，人民出版社 1995 年版，第 176 页。

1954 年，诞生不久的全国人大常委会即组建了专门的工作班子，组织起草"中华人民共和国民法典"。该班子在对民事习惯广泛调查研究，批判地借鉴外国特别是苏联的民事立法经验的基础上，经过两年多的艰苦努力，于 1956 年 12 月完成了《民法（草稿）》，包括总则、所有权、债和继承 4 编，共 525 条，加上已经公布的婚姻法，实际上为五编制的德国民法典体例。该草案主要受当时苏联的民事立法，尤其是 1922 年苏俄民法典的影响。然而，由于随之而来的"整风""反右"等政治运动，该草案被迫夭折。但该草案在新中国民法史上的地位是毋庸置疑的，它标志着新中国民事立法对苏俄民法理论的全面接受。由于苏俄民法典主要是参照大陆法系的德国民法典制定的，因此也就意味着新中国第一个民法草案仍然因袭了大陆法系德国法的立法技术、编制体例和概念框架。

1962 年，在国民经济贯彻实施"调整、巩固、充实、提高"八字方针的同时，毛泽东主席发出指示："不仅刑法要，民法也需要，现在是无法无天。没有法律不行，刑法、民法一定要搞。"遵照这一指示，全国人大常委会组建了以中国科学院法学研究所所长孙亚明领衔的工作班子第二次起草民法典。1964 年 7 月，该班子写出了《中华人民共和国民法草案（试拟稿）》，包括总则、所有权和财产流转 3 编，共 24 章、262 条。与第一次草案相比，该草案是当时行政经济体制和"左倾"经济思想的反映，同时也受到了当时国际、国内政治斗争的影响。在指导思想上，一方面试图摆脱苏联模式，另一方面又想与资本主义国家的民法彻底决裂；在内容上，不仅错误地将亲属、继承等排除在外，而且又将预算、税收等纳入了法典；在语言上，不仅拒绝使用"权利""义务""所有权""债权""自然人""法人"等法律术语，而且字里行间充斥着"高举三面红旗""政治工作是一切经济工作的生命线"等政治口号。不幸的是，就连这样一个政治性极强的草案也被接踵而至的"四清运动""社会主义教育运动"和史无前例的"无产阶级文化大革命"所遗弃。

1978 年 5 月 15 日，《人民日报》摘要发表了董必武 1956 年 9 月 15 日在中国共产党第八次全国代表大会上关于法制问题的发言《进一步加强国家法制，保障社会主义建设事业》，董必武在发言中将民法作为亟须制定的基本法规之一。1978 年 10 月 30 日，在中央政法小组召开的法制问题座谈会上，政法小组成员陶希晋作了修改、起草法规的说明，将民法作为亟须制定的法规之一。1978 年 11 月 10 日至 12 月 13 日的中共中央工作会议闭幕式上，邓小平同志作了题为《解放思想，实事求是，团结一致向前看》的报告，提出了"为了保障人民民主，必须加强法制"的口号，并明确指出"应该集中力量制定刑法、民法、诉讼法和其他各种必要的法律"。① 民法典的制定再次被提上议事日程。1979 年 11 月 3 日，全国人大常委会法制委员会再次组建民法起草小组，委员长兼该会主任彭真委任副主任杨秀峰、陶希晋领衔。由杨秀峰、陶希晋等 7 人组成的中心小组经过 3 年的艰苦努力，三易其稿，于 1982 年 5 月起草完成《中华人民共和国民法草案（第四稿）》，包括民法的任务和基本原则、民事主体、财产所有权、合同、智力成果权、财产继承权、民事责任和其他规定 8 编，共 43 章、465 条。该草案后来因经济体制改革刚刚起步，经济模式没有最后确定等因素终未能提交全国人大常委会审议。不久之后，当时领导全国人大法制委员会立法工作的彭真、习仲勋等同志深入研究后，决定按照"成熟一个通过一个"的工作思路，确定先制定民事单行法律。虽然该草案也未最终成为法律，但其后的《经济合同法》《继承法》等单行法及《民法通则》也都是以其为基础制定的。

在这里，有必要对在新中国民法史上具有举足轻重地位的《民法通则》的制定作一简单的介绍，虽然它仅仅是以民事单行法共同规则的面目出现的。自党的十一届三中全会后第一部民事立法《中外合资经营企业法》（1979 年）颁布后，民事单行法大量出现而且矛盾冲突规定不断暴露。而这恰恰反映了制定民事共同规则的迫切需要。1984 年夏，立法机关决定在 1982 年民法草稿的基础上，删繁就简，起草民法通则草案。1984 年 10 月 25 日，民法起草小组完成《民法总则（草案初稿）》，包括民法的任务、基本原则、民事主体、民事法律行为、代理、期限、诉讼时效 7 章、83 条。1985 年 8 月

---

① 《邓小平文选》第二卷，人民出版社 1994 年版，第 146 页。

15 日，又完成《民法通则（征求意见稿）》，包括任务、基本原则和适用范围，公民，法人，合伙组织，民事权利，民事法律行为和代理，民事责任，时效和期间 8 章、113 条。第六届全国人大第四次会议于 1986 年 4 月 12 日通过《民法通则（草案）》并于同日公布。《民法通则》分基本原则、公民（自然人）、法人、民事法律行为和代理、民事权利、民事责任、诉讼时效、涉外民事关系的法律适用和附则 9 章、156 条。虽然《民法通则》不仅在内容上相当单薄，而且在体例编制、逻辑结构等方面也问题不少，但它填补了我国法律体系中长期存在的空白，功不可没。

《民法通则》的颁布实施，并未终止民法法典化的征程。制定民法典的呼声一浪高过一浪。在《民法通则》颁布实施后不久，就有学者提出制定民法典的构想。尤其是社会主义市场经济体制的确立、依法治国方略的提出、众多学者卓有成效的理论准备，使得民法典的制定终于再次提上了议事日程。2001 年，九届全国人大常委会组织起草《中华人民共和国民法（草案）》。2002 年末，《中华人民共和国民法（草案）》正式提交全国人大常委会第三十一次会议审议，草案共 9 编、1209 条，分别为第一编：总则；第二编：物权法；第三编：合同法；第四编：人格权法；第五编：婚姻法；第六编：收养法；第七编：继承法；第八编：侵权责任法；第九编：涉外民事关系的法律适用法。该草案形式上的一个独到之处是草案条文以"编"单独计算。这是新中国法制史上条目最多、内容最多的一部法律草案。就内容而言，草案中的合同法、婚姻法、收养法、继承法 4 编直接采用了当时单行法的规定，而其他 5 编是在当时既有法律基础上重新起草的。九届全国人大常委会经讨论和研究，仍确定继续采取分别制定单行法的办法推进我国民事法律制度建设。

党的十八大将法治确立为治国理政的基本方式，提出"科学立法、严格执法、公正司法、全民守法"的新法治 16 字方针，从而为法治中国建设迈向深入奠定了总基调。党的十八届四中全会更是在党的中央委员会层面上讨论了全面依法治国，会议通过的《中共中央关于全面推进依法治国若干重大问题的决定》是对全面推进法治中国建设的总体部署，其中将编纂民法典列为重点领域立法中的重中之重，这是中央文件中首次明确提出编纂民法典，毫无疑问，这是一个重要的政治决定，彰显了编纂民法典的极端重要性和极其迫切性。

2015年3月20日，全国人大常委会法工委主任李适时宣布民法典起草工作正式启动。2016年6月14日，习近平总书记主持召开中央政治局常委会会议，听取并原则同意全国人大常委会党组关于民法典编纂工作和民法总则草案几个主要问题的汇报，并作出重要指示，为编纂民法典和制定《民法总则》提供了重要指导和基本遵循。民法典将由总则编和各分编组成（包括物权编、合同编、侵权责任编、婚姻家庭编和继承编等）。编纂工作按照"两步走"的思路进行：第一步，编纂《民法典·总则编》；第二步，编纂民法典各分编，拟于2018年整体提请全国人大常委会审议，经全国人大常委会分阶段审议后，争取于2020年将民法典各分编一并提请全国人民代表大会会议审议通过，从而形成统一的民法典。

2017年3月15日，第十二届全国人民代表大会第五次会议表决通过《民法总则（草案）》，民法典的开篇之作由此诞生，中国民法典的时代也由此正式开启。

《民法总则》通过后，第十二届、第十三届全国人大常委会接续努力、抓紧开展作为民法典编纂第二步的各分编编纂工作。2018年8月，第十三届全国人大常委会第五次会议审议了包括物权、合同、人格权、婚姻家庭、继承、侵权责任等6个分编在内的民法典各分编草案。之后，对民法典各分编草案进行了拆分审议。2019年12月召开的第十三届全国人大常委会第十五次会议审议了《中华人民共和国民法典（草案）》。2020年5月28日，第十三届全国人民代表大会第三次会议审议通过了《中华人民共和国民法典（草案）》，民法典正式诞生，新中国几代人的夙愿得以实现。

民法典开创了我国法典编纂立法的先河，这种从"零售到批发"的立法模式，对于其他部门法的体系化也具有重要借鉴意义。

二、实施好民法典需先把握其重大意义

思想是行动的先导，认识是行动的动力。党员干部特别是领导干部贯彻实施民法典，首先应充分认识到实施好民法典的重大意义，这是推动民法典实施的前提。民法典诞生第二天，中央政治局就围绕"切实实施民法典"举行集体学习，"目的是充分认识颁布实施民法典的重大意义，推动民法典实施，以更好推进全面依法治国、建设社会主义法治国家，更好保障人民权益"①。经过最近一段时间的密集宣传教育，党员干部特别是领导干部对实施好民法典的必要性、重要性的认识有了一定程度的提高，但依然需要深化。

1 实施好民法典，是坚持以人民为中心、保障人民权益实现和发展的必然要求

以人民为中心，首先应保障人民权益的实现和发展。为人民服务、以人民为中心，都要求实现好、维护好、发展好人民的根本利益，而人民的根本利益首先体现在人民的民事权利中。民法是权利法，民法典是以人格权、身份权、物权、债权、知识产权、股权等权利类型构筑起来的权利大厦。在每一类权利之中，又包含名称不同、内容各异的众多具体权利，甚至次级权利类型，如物权可再细分为所有权、用益物权和担保物权三类，其中的用益物权就包括国有建设用地使用权、集体建设用地使用权、宅基地使用权、居

---

① 习近平：《充分认识颁布实施民法典重大意义　依法更好保障人民合法权益》，《求是》2020 年第 12 期。

住权、土地承包经营权、土地经营权和地役权等诸多具体权利。老百姓的根本利益就是通过一个个具体权利的"包装"得以固定、呈现。不了解权利，就无法精准把握老百姓的根本利益所在，实现好、维护好、发展好人民的根本利益就可能成为一句空话。民法典不仅吸收了既有民事法律中的民事权利，而且根据时代发展需要增加规定了隐私权、居住权、土地经营权等权利，进一步丰富了民事权利种类。以人民为中心，就要切实保障这些新老权利的实现和发展。

以人民为中心，还应保障尚未成长为权利的利益的实现和发展。权利自然体现的是人民的根本利益，但人民的根本利益并不以权利为限。民法典在其立法目的和依据的第 1 条第一句就规定"为了保护民事主体的合法权益"，又在第 3 条规定"民事主体的人身权利、财产权利以及其他合法权益受法律保护，任何组织或者个人不得侵犯"，足以表明民法典不仅保护权利，还保护不是权利的重大利益。比如，民法典在总则编第五章列举具体人格权之前，首先在第 109 条规定"自然人的人身自由、人格尊严受法律保护"，就是强调民法典对人格权的保护不以列举的生命权、身体权等具体人格权为限，没有以具体人格权形式保护的人格利益，也在民法典的保障范围之内。事实上，有些民事权利也经历了从利益纳入法律保护范围进而逐渐成长为权利的过程。民法典并未确定个人信息权，但却用 10 个条文对个人信息保护作出了明确规定，包括个人信息的定义和范围、个人信息处理的原则和条件、处理个人信息的免责事由、个人信息主体的权利、信息处理者的信息安全保障义务，以及国家机关、承担行政职能的法定机构及其工作人员的保密义务等。这说明个人信息已经被纳入民法保护的重大利益范围。此外，民法典还对声音的保护作了规定，即《民法典》第 1023 条第 2 款："对自然人声音的保护，参照适用肖像权保护的有关规定。"以人民为中心，权利的保障和实现固然重要，利益的保障和实现同样不可忽视。

实施好民法典，是发展社会主义市场经济、巩固社会主义基本经济制度的必然要求

民法是市场经济的基本法，民法典的颁布，为健全社会主义市场经济体制奠定了坚实的制度基础。市场经济是交换经济，交换需要适格的交换主体、清晰的可交换权利、有效的交换工具和妥当的责任机制，而这些都是由民法建构起来的。民法表达的是商品生产与交换的一般条件，包括社会分工与所有权、身份平等、契约自由。所有权是全部财产制度的基础，是身份平等和意思自治的舞台，正是在这个意义上，我们才能理解"法律的精神就是所有权"这句孟德斯鸠的名言。从罗马法以来民法的演变及发展来看，民法的发达程度与市场经济的繁荣程度正相关。民法以平等、自愿、公平、诚信为基本原则，奉行主体平等、机会平等、权利平等、意思自治、契约自由、诚实守信和权利保障，通过构建主体制度、权利制度、行为制度和责任制度为市场经济的健康运行提供基本遵循。民法典进一步优化了民事主体分类、丰富了民事权利种类、完善了民事合同规则、平衡了民事责任和行为自由，这为社会主义市场经济体制的健全提供了制度支撑。

民法典以法典的形式肯定、固化了社会主义基本经济制度的新表述。法典的基本特征是体系性、稳定性、权威性，作为市场经济基本法的民法典，就是要将市场经济的根本制度固定下来，从而达到稳预期、利长远的目的。民法典吸收党的十九届四中全会通过的《中共中央关于坚持和完善中国特色社会主义制度、推进国家治理体系和治理能力现代化若干重大问题的决定》中关于社会主义基本经济制度的新表述，将《物权法》中"国家在社会主义初级阶段，坚持公有制为主体、多种所有制经济共同发展的基本经济制度"的表述，修改为"国家坚持和完善公有制为主体、多种所有制经济共同发展，按劳分配为主体、多种分配方式并存，社会主义市场经济体制等社会主义基本经济制度"，一方面删除了"在社会主义初级阶段"这一时间限定，

另一方面丰富了基本经济制度的内容。各级领导干部一定要认识到实施好民法典对于巩固社会主义基本经济制度的重大意义。

3 实施好民法典，是提高我们党治国理政水平的必然要求

治国理政，法治是基本方式。法治的基本要义是规范约束公权力、保障私权利。民法典为我们开出了需要保障的"权利清单"和"利益清单"，实现好、维护好、发展好这些权利和利益，是对我们党和政府提出的实实在在的要求。不了解权利，就很难做到尊重权利、不侵犯权利，也就很难指望严格依法行政、依法办事。唯有不断提高治理能力，方能满足人民的权益需求、法治需求。

实施好民法典，需要把握好市场和政府作用的边界。我们要让市场在资源配置中发挥决定性作用，首先要相信市场主体的理性、相信市场的力量，从而认真对待市场主体的权利，最大限度地减少政府直接配置资源和干预微观经济，避免行政垄断、行业保护、地区封锁等乱作为。权利和权力是此消彼长的关系，法谚"行政权力退出的空间有多大，民事权利伸展的空间就有多大"讲的就是这个道理。我们要"更好发挥政府作用"，就要对政府发挥作用的领域有清醒的认识，从而更加自觉地在该为的领域大胆、负责地作为，避免不作为、慢作为。比如，市场交换的前提是产权明晰，而不动产确权登记的职责在于政府，如果确权登记不到位、不准确，不仅影响市场交换的活跃度，而且越是交换频繁，可能造成的矛盾纠纷越多。这也就是近一二十年来中央下大力气推动农村土地确权登记、不动产统一登记的原因所在。民法典删除现行法律关于不同动产担保由不同机构登记的规定，意在统一动产担保登记机构，提高登记效率和公信力。总的来看，政府的主要职能是宏观调控、公共服务和市场监管，资源配置、微观市场活动应遵循民法确定的基本市场规则。

实施好民法典，需要在立法、决策、执法及司法中妥当处理权力与权利的关系。民法典对权利的规定，不仅是在为老百姓之间划清行为自由的界限，也是为公权力的行使者指示行权履责的边界。认真对待权利，不仅是依法行政的要求，也是对依法立法、依法决策和依法办案的要求。当然，尊重老百姓的权利，并不意味着权利不可限制，为了公共利益，政府不仅可以征收征用私人财产、限制公民自由，还可以征收税款。因此，真正的问题不是权利能不能限制，而是对私权利的限制本身也应当是有限度的。这里的限度主要体现在以下几个方面：一是目的的正当性——公共利益。公共利益是公权力限制私权利的正当理由，也是唯一理由。二是形式的正当性——法定性。对生命、人身自由等的限制只能通过法律为之，对财产的征收征用一般也应通过法律规定，《国务院办公厅关于加强行政规范性文件制定和监督管理工作的通知》（国办发〔2018〕37号）要求规范性文件“不得违法减损公民、法人和其他组织的合法权益或者增加其义务，侵犯公民人身权、财产权、人格权、劳动权、休息权等基本权利”。三是程序的正当性——纠纷的可诉性。对权利的限制应当遵守基本的告知理由、听取意见等正当程序，权利人对权利的限制不服的，应当允许其通过诉讼等途径得到救济。四是征收征用情形补偿的正当性——公正补偿。征收征用是对个别人财产权的限制，即使出于公共利益，也不能让少数人牺牲过多。

三、学习好民法典应先把握其框架结构

民法典共7编、1附则、84章、1260条，对于这样一部有深度、有高度、有厚度的法典，即使是民法专业人员，也不可能做到如数家珍。我国民法传统相对欠缺，民法文化的底子相对薄弱，各级领导干部中了解民法的不多，专门学习民法的时间又十分有限。党员干部学习民法典，正确的打开方式是从基本框架结构入手，避免“只见树木不见森林”。

1 民法典的形式框架

民法典的主体是7编，分别是总则编、物权编、合同编、人格权编、婚姻家庭编、继承编和侵权责任编。各编之间的关系是：总则编主要规定民法的基本原则和各分编共同适用的一般规定，因而统领各分编，除非分编有特殊规定，否则总则的规定要适用于分编。物权编和合同编分别调整财产归属和流转关系，这两编内容最多，条文数约占整部民法典的62%。人格权编、婚姻家庭编和继承编主要调整人身关系或与人身关系更为紧密。侵权责任编主要规定权利受损后的救济。从体例结构看，民法典七编制与德国民法典和日本民法典的五编制更为相似。比较有特色的是人格权编和侵权责任编。当今各国、各地区民法典中，人格权独立成编的非常少见，人格权独立成编是我国民法典的一大特色。另外，传统民法典中，合同、侵权责任和不当得利、无因管理均属债法调整范围，有些国家的民法典甚至有债法总则，合同和侵权责任不会单独成编。我国民法典的合同编事实上担负着部分债法总则的使命，不当得利和无因管理这两类本不属合同的内容也被安排在了合同编第三分编，因为在没有统一债权编的情况下，没有独立成编可能的不当得利和无因管理制度实在没有更好的"去处"。另外，侵权责任的独立成编有利于明确具体规定侵权责任类型、侵权责任方式和损害赔偿，但与同属债法内容的合同、不当得利、无因管理的割裂，不利于民法典的理解适用。

当然，把握民法典的结构，不能忽略民法典编纂过程中争论最大的三个涉及体系结构的问题。一是人格权编是否应当独立的问题。人格权独立成编被认为是民法典的最大亮点，但也是民法典编纂过程中争论最大的问题。反对的主要理由是人格权和物权、债权等权利不同，是消极性权利，不可流转、不能放弃，法律不明确宣示也应当保护，因此，可以通过侵权责任进行保护，个人信息保护等可以规定在总则编；而主张独立的主要理由是在信息社会，个人信息等应当突出保护，在总则部分规定过多人格权的内容会造成总则编不同权利之间的不平衡，独立成编更有利于彰显国家对于人格权、人格尊严的重视。二是是否应当设置知识产权编。一些知识产权法学者极力主张设置知识产权编，理由是知识产权是重要的民事权利类型，《民法总则》已经在民事权利中对知识产权作了规定，在国家重视创新、强调知识产权保护的知识经济时代，在民法典中设置知识产权编有重要意义。但反对者认为，知识产品日新月异、知识产权法常变常新，且知识产权法的管理法色彩浓厚，因此，不宜在民法典中独立成编，否则既影响民法典的稳定性，也不利于知识产权制度的创新。三是各分编的顺序问题。主张人格权独立成编的有些学者认为应当将人格权排在分编之首，以示对人格权的重视，凸显人权保障的时代特色，从而与其他国家重视财产权的民法典结构区别开来。反对观点认为，人格权编、婚姻家庭编均主要调整人身关系，如果人格权编居分编之首，婚姻家庭编及与此有密切关系的继承编也应随之提前，其结果是占据民法典整体内容将近三分之二篇幅的物权编和合同编被置后，从整体结构上看，显然有失平衡。

 民法典的制度框架

民法典的结构也可以从民事主体制度、民事权利制度、民事行为制度和民事责任制度四个方面去把握。民事主体制度主要规定在总则编，即《民法典·总则编》第二、三、四章分别规定的自然人、法人和非法人组织。民事权利制度几乎各编都有涉及，总则编设置了民事权利的一般规定，物权编、人格权编更是以"权"为名，合同编的编名中虽未冠以"权"字，但主体内容是合同债权及不当得利、无因管理债权，婚姻家庭编、继承编的主要内容为身份权和财产权，侵权责任编规定的是侵权损害赔偿债权。民事行为制度主要体现在总则编和合同编，其他各编也有涉及，如婚姻家庭编规定的婚姻、收养协议，继承编规定的遗嘱和遗赠抚养协议。民事责任制度主要规定在总则编及合同编中的违约责任和侵权责任编。以下分别简单介绍民事主体制度、权利制度、行为制度和责任制度，以便党员干部对民法典有一个概括的印象。

（1）主体制度

民法典规定的主体包括三类，分别是自然人、法人和非法人组织。

自然人是依照自然规律出生的人。自然人的权利能力始于出生、终于死亡，但对胎儿的利益给予特殊保护，即《民法典》第16条规定："涉及遗产继承、接受赠与等胎儿利益保护的，胎儿视为具有民事权利能力。但是，胎儿娩出时为死体的，其民事权利能力自始不存在。"自然人的行为能力是指能够独立实施依其意思表示内容发生法律效果的行为的能力，根据年龄、心智发展状况分为无行为能力人、限制行为能力人和完全行为能力人。法律对无行为能力人和限制行为能力人规定了监护制度。与《民法通则》相比，民法典将无民事行为能力的年龄从"不满十周岁"降低为"不满八周岁"。另外，民法典增加了老年监护制度。值得党员干部注意的是，民法典在监护制度中，规定了居民委员会、村民委员会和民政部门指定监护人、承担临时监护人以及紧急情况监护人无法履行监护职责时的照顾义务等职责。

法人是能够独立享有民事权利和承担民事义务的组织，分为营利法人、非营利法人和特别法人。营利法人是以取得利润并向股东等出资人分配为目的成立的法人，包括有限责任公司、股份有限公司和其他企业法人等。非营利法人是为公益目的或者其他非营利目的成立，不向出资人、设立人或者会员分配所取得利润的法人，包括事业单位、社会团体、基金会、社会服务机构等。特别法人是指机关法人、农村集体经济组织法人、城镇农村的合作经济组织法人、基层群众性自治组织法人。需要注意的是，营利法人与非营利法人的根本区别并不在于是否能够营利，非营利法人也有可以营利的，而在于取得利润之后以及在法人终止时能不能向其设立人、出资人、会员等分配利润。我国实践中的民办学校既有营利性的，也有非营利性的，这是值得关注的。至于承认农村集体经济组织法人等为特别法人，其主要意义在于强化对农民及农村集体经济组织等的权利保护。

非法人组织是不具有法人资格，但是能够依法以自己的名义从事民事活动的组织，包括个人独资企业、合伙企业、不具有法人资格的专业服务机构等。非法人组织的财产不足以清偿债务的，除法律另有规定外，其出资人或者设立人承担无限责任。非法人组织与法人的主要区别即在于法人以其财产独立承担责任，因此其投资人以其出资为限承担有限责任；而非法人组织并不能独立承担责任，因此其设立人要承担无限责任。不过，在合伙企业中，又有有限合伙这一特殊类型，即其合伙人由普通合伙人和有限合伙人组成，普通合伙人承担无限（连带）责任，有限合伙人承担有限责任。

（2）权利制度

民事权利分为人身权和财产权两大类型。人身权包括人格权和身份权，财产权包括物权、债权、知识产权（知识产权中有人格性权利）和股权等。

人格权包括生命权、身体权、健康权、姓名权、肖像权、名誉权、荣誉权、隐私权、婚姻自主权等权利。

身份权包括亲权、监护权（监护在某种意义上是一种职责）、亲属权等。

物权包括所有权、用益物权、担保物权，用益物权前已介绍，担保物权有抵押、质押和留置的不同分类。

债权主要包括合同债权、不当得利债权、无因管理债权和侵权损害赔偿债权。

知识产权主要包括著作权、专利权、商标权、植物新品种权、地理标志权、商业秘密权、集成电路布图设计权等。

（3）行为制度

民事法律行为是民事主体通过意思表示设立、变更、终止民事法律关系的行为。代理是民事主体通过代理人实施民事法律行为。

合法的民事行为应当具备三个条件：行为人具有相应的民事行为能力；意思表示真实；不违反法律、行政法规的强制性规定，不违背公序良俗。

无效的民事行为主要包括以虚假的意思表示实施的民事法律行为、违背公序良俗的民事法律行为、恶意串通损害他人合法权益的民事法律行为以及违反法律、行政法规的强制性规定的民事法律行为。

可撤销的民事行为主要包括因欺诈、胁迫、重大误解以及利用对方危困、缺乏判断能力等实施的民事法律行为。

效力待定的民事行为主要包括附条件、附期限的民事行为和无权代理的民事行为。

（4）责任制度

民事责任有违约责任和侵权责任之分，还有按份责任和连带责任之别。违约责任因合同当事人违反合同约定而产生，侵权责任则是不当侵犯他人权利的结果，同一不当行为又可能同时构成违约责任和侵权责任，这时权利受损人有选择的权利，既可以要求他人承担违约责任，也可以要求他人承担侵权责任，不同的救济方式在举证责任、损害赔偿标准等方面可能不同。不过，在选定救济渠道之后，不能改变。连带责任只有在法律明确规定或合同约定的情形才产生，因此，民事责任的常态是按份责任，即责任人仅按各自责任份额承担责任。

主要的责任方式是损害赔偿，损害赔偿以填平损害为原则，但民法典规定故意侵害知识产权等情形可能承担惩罚性赔偿。

第二章

鲜明中国特色、实践特色、时代特色

2020 年 5 月 29 日，习近平总书记在中共中央政治局第二十次集体学习时，深刻阐述了民法典的"三个特色"。他指出，民法典系统整合了新中国成立 70 多年来长期实践形成的民事法律规范，汲取了中华民族 5000 多年优秀法律文化，借鉴了人类法治文明建设有益成果，是一部体现我国社会主义性质、符合人民利益和愿望、顺应时代发展要求的民法典，是一部体现对生命健康、财产安全、交易便利、生活幸福、人格尊严等各方面权利平等保护的民法典，是一部具有鲜明中国特色、实践特色、时代特色的民法典。学习好民法典，应把认真领会"三个特色"作为重点，准确把握编纂民法典的重大意义、民法典的相关原则和规则。

一、民法典的中国特色

法律具有深刻的民族性，特别是直接关系一个国家人民生命和健康、尊严和财产、交易和生活等各方面权利平等保护的法律，更需接一个民族、一个国家的地气，符合该国国情。我国的民法典遵循法典编纂规律、立足中国实际，接中国地气、合中国国情、显中国精神，具有鲜明的中国特色。

⟋ 贯彻落实党中央的部署要求

民法典是新中国成立以来第一部以"法典"命名的法律，开创了我国法典编纂立法的先河，具有里程碑式意义。以习近平同志为核心的党中央高度重视民法典编纂工作，将编纂民法典列入党中央重要工作议程，并对编纂民法典工作任务作出总体部署、提出明确要求。

2014年，党的十八届四中全会作出《中共中央关于全面推进依法治国若干重大问题的决定》，提出加强重点领域立法，编纂民法典，明确了党中央编纂民法典的决心和决定。为做好民法典编纂工作，全国人大常委会党组先后多次向党中央请示和报告，就民法典编纂工作的总体考虑、工作步骤、体例结构等重大问题进行汇报。在民法典编纂过程中，2016年6月、2018年8月、2019年12月，习近平总书记三次主持中共中央政治局常委会会议，听取全国人大常委会党组就民法典编纂工作所作的请示汇报并作出重要指示，为编纂民法典提供了重要指导和基本遵循。

在民法典的诸多具体条款中，直接体现了党中央精神和部署要求。例如，党的十九大报告中指出，要加快建立多主体供给、多渠道保障、租购并举的住房制度，让全体人民住有所居。为贯彻党的十九大精神，《民法典·物权编》第十四章用六条条文专门对"居住权"这一新型用益物权进行了规定，以满足居住权人占有、使用他人住宅获得稳定生活居住的需要，这对于解决中低收入群体住房问题具有重大意义。

体现中国制度特色

民法典对社会主义基本经济制度新表述的确认，体现了中国特色社会主义的性质。

党的十九届四中全会通过的《中共中央关于坚持和完善中国特色社会主义制度、推进国家治理体系和治理能力现代化若干重大问题的决定》指出，"公有制为主体、多种所有制经济共同发展，按劳分配为主体、多种分配方式并存，社会主义市场经济体制等社会主义基本经济制度，既体现了社会主义制度优越性，又同我国社会主义初级阶段社会生产力发展水平相适应，是党和人民的伟大创造"。这是一个重大理论创新。多年来，我们把公有制为主体、多种所有制经济共同发展作为基本经济制度。党的十九届四中全会在此基础上，把按劳分配为主体、多种分配方式并存，社会主义市场经济体制上升为基本经济制度。这三项制度，都是社会主义基本经济制度，三者相互联系、相互支撑、相互促进。这一理论创新，标志着我国社会主义经济制度更加成熟、更加定型，对于更好发挥社会主义制度优越性，解放和发展社会生产力，推动经济高质量发展具有重要的指导意义。为贯彻党的十九届四中全会关于基本经济制度的精神，民法典修改完善了《物权法》有关基本经济制度的规定。《民法典》第 206 条规定："国家坚持和完善公有制为主体、多种所有制经济共同发展，按劳分配为主体、多种分配方式并存，社会主义市场经济体制等社会主义基本经济制度。国家巩固和发展公有制经济，鼓励、支持和引导非公有制经济的发展。国家实行社会主义市场经济，保障一切市场主体的平等法律地位和发展权利。"

另外，民法典规定的特别法人的种类，唯独中国特色社会主义制度下才有。《民法典》第359条关于住宅建设用地使用权期限届满自动续期的规定、关于用益物权的规定，也都是中国特色社会主义制度下才有存在的意义。

3 以人民为中心

人民是历史的创造者，是决定党和国家前途命运的根本力量。"以人民为中心"贯穿于我们党的各项路线方针政策和中国特色社会主义法律体系中。民法典是"民"之法，更是集中反映了人民意愿，凸显了以人民为中心的法治理念。

在民法典编纂过程中，始终开门立法，深入调研，了解和鼓励表达人民群众的需求；广泛征求意见，先后10次通过中国人大网公开征求意见，累计收到40多万人提出的100多万条意见建议，力求民法典编纂贴近民意。

在具体规范层面，民法典也处处体现对人民利益的关怀。如，《物权法》规定，国家、集体、私人的物权和其他权利人的物权受法律保护。民法典确立了物权平等保护原则，在第207条规定，"国家、集体、私人的物权和其他权利人的物权受法律平等保护"，在《物权法》相关规定的基础上强调对不同主体的物权的平等保护。其实质是强调人民的基本权利，使人民看到法律对"恒产"的平等保护，从而激发出人民创造财富的"恒心"，消除人民群众顾虑。再如，《继承法》只规定了无法继承的遗产归国家所有，但并未指出用途。《民法典》第1160条明确无人继承的遗产归国家所有，并用于公益事业，为归国家所有的遗产指定了用途，体现了"还利于民"。还如，"三农"问题是我国的重中之重，广大农民的利益始终是党和国家关心的重点。

《民法典》第55条对农村承包经营户作了规定，明确了其民事主体地位；第339条、第340条、第361条、第363条和第399条等完善了农村集体产权相关制度，体现了农村承包地"三权分置"改革的要求，有利于通过盘活农村土地维护广大农民的利益。

民法典的实施是法律保障人民合法权益的过程。对此，习近平总书记指出，民法典要实施好，就必须让民法典走到群众身边、走进群众心里。民法典的人民性不仅体现在立法环节，也贯穿于民法典的实施。以人民为中心，充分保障人民合法权益是民法典的出发点和落脚点。

 弘扬社会主义核心价值观

党的十八大报告从建设社会主义文化强国的战略高度，深刻论述了社会主义核心价值体系建设的重要意义与战略要求，并强调："倡导富强、民主、文明、和谐，倡导自由、平等、公正、法治，倡导爱国、敬业、诚信、友善，积极培育和践行社会主义核心价值观。"这3个"倡导"、12个词、24个字，清晰表达了中国共产党人对社会主义核心价值体系的理论探索新成果，生动展现了中国共产党和中华民族高度的价值自信与价值自觉。社会主义核心价值观是"在中国大地上形成和发展起来的"[1]，体现了我国独特的文化传统、历史命运和基本国情。

民法典高度重视弘扬社会主义核心价值观，开篇第1条就明确宣示将"弘扬社会主义核心价值观"作为立法目的之一，鲜明地体现民法典的价值追求，是对坚持依法治国与以德治国相结合治国方略的具体落实。《民法典·总则编》确立的民法基本原则——平等、自愿、公平、诚信、守法和公序良俗以及绿色原则，直接或间接呼应社会主义核心价值观的要求，充分彰

---

[1] 《习近平谈治国理政》第一卷，外文出版社2018年版，第174页。

显社会主义核心价值观的意蕴。

同时，民法典中很多具体规则也体现社会主义核心价值观的理念和要求。第 183 条关于因保护他人民事权益使自己受到损害时的责任承担与补偿办法的规定，鼓励和保护了见义勇为行为，免除了人们在保护他人时的顾虑，有利于形成互相帮助、扶正扬善、扶危济困的社会氛围。第 185 条规定："侵害英雄烈士等的姓名、肖像、名誉、荣誉，损害社会公共利益的，应当承担民事责任。"这有利于维护英烈名誉，捍卫民族脊梁。民法典在重申婚姻自由、一夫一妻、男女平等等婚姻家庭基本原则的基础上，对现行婚姻法作了进一步完善，第 1043 条规定："家庭应当树立优良家风，弘扬家庭美德，重视家庭文明建设。夫妻应当互相忠实，互相尊重，互相关爱；家庭成员应当敬老爱幼，互相帮助，维护平等、和睦、文明的婚姻家庭关系。"这一关于婚姻家庭的倡导性规定，从家庭美德的角度反映和弘扬了社会主义核心价值观。

二、民法典的实践特色

实施好民法典，让民法典保持健康旺盛的生命力，前提是民法典的编纂始终坚持从实际出发，吸收我国民事法治实践的成果和满足人民群众的实际需求，而非照搬外国的民法条文和照抄书本上的民法理论。

1 吸收我国民事法治实践的成果

民法典继承与发展了改革开放以来我国的民事立法经验，吸收和升华了我国民事司法的实践经验。

例如，近年来，随着人们经济活动日益活跃复杂以及婚姻家庭关系的发展变化，有关夫妻共同债务的案件和纠纷越来越多。2018年1月，《最高人民法院关于审理涉及夫妻债务纠纷案件适用法律有关问题的解释》发布，规定夫妻双方共同签名或者夫妻一方事后追认等共同意思表示所负的债务，以及夫妻一方在婚姻关系存续期间以个人名义为家庭日常生活需要所负的债务，属于夫妻共同债务。该司法解释出台后，明确了夫妻共同债务的认定标准，取得了良好的法律效果和社会效果。《民法典》第1064条采用了最高人民法院司法解释的规则。

再如，婚姻法没有明确夫妻之间因家事方面有代理对方行使权利的权利。如果夫妻一方因家事实施了民事法律行为，而另一方表示不同意，则该民事法律行为无效或者被撤销，从而会损害该民事法律行为相对人的权益。为解决这一问题，司法实践中，法院依据法理逐步承认家事代理权。2011年8月出台的《最高人民法院关于适用〈中华人民共和国婚姻法〉若干问题的解释（三）》中也对夫妻间的处分房屋的家事代理权予以确认。《民法典》第1060条吸收并拓展了该司法解释的相关规定，规定了日常家事代理权，除另有约定外，夫妻一方因家庭日常生活需要而实施的民事法律行为，对夫妻双方发生效力。

 将民法理论和民事司法实践相结合

民法典共7编，其中6编是在原来单行法的基础上进一步完善而来，人格权编则是新法。人格权编的形成是民法理论和民事司法实践相结合的成果。

一方面，有关人格权的理论研究成果为人格权编提供了理论支撑。1986年，我国制定了《民法通则》，其中有人格权相关规定。以《民法通则》制定为标志，我国人格权的理论研究蓬勃发展，经过几十年的积累，业已发展到较高水准。丰富而高水平的理论研究成果为人格权编立法提供了先进的理论指导。以民法典中人格权编的立法问题为例，中国知网的数据显示，以"人格权编"为主题进行搜索，共有 300 余篇中文文献，时间跨度自 1992 年始，2017 年以来相关文献数量迅速上升。这些文献的作者汇集我国民法学界的知名专家学者，他们就《民法典·人格权编》的立法问题，如篇目安排、制度设计等不断深入开展研究、探讨，为《民法典·人格权编》的形成提供了理论依据。

另一方面，在人格权方面积累了可观的司法实践经验。《民法通则》制定实施后，各级人民法院依照《民法通则》的规定，开始受理人格权纠纷案件，人格权相关案件数量迅速增加，其中不乏疑难案件和具有代表性意义的案例。司法机关在司法审判过程中，不断总结经验，解决新问题，并在此基础上出台了相关司法解释，如《最高人民法院关于审理名誉权案件若干问题的解答》《最高人民法院关于确定民事侵权精神损害赔偿责任若干问题的解释》《最高人民法院关于审理利用信息网络侵害人身权益民事纠纷案件适用法律若干问题的规定》等。此次《民法典·人格权编》的编纂中吸纳了大量的相关司法实践成果。

3 回应民众的现实需求

党的十九大报告指出，我国社会主要矛盾已经转化为人民日益增长的美好生活需要和不平衡不充分的发展之间的矛盾。民法典与人民群众的生活息息相关，很多规定都来源于普通百姓对美好生活的所思所想、所求所盼。对居住小区环境的更高要求，对遇到性骚扰后是沉默还是维权的疑虑，对用自己的车辆好心捎带朋友的利益平衡，等等，这些人民群众所向往的、困惑的、迫切需要解决的事情和问题，都可以在民法典中找到答案。

例如，一些老旧小区普遍没有电梯，尤其是居住楼层较高的老人、儿童和病人上下楼非常不便。还有些小区屋顶、外墙、无障碍设施等年久失修，极大地影响了居住体验。然而，《物权法》对动用建筑物及其附属设施的维修资金的表决要求严苛，启动使用公共维修资金来改善居住环境的难度较高，人民群众纷纷表示需要改进相关规定。针对民众的这一合理要求，民法典降低了使用建筑物及其附属设施的维修资金的表决要求，由原先的"专有部分占建筑物总面积三分之二以上业主且占总人数三分之二以上的业主同意"调整为"参与表决专有部分面积过半数的业主且参与表决人数过半数的业主同意"，降低了使用公共维修资金的难度，有利于居民改善居住环境和提高生活品质。

近年来，性骚扰尤其是学校和职场性骚扰问题引起社会关注。受害人往往纠结遇到的算不算性骚扰，也会犹豫是做"沉默的羔羊"还是勇敢维权，更有应如何维权的疑问。然而，我国一直没有关于认定性骚扰标准的规定，未明确实施骚扰行为的人应否承担责任，也未对单位担负起防止性骚扰发生的责任提出要求。针对这一问题，《民法典》第 1010 条提出认定性骚扰的 3 个标准，分别是违背他人意愿，以言语、文字、图像、肢体行为等方式，针对特定他人；规定实施骚扰行为的人要承担民事责任；同时规定，单位有责任采取措施防止和制止性骚扰发生。

随着我国车辆保有量的不断增多和交通设施的日益便利，同事亲友间搭便车、搭顺风车的情况越来越多。但是，在出于好心无偿搭载他人的过程中不幸发生车祸，造成搭乘人伤亡，这种情况应该如何处理呢？如果要求无偿搭载人承担全部赔偿责任，于情于理都说不过去。然而，民法典出台前，我国没有对这种好意搭载作出明确规定。在司法实践中，由于缺乏可适用的具体规则，司法机关往往只能基于公序良俗等法律原则减轻搭载人的责任。这样，并不利于社会助人为乐氛围的形成和巩固，反而会让好心人疑惑甚至寒心。针对实践中的这一问题，《民法典》第 1217 条作了规定，无偿搭载他人发生交通事故造成搭乘人损害，只要搭载方没有故意或重大过失，应减轻其赔偿责任。民法典的这一规定解决了实践中的难题，打消了同事亲友间互助搭乘时的顾虑，有利于维护互助友善的社会氛围。

法律是相对保守的、滞后的，社会生活则是新鲜的、持续变化的。法律

实施过程中出现的新情况新问题层出不穷，法律建立健全的过程，就是不断缝补现行法律与社会实践间空隙的过程。民法典深切关注社会实践，对现行法律改进完善，有针对性地回应和解决了社会实践问题。

三、民法典的时代特色

法律总是带有时代烙印。法学家基尔克说过："法律是为民众生活服务的，它是按照民族的各个生活阶段形成的。"我们处于一个科学技术高度发达、迅速发展的时代，风险因素明显增多的时代，强调人与自然和谐共生的时代。民法典鲜明地反映了这些时代特色。

1 回应科技发展提出的需求

科学技术日新月异，人们生活方式发生很大变化，交易方式和手段也不断升级。如，合同不再局限于合同书、信件、电报、电传、传真等传统的书面形式，而越来越多地采用电子数据交换、电子邮件等方式，给人们的生产生活带来了极大便利。为此，民法典在合同编对电子合同的成立和履行进行了规范。随着电子商务的不断发展，消费者的交易模式已经发生翻天覆地的变化，足不出户进行网购的交易习惯已深入人心。为保障消费者权益和促进电子商务有序健康发展，《民法典》第491条规定，除另有约定，当事人一方在互联网上发布的商品或者服务信息符合要约条件的，对方选择该商品或者服务并提交订单成功时，合同即成立。这一规定约束了实践中并不少见的卖方以各种理由取消订单的行为。

科学技术在给人们带来便利的同时，也难免产生负面影响。如，近些年来，利用先进技术进行信息泄露、人肉搜索、偷窥偷拍等行为给人们的生活工作带来很大困扰。为此，民法典在人格权编首次对隐私权进行了解释，列举了侵扰他人的私人生活安宁，进入、拍摄、窥视他人的住宅、宾馆房间等私密空间，拍摄、窥视、窥听、公开他人的私密活动，拍摄、窥视他人身体的私密部位，处理他人的私密信息等侵害隐私权的行为，满足了高科技时代对公民隐私权的确认和保护的需要。

 直面风险增多时代的挑战

我国正处于现代化加速发展阶段，改革已进入攻坚期和深水区，社会生活和交易纷繁复杂，各类风险无处不在，风险因素明显增多。民法典在现行制度的基础上做了很多完善，努力防范化解风险。

2020年，我们面临的最大风险就是新冠肺炎疫情。民法典编纂工作过程中，结合疫情防控工作，对与疫情相关的民事法律制度进行梳理研究，作出了不少与疫情防控有关的规定。如《民法典·总则编》，结合疫情防控中需隔离或诊治新冠肺炎确诊病例、疑似病例和密切接触者的情况，第34条第4款规定："因发生突发事件等紧急情况，监护人暂时无法履行监护职责，被监护人的生活处于无人照料状态的，被监护人住所地的居民委员会、村民委员会或者民政部门应当为被监护人安排必要的临时生活照料措施。"强调了居民委员会、村民委员会或者民政部门在特殊时期的法律责任。同样是结合疫情防控工作的需要，《民法典》第245条、第285条和第286条在《物权法》的基础上将"疫情防控"列入了征用组织、个人不动产和动产的事由，新增了有关物业服务企业或其他管理人应当执行政府依法实施的应急处置措施和其他管理措施以及业主应当依法予以配合的规定。另外，《民法典·合同编》还新增规定，国家因抢险救灾、疫情防控或其他需要下达国家订货任务、指令性计划，有关民事主体有义务订立合同。这些结合疫情防控工作完善的法条，不仅有利于新冠肺炎疫情防控工作的高效顺利开展，也为今后化解防范相关风险提供了法律保障。

除对疫情风险建立健全相关规定外，民法典对其他风险也作出了有针对性的规定。如针对瞬息万变的经济、法律和政策环境，合同编增加了情势变更制度，《民法典》第533条规定："合同成立后，合同的基础条件发生了当事人在订立合同时无法预见的、不属于商业风险的重大变化，继续履行合同对于当事人一方明显不公平的，受不利影响的当事人可以与对方重新协商；在合理期限内协商不成的，当事人可以请求人民法院或者仲裁机构变更或者解除合同。人民法院或者仲裁机构应当结合案件的实际情况，根据公平原则变更或者解除合同。"合同成立后，当事人会遇到如严重的金融危机、法律法规和政策变化等无法预见的风险，合同虽仍可履行但履行合同对于一方当事人明显不公。这时，当事人可请求法院或仲裁机构介入，化解由此带来的风险问题。

再如，近几年高空抛物坠物案件较多，给人民群众的人身财产安全造成侵害，且往往难以确定具体侵权人。为保障人民群众的人身财产安全，民法典对《侵权责任法》和《最高人民法院关于依法妥善审理高空抛物、坠物案件的意见》中有关规定进行了完善，以法应对高空抛物坠物风险。民法典禁止从建筑物中抛掷物品；规定经调查难以确定具体侵权人的，公安等机关应及时查清责任人；同时，物业服务企业等建筑物管理人应采取必要的安全保障措施对高空抛物坠物风险进行防范，否则依法承担未履行安全保障义务的侵权责任。

3 响应人与自然和谐共生的时代要求

经济和科技的快速发展带来了资源的浪费和环境的恶化，人与自然和谐共生成为时代主题。党的十八大以来，以习近平同志为核心的党中央提出了一系列生态文明建设的新理念新思想新战略，形成了习近平生态文明思想。党的十九届四中全会提出，坚持和完善生态文明制度体系，促进人与自然和谐共生。民法典在总则编和分编均有关于生态文明的规定，从立法层面响应了人与自然和谐共生的时代要求，实现了从思想到制度的升华。

首先，民法典在总则编将绿色原则列为基本原则，规定民事主体从事民事活动，应当有利于节约资源、保护生态环境。相对法律规则，法律原则的意义在于，为法律规则提供某种基础或根源的综合性、指导性的价值准则或规范，可作为审判和断案的依据。因此，民法典绿色原则的确立意味着民事活动要受到绿色原则的普遍规制，一切民事活动都应以符合节约资源、保护生态环境的要求。

其次，民法典在分编作了相应的具体规定。例如，合同编完善了合同履行的相关制度，规定当事人履行合同应避免浪费资源、污染环境和破坏生态；在债权债务终止后和标的物有效使用年限届满后，对合同相关当事人课以旧物回收的义务。再如，在侵权责任编新增了生态破坏侵权举证责任，环境污染、生态破坏侵权的惩罚性赔偿、生态环境修复责任等。我国侵权责任法仅对污染环境的行为人课以较重的举证责任，生态破坏侵权的举证责任问题并未纳入侵权责任法的关注视野。《民法典》第1230条对破坏生态行为人也负以较重的举证责任，规定因破坏生态发生纠纷，行为人应当就法律规定的不承担责任或者减轻责任的情形及其行为与损害之间不存在因果关系承担举证责任。《民法典》第1232条规定："侵权人违反法律规定故意污染环境、破坏生态造成严重后果的，被侵权人有权请求相应的惩罚性赔偿。"这一突破性规定要求故意污染环境、破坏生态的侵权人不仅要对受损权益进行补偿，还需接受惩戒，以对相关行为形成有力威慑，保护生态环境。《民法典》第1234条规定，违反国家规定造成生态环境损害，生态环境能够修复的，有关机关或组织有权依法请求侵权人在合理期限内承担修复责任；侵权人在期限内未修复的，有关机关或组织可自行或者委托他人进行修复，所需费用由侵权人负担，由此确立了侵权人的生态环境修复责任。

民法典是社会不断发展演进的产物，与国家、社会、人民群众面临的问题和需求相伴而生，相互交融。在不同时代，民法的理念、制度安排都要与经济社会发展的时代性相契合。民法典直面中国特色社会主义进入新时代面临的风险挑战，反映中国特色社会主义新时代的新需求，凸显了时代性。

第三章

总则编：基本原则基本规则

总则编作为民法典的开篇，是民法典的龙头统率，集中体现了通过民法来治理国家的思想，规定了民事活动的一般规则，在整个民法典中处于最基础、最核心的地位。总则编与其后各分编形成总分结构，对各分编具有涵盖和统摄作用，意义非常重大。

一、总则编的主要内容

总则，通常是列在法律、法规等规范性文件最前面的概括性的条文。法律的总则相当于该法律的序言，是对该法律立法目的、适用范围和基本内容纲领性、概括性的简短表述。一部法律的总则可以看作是总纲，贯穿于这部法律的始终，具有统领和指导其他各章的作用。

民法典是新中国成立以来第一部以"法典"命名的法律，当然符合法律的一般性体例。《民法典·总则编》集中体现了立法者的指导思想，提纲挈领地将民事法律制度中具有普遍适用性与引领性的内容纳入其中，规定了民事活动必须遵循的基本原则和一般性规则，统领其他各分编内容，奠定了整部民法典的基调与框架，是民事主体权利保障的集大成者，是解读民法典这个庞大体系的金钥匙。

2017 年 3 月，第十二届全国人民代表大会第五次会议审议通过《民法总则》。总则编以《民法总则》为基础，未作大幅度、实质性修改，基本保持《民法总则》的结构和内容，只是根据法典编纂体系化要求对个别条款作了文字修改和调整，并将《民法总则》的附则部分移到了民法典的结尾。总则编共 10 章、204 条，主要规定了以下 5 个方面的内容。

1 基本规定

总则编第一章开宗明义，规定了民法典的立法目的和依据。其中，将"弘扬社会主义核心价值观"作为一项重要的立法目的，体现了坚持依法治国与以德治国相结合的鲜明中国特色。同时，明确了民法典的调整范围，即第 2 条规定的："民法调整平等主体的自然人、法人和非法人组织之间的人身关系和财产关系。"总则编规定了民事权利及其他合法权益受法律保护，确立了平等、自愿、公平、诚信、守法和公序良俗、绿色等民法基本原则。此外，总则编指明了民事法律渊源的适用次序，按照优先适用民事法律、再考虑适用习惯且不得违背公序良俗的原则。在民事法律领域，当特别法与一般法并行时，遵循优先适用特别法的原则。

 民事主体制度

民事主体是民事法律关系的参与者、民事权利的享有者、民事义务的履行者和民事责任的承担者，具体包括三类：自然人、法人和非法人组织。

自然人是最基本的民事主体。总则编规定了自然人的民事权利能力和民事行为能力制度、监护制度、宣告失踪和宣告死亡制度，并对个体工商户和农村承包经营户作了规定。结合新冠肺炎疫情防控工作，总则编对监护制度作了进一步完善，规定因发生突发事件等紧急情况，监护人暂时无法履行监护职责，被监护人的生活处于无人照料状态的，被监护人住所地的居民委员会、村民委员会或者民政部门应当为被监护人安排必要的临时生活照料措施。

法人是依法成立的，具有民事权利能力和民事行为能力，依法独立享有民事权利和承担民事义务的组织。总则编规定了法人的定义、成立原则和条件、住所等一般规定，并对营利法人、非营利法人、特别法人三类法人分别作了具体规定。

非法人组织是不具有法人资格，但是能够依法以自己的名义从事民事活动的组织。总则编对非法人组织的设立、责任承担、解散、清算等作了规定。

3 民事权利制度

保护民事权利是民事立法的重要任务。民法典各分编主要围绕某一种民事权利、某一类民事活动展开，总则编反映全部民事权利、全部民事活动的要求，具有统辖各种民事权利的效力。总则编第五章规定了民事权利制度，包括各种人身权利和财产权利。《民法典》第110条规定："自然人享有生命权、身体权、健康权、姓名权、肖像权、名誉权、荣誉权、隐私权、婚姻自主权等权利。法人、非法人组织享有名称权、名誉权和荣誉权。"民事主体的财产权利包括物权、债权、继承权，等等。为建设创新型国家，总则编对知识产权作了概括性规定，以统领各单行的知识产权法律。同时，吸收互联网时代民法规则的新发展，对数据、网络虚拟财产的保护作了原则性规定，体现出鲜明的时代价值。此外，还规定了民事权利的取得和行使规则等内容。

4 民事法律行为和代理制度

民事法律行为是民事主体通过自己的意思表示设立、变更、终止民事法律关系的行为。民事法律行为制度作为民事权利变动的一般法律根据，对全部民法上的依据民事主体的意思表示发生的权利设立、变更和终止均有基础性规范意义。代理是民事主体通过代理人实施的民事法律行为，代理制度在人员流动频繁的现代社会，起着延伸民事主体个人能力的重要作用。总则编第六章、第七章规定了民事法律行为、代理制度，主要内容包括四个方面：一是关于民事法律行为的定义、成立、形式和生效时间等，二是关于意思表示的生效、方式、撤回和解释等，三是关于民事法律行为的效力制度，四是关于代理的适用范围、效力、类型等代理制度的内容。

民事责任、诉讼时效和期间计算制度

民事责任是民事主体违反民事义务的法律后果，是保障和维护民事权利的重要制度。诉讼时效是权利人在法定期间内不行使权利，权利不受保护的法律制度，其功能主要是促使权利人及时行使权利、维护交易安全、稳定法律秩序。总则编第八章、第九章、第十章规定了民事责任、诉讼时效和期间计算制度：一是规定了民事责任的承担方式，并对不可抗力、正当防卫、紧急避险、自愿实施紧急救助等特殊的民事责任承担问题作出了规定。二是规定了诉讼时效的期间及其起算、法律效果，诉讼时效的中止、中断等。三是规定了期间的计算单位、起算、结束和顺延等。

二、总则编的学习运用

总则编在民法典中处于基础性地位，学好总则编，才能更好地学习理解其他各分编。党员干部学习和运用总则编指导工作和生活，不仅要了解主要内容，还应掌握法条的"是什么""为什么"，做到学深悟透、融会贯通。具体来说，应重点注意把握以下几点。

民法典的基本原则

民法典被誉为"社会生活的百科全书"，对人与人之间的社会交往关系确立基本原则是民法典承担的一项重要使命，《民法典》第4条至第9条确立了民事活动的六大基本原则。这些基本原则是贯穿整部民法典始终的红线和灵魂，是民事法律制度精神实质的高度凝练和集中概括。

（1）平等原则。《民法典》第4条规定："民事主体在民事活动中的法律地位一律平等。"平等是贯穿整部民法典的第一位的原则。"一律"二字意味着民法典不承认一切特权。作为党员干部，应当时刻提醒自己：在民事领域，从事民事活动，党员干部永远是人民中的一员，是社会主义国家的一名普通公民，没有超越法律之上和法律之外的特权。

（2）自愿原则，即当事人意思自治原则。民法典的1260条法律条文，绝大多数条文协调的都是民事主体之间的利益关系，尊重民事主体按照自己的意思设立、变更、终止民事法律关系，甚至允许当事人经过特别约定排除某些法律规定的适用。

（3）公平原则，也称公正原则、正义原则、公道原则。其基本要求是：民事主体应当本着公平的观念进行民事活动，正当行使民事权利和履行民事义务；兼顾他人利益、集体利益和社会公共利益；司法机关审理民事案件时应当在依法的同时做到公平合理，在法律无明确规定时应按公平合理的精神处理民事纠纷。

（4）诚信原则。这个原则被称为民事法律领域的"帝王原则"或"帝王条款"，它不但是意思自治原则的修正与必要限制，与公平原则有同等价值，同时它还衍生出禁止权利滥用、情势变更等众多下位原则。它适用于契约的订立、履行和解释，扩及于一切权利的行使和一切义务的履行。诚信原则对于建立整个社会发展之根基的信用理念和信用制度起着根本保障作用，是道德法律化的体现，反映了人类社会的基本要求。

（5）守法与公序良俗原则。民事主体从事民事活动不得违反法律规定。这里的法律应作广义理解，既包括最高国家权力机关制定的民事法律、国务院制定的行政法规，也包括不与法律、行政法规相抵触的规章及其他规范性文件。公序良俗的内容包括公共秩序和善良风俗。公共秩序是指政治、经济、文化等领域的基本秩序和根本理念，是与国家和社会整体利益相关的基础性原则、价值和秩序，在以往的民商事立法中被称为社会公共利益。善良风俗是基于社会主流道德观念的习俗，也被称为社会公共道德，是全体社会成员普遍认可、遵循的道德准则。公序良俗入法，反映了民法典自始至终弘扬社会主义核心价值观，强调社会交往中人与人之间不是锱铢必较的利益对立方，而是休戚与共的命运共同体。

（6）绿色原则。这也是民法典中特别值得关注的原则。民法典摒弃了将人与自然的关系视为主体和客体、征服者和被征服者、改造者和被改造者之间的关系的观点，坚持人与自然和谐共生，提倡人与自然是生命共同体，人类必须尊重自然、顺应自然、保护自然。将"绿色原则"确立为民事活动的基本原则，突出对绿水青山蓝天的保护，《民法典》第9条规定："民事主体从事民事活动，应当有利于节约资源、保护生态环境。"这是我国民法典的一大制度创新，是在民事基本法层面贯彻习近平生态文明思想的重要体现。

 依法治国与以德治国的统一

中国历史上，最早把法治与德治结合的成功典范，可以追溯至春秋时期的管仲。管仲在主张法治的同时，也很注重道德的培养和德政的建设。到了汉代，人们更加重视"德法并举、德法结合"。汉初在总结秦朝迅速覆灭教训的基础上，提出"仁义不施、德政不兴"，并确立了"礼法并用、德主刑辅"的法治指导思想。唐代则继续将法治和德治作为治理国家的两大法宝，明确提出"制礼以崇敬，立刑以明威"的治国策略。历史经验表明，要创造政治开明、经济繁荣、社会稳定的局面，就要把法治和德治结合并运用好。

民族性是民法典的一大鲜明特色。将"社会主义核心价值观"等写入民法典，体现了坚持依法治国与以德治国相结合的民族智慧，既是对人类历史经验教训的深刻总结，也是对古今中外治国理政规律的深刻把握。

民法典与人民群众的日常生活息息相关。人们在生活中，难免会遇到一些不愉快的"小事"，比如上班遭遇"性骚扰"、出行遭遇"霸座"、随时被"垃圾信息轰炸"，等等。如今，这些生活中看似微小的"闹心"事，都被民法典以明文规定——"校正"。从小处说，人们的心情会更舒畅。从大处说，很多潜在矛盾都可以被化解在萌芽状态，让我们所倡导的主流价值观具体而有形——把法治与德治的目标具体落实在了一个个"人"的身上。民法典坚持把人民群众的小事当大事，勿以事小而不为，从人民群众关心的事情做起，从让人民群众满意的事情做起。这样的内化于心、外化于行，成为民法典的生动注脚。此外，"优良家风""夫妻互相关爱"等入典，从文化方面延续了中华民族延绵千年的人文基因。"离婚冷静期""敬老爱幼"等相关规定，则体现着社会主义核心价值观与中华传统美德的印记，是传承优秀民族精神、传递中华民族精气神的"中国式"立法表达。

党员干部在工作中，应坚持"以德养法"精神，强化道德对民法典的支撑作用。重视发挥道德的教化作用，大力弘扬社会主义先进思想道德，把社会主义核心价值观贯彻到民法典宣传推广全过程，为建设社会主义法治文化提供有力支撑，为民法典有效实施创造良好条件。坚持"以法增德"观念，强化民法典对道德建设的促进作用。重视发挥民法典的规范作用，用民法典的权威增强人们培育和践行社会主义核心价值观的自觉性，以法治的力量推进道德建设、提升全社会文明程度。

3 对人民权利的充分保障

人生而有权利，权利需要法律来保护。保护私人权利的法律是什么？就是民法典，总则编是民法典的总纲。

一个人生下来，民法就开始对他的生命、健康、自由、肖像、隐私等人格权提供保护，他与父母、亲属之间的关系就被民法所确认和维护，他长大之后取得的各种财产被民法肯认和保障，他每日以口头或书面订立的各种合同被民法确保履行，他缔结婚姻、建立新家庭被民法所认可和维系，他的各项权利受到侵害时民法给予救济。我们每个人都在民法慈母般眼光的爱护之下走完自己的人生旅途。民法对我们的影响甚至超越了生死两端，胎儿尚在母腹中时民法就已经为其提供保护，死者名誉被人诽谤时民法同样会追究责任，一个人死后的财产通过民法进行分配和继承。可以说，私人的利益延伸到多远，民法的关爱就延伸到多远。西方人常说，他们的生活由两本书维系，一本是《圣经》，用来保障精神生活；一本是《民法典》，用来保障世俗生活。

民法典是新中国成立以来第一部以"典"命名的法律，也是第一部以"民"命名的法典。民法典姓"民"，意味着它以民为本，充分反映了人民的利益诉求，最大化地谋求人民的利益，全面保障人民的权利，这是民法典的特色所在，也是民法典立法宗旨和目的所在。可以说，民法典是私权保障的宣言书，其颁布标志着一个权利保护的崭新时代的到来。

民法典以民事权利的保障为核心，围绕着民事权利的确认和保护而展开。可以说，民法典以民事权利的确认为经，以民事权利的保护为纬，制成了细密的民事权利保护屏障。民事权利的保护既是民法典的出发点，也是其落脚点。《民法典·总则编》提纲挈领，通过抽象民事领域的共通性规范，构建了民事权利体系，并为各分编的展开奠定了基础。民事主体制度实际上确认了权利的归属；民事法律行为与代理制度实际上规范了主体行使权利的行为和方式；诉讼时效制度实际上是权利行使的期限规则。而民法典各分编完全是以权利为主线展开的，以总则编所确认的物权、合同债权、人格权、婚姻家庭中的权利、继承权的确认和保护为内容，分别形成了物权编、合同编、人格权编、婚姻家庭编、继承编，并以侵权责任编对权利的救济为民法典的结尾，通过对各项民事权利提供立体保障，发出了民法典权利保护的最强音。民法典充分尊重私人自治的空间，有助于充分调动个人从事民事活动、创造社会财富的潜能。

4 党员干部与普通公民在权利行使上的差别

党员干部和普通公民都是民法典规定的民事主体，都是有生命的自然人个体，其民事权利和民事义务是否完全等同、毫无区别呢？若有不同，又体现在哪些方面？这些问题其实可以转化一下，关键就是党员干部遵守党规党纪中的生活纪律与享有民法典赋予的公民权利是否冲突。比如，2018 年修订的《中国共产党纪律处分条例》首次将"生活奢靡、贪图享乐、追求低级趣味"等条款写入违反生活纪律一章。不少党员干部可能会有疑问：用自己的合法所得购买名牌用品也算违纪吗？自费邀请同事好友到高档酒店吃个饭难道不行吗？组织要求领导干部报告个人事项是否侵犯了民法典保护的公民隐私权？

回答这些问题，首先要搞清楚党规党纪为什么要将这些行为写入生活纪律。现实中，一些党员干部过度追求生活上的奢侈享受，迷恋名车豪宅，讲究个人排场，背离了党章要求的"吃苦在前，享受在后"的义务和《中国共产党廉洁自律准则》"尚俭戒奢"的要求，破坏了群众心目中党员应当是社会主义新风尚和社会主义荣辱观带头践行者的良好形象。将生活奢靡、贪图享乐、追求低级趣味，违背社会公序良俗，严重违反社会公德、家庭美德等行为列入《中国共产党纪律处分条例》生活纪律一章，其出发点并非是为了约束限制党员的正当权利，而在于严刹奢靡享乐之风、树立党员良好公众形象，是将党的十八大以来落实中央八项规定精神、坚持不懈纠正"四风"的要求和实践成果转化成了"硬规矩"，是全面从严治党的具体体现。

那么，党员干部是不是就不享有普通公民的民事权利呢？显然不是。党规党纪中对违反生活纪律的行为有着明确的界定，只有对党的形象"造成不良影响的"，才会受到纪律追究。对于党员干部身上出现的一些一般性不合适、不恰当、不文明的行为，比如办事排队"加塞"、公共场所高声喧哗、乱扔垃圾等，这类行为多属违背社会公序良俗、违反社会公德性质，只要是情节轻微未造成不良影响，便不构成违纪，党组织可以通过批评教育、组织处理、"咬耳扯袖"等方式令其"红脸出汗"、及时整改。同样，用合法所得购买名牌用品、自费邀请同事好友聚餐交流等行为，只要合理有度，没有明显超出当地正常生活消费水平，未对党的形象造成影响和损害，皆不在违纪之列；但若是铺张浪费、行事无度、造成不良影响的话，就要另当别论了。

可能有的党员干部会有疑问，为什么一些公众人物可以在日常生活中不受限制，可以大操大办婚丧嫁娶等事宜，可以出入私人会所，可以无节制消费，党员干部就不可以呢？很简单，党员干部不同于普通群众，思想上"上台阶"，身份上才能"过门槛"。要求党员干部的思想觉悟比普通群众高，这是由党的先进性决定的，选择加入党这个先锋队，就要在思想上、行为标准上对自己要求更严更高，就要在权利和自由上有所舍弃，这是一名共产党员应有的政治觉悟和道德追求。纪在法前，纪严于法。普通公民享有的一些民事权利，党员干部不一定享有。党员干部是一个特殊的群体，有着严格的组织纪律约束，尤其是领导干部受到的纪律约束更多。比如，按照《领导干部报告个人有关事项规定》，县处级副职以上干部应每年向组织报告个人有关事项。申请加入中国共产党就意味着主动放弃一部分普通公民享有的权利和自由，自觉增加一份约束，主动承担一份责任。这体现了共产党员的使命和担当，也诠释了党员干部和普通公民的区别，同时也提醒着广大党员干部，多给权利做减法，多给义务做加法，在日常生活和社会交往中做到清贫能自守，有钱不任性，努力推动形成风清气正的良好政治生态和社会风尚。

5 特别法人制度

特别法人是指机关法人、农村集体经济组织法人、城镇农村的合作经济组织法人、基层群众性自治组织法人。民法典有多处亮点，特别法人制度在总则编中的嵌入即属其一。

1987 年《民法通则》构建的以"企业法人与非企业法人"为基本格局的法人分类体系，历经数十年改革与发展，其已难以完整反映我国当下社会法人真实现状，更难以满足法人的未来发展需求。鉴于此，以民法典编纂为契机，立法机关开始重构我国民事领域的法人分类体系。于是，《民法典》第 96 条至第 101 条构建了我国独有的特别法人制度。为更好推动特别法人制度在我国本土环境下的发展，党员干部有必要深入了解特别法人的入法动因和其承载着何种预期功效。

就法人分类方法而言，通常有两种路径：一是"功能主义"，二是"结构主义"。依据功能主义分类方法，法人被按照其存在目的而归类；依据结构主义分类方法，法人被按照其内部构造形态而归类。

我国民法典主要采用的是功能主义分类方法，依设立目的及功能不同，将法人分为营利法人和非营利法人。具体而言，《民法典》第 76 条、第 87 条规定，营利法人是"以取得利润并分配给股东等出资人为目的成立的法人"，包括有限责任公司、股份有限公司和其他企业法人等；而非营利法人则是"为公益目的或者其他非营利目的成立，不向出资人、设立人或者会员分配所取得利润的法人"，包括事业单位、社会团体、基金会、社会服务机构等。

在民法典编纂过程中，立法工作者发现，除了上述两类法人，我国当前还存在难以被划入营利法人或非营利法人任一阵营的组织体，这些组织体不但数量庞大、分布范围广泛、实际功能重要，而且它们在实践中又确实存在从事民商事活动的现实需求。

比如农村集体经济组织，就其存在目的而言，主要是为了保障农民集体财产在集体内安全存续与流转。随着我国市场经济条件下农村社会的发展，农村集体也逐渐孕育出资产营利需求。如此一来，对于集体内成员而言，其对集体经济组织存在新功能的期待，便不再局限于集体财产安全性保障，还可能延伸至集体财产营利性运营。目前正着力探索的农村集体经营性建设用地入市改革，便鲜明呈现出此种特点。农村集体经营性建设用地入市本质上仍是以财产流转为核心的民事行为，市场经济体制下，以行政管理为主要身份属性且长期作为农村集体"内部部门"的村委会并不适宜充任土地入市流转的"出让方"。相比而言，农村集体经济组织更为恰当。由此不难预见，随着农村改革事业持续推进，以往以财产安全为主导理念的农民集体，在未来会不断萌发财产逐利性需求，鉴于农民个体分散性与理智经验局限性，借助农村集体经济组织来推动集体财产营利性管理将成为一种必然趋势。

正因在我国现实环境下存在如农村集体经济组织这种具有从事民商事活动的实际需求，但又无法被划入营利法人或非营利法人范畴的组织体，所以在营利法人与非营利法人二分体系外，尚需为其保留应有空间。通过法人身份的赋予，给予其参与民商事活动的资格，如此，民法典便承接《民法总则》规范了"特别法人"制度。特别法人制度的纳入首先是为了弥补营利法人与非营利法人二分体系之不足，借此以填补此种二分体系在适用于我国当前实践时的遗留空白。

除此之外，特别法人制度的纳入还有更深层意旨，即为我国当前社会中存在的某些特殊组织体谋求更好运行身份。民法典规定了四类特别法人：一是机关法人。机关设立的目的是履行公共管理等职能，这与其他法人组织存在明显不同。二是农村集体经济组织法人。农村集体经济组织具有鲜明的中国特色。赋予其法人地位符合党中央有关改革精神，有利于完善农村集体经济实现形式和运行机制，增强农村集体经济发展活力。三是基层群众性自治组织法人。村民委员会、居民委员会等基层群众性自治组织在设立、变更和终止以及行使职能和责任承担上都有其特殊性。四是城镇农村的合作经济组织。这类合作经济组织对内具有共益性或者互益性，对外也可以从事经营活动。由此，借助特别法人入法，历来被视为公法人的国家机关获得了明确的从事民事行为的主体身份，这对于减少行政权力在市场经济活动中的越位风险大有裨益。

从制度功能看，特别法人制度之入法既是为了弥补营利法人与非营利法人二分体系在实践中的适用空白，由此增进法人分类体系在法典形式层面的"逻辑周延性"；同时又为了向当下我国市场经济体制改革、农村集体土地制度改革、基层治理改革、乡村振兴等供给私法援助，由此强化法人制度在当下实践中的实用功效。

特别法人在未来民法典时代下的预期功效，大致包含两个方面。首先，特别法人制度入法有助于促进法人制度理论的形式周全，在规范层面弥补法人二分体系之适用不足，使得我国法人制度能够覆盖国家机关、农村集体经济组织等特殊法人类型。其次，除促进我国法人制度形式完善这一显著功能外，更值得关注的是其实践效用，即特别法人制度入法，最终有益于在私法领域实现某些公共目的，或者厘清以公共职能为主要存在内容的主体（机关法人或基层群众性自治组织）开展活动时的行为属性，或者强化以生产生活生态为主要存在内容的主体（农村集体经济组织或城镇农村的合作经济组织）开展活动时的行为实力。最终来看，民法典借助特别法人这一身份的赋予，试图将前述主体在实践中早已开始从事的民事行为纳入到规范化、清晰化的法人制度框架中。而对于这些组织体而言，特别法人身份的获得既可为其对外从事某些民事行为确立明确依据，由此得以作为而不逾矩；同时还可对内明晰其与自身成员之间关系，促进组织体内部构造科学化。概言之，通过获得特别法人身份，机关法人、农村集体经济组织法人、基层群众性自治组织法人以及城镇农村的合作经济组织法人等，得以更为自由、守矩、广泛地参与民事活动，在制度目标上，强化这些组织体为其目标群体开展服务的实践能力。

由此来看，原本为了增进公共群体整体福祉而存在的国家机关等组织体，借助特别法人身份的获得，也获得了顺畅、有力参与民事活动的机会。群体福祉增进这一公共追求在民法典的私人交往维度中寻找到了新的活动空间。从这一角度出发，未来在考评特别法人制度实践效果时，群体福祉增进成效当为核心尺度，这有别于传统民法所持的个体利益衡量标准。

 6 职务代理制度

《民法典》第170条规定："执行法人或者非法人组织工作任务的人员，

就其职权范围内的事项，以法人或者非法人组织的名义实施的民事法律行为，对法人或者非法人组织发生效力。法人或者非法人组织对执行其工作任务的人员职权范围的限制，不得对抗善意相对人。"这是关于职务代理的规定。

其中，第 1 款是职务代理制度的一般规范。据此，适用职务代理制度需满足三个条件：一是行为人是法人或非法人组织的工作人员；二是行为人在其职权范围内为法律行为；三是该法律行为需以法人或非法人组织的名义做出。这三个要件分别对应职务代理行为的主体、权限和方式。第 2 款是职务代理制度的特殊规范，即行为人超越职权范围的行为是否对法人或非法人组织发生效力，要看行为相对人的"善意"与否。

实践中，党员干部的职务行为与个人行为区分，一般遵循四个标准：一是职权标准。即党员干部根据党纪或国法赋予的职责权限实施的行为，是职务行为。超越职责权限的行为不是职务行为。二是时空标准。即党员干部在行使职权、履行职责的时间、地域范围内实施的行为通常都认定为职务行为。比如某市的交警不能到另一城市处罚道路交通管理中的机动车违章行为。三是身份标准。即在通常情况下，凡以党员干部的身份和名义实施的行为都是履行职务的行为。如公务人员统一着装、佩戴统一标识、出示证件、宣布代表机关实施的行为一般都以职务行为论。四是目的标准。即党员干部为了履行法定职责和义务，维护公共利益而为的行为，通常都认定为职务行为。

应当明确，上述职务行为和国家赔偿法上所说的"行使职权"行为不能等同。就国家赔偿而言，构成国家赔偿责任的行为，必须是违法行使职权的行为，并且这种违法行为造成了损害事实，两者之间有必然的因果联系。违法行使职权的行为，不能被认定为职务行为。国家履行赔偿责任后，有权向违法行使职权的行为人追偿。对于党员干部而言，法无授权皆禁止。因此党员干部应严格依党规国法履职尽责，在行使职权时不得越位、缺位、错位。

三、总则编有关案例问答

1 胎儿有继承权吗?

王某是一位退休的国家公职人员,家庭经济状况较好。王某育有三个儿子,其妻早年去世。2018年5月,王某的小儿子王丙因车祸死亡,此时,其小儿媳乔某已怀孕6个月。同年9月,王某突然发病死亡。葬礼之后,王某的长子王甲与次子王乙遂将王某遗留的120万元现金和两套价值共460万元的楼房进行了分割。乔某得知后,遂向王甲和王乙提出异议,认为即将出生的胎儿应分得一份遗产。王甲和王乙不同意,认为乔某腹中胎儿尚未出生,不具有民事权利能力,因而不享有继承权。乔某诉至法院,要求保护腹中胎儿的合法权益。

问:乔某腹中胎儿能分得一份遗产吗?

答:能。《民法典》第16条规定了胎儿利益的特殊保护,对于"涉及遗产继承、接受赠与等胎儿利益保护的,胎儿视为具有民事权利能力。但是,胎儿娩出时为死体的,其民事权利能力自始不存在"。胎儿虽然不具有民事行为能力和民事责任能力,但是不影响其对一些民事权利的享有。所以,乔某即将出生的胎儿是享有继承权的,是可以分得一份遗产的。

2 未成年人从事的民事法律行为效力如何认定?

唐女士的儿子今年刚满10周岁,在与某视频网站主播聊天过程中,私自用唐女士的手机在 1 小时之内打赏了主播 12 次，金额从 98 元到 1530 元不等。到唐女士发现时，她的儿子以微信付款和平台支付两种方式，共计打赏该主播 5508 元。

问：唐女士的儿子打赏主播的款项应否返还？

答：应当返还。《民法典》第 19 条规定："八周岁以上的未成年人为限制民事行为能力人，实施民事法律行为由其法定代理人代理或者经其法定代理人同意、追认；但是，可以独立实施纯获利益的民事法律行为或者与其年龄、智力相适应的民事法律行为。"为适应当前未成年人生理心理成熟程度和认知能力提高的情况，民法典将原来《民法通则》规定的限制民事行为能力人年龄从十周岁改为八周岁，八周岁以上的未成年人做出的打赏行为如果与其年龄、智力不相适应，属于效力待定行为。若经其法定代理人同意、追认，行为有效。否则，行为无效。

3 突发事件等紧急情况下，哪些特别法人必须履行监护职责？

2020 年 1 月 29 日，湖北省黄冈市红安县某村村民鄢某被隔离期间，其 17 岁的脑瘫儿子在家中死亡。据当地调查组称，鄢某因疑似新冠肺炎被隔离，不能照料其子的日常生活，而其他亲属都在外地打工，于是委托村干部予以照顾，村委会安排了几位党员村民轮流对其子进行照料，但有的值班人员没有做到尽心尽力、尽职尽责，存在工作不实、作风不实等问题，造成严重后果。（据中国共产党新闻网 2020 年 2 月 4 日报道）

问：该村委会应该担责吗？

答：应该。针对发生突发事件无人照料被监护人的生活这一情况，《民法典》第 34 条第 4 款专门作了规定："因发生突发事件等紧急情况，监护人暂时无法履行监护职责，被监护人的生活处于无人照料状态的，被监护人住所地的居民委员会、村民委员会或者民政部门应当为被监护人安排必要的临时生活照料措施。"这是我们国家立法以人为本的体现。这个案例如果发生在民法典生效后，村委会或县民政部门都有临时监护职责。村委会接受了当事人的委托后，没有恪尽职守，致使严重后果发生，当然应该担责。

 自愿实施紧急救助行为造成损害，救助人承担责任吗?

某乡村偏僻路口发生一起车祸，路人甲主动将车祸受害者送至医院，最后诊断结果是车祸受害者颈椎骨折，其家属认为是路人甲施救不当所导致，应该承担相应的责任。

问：路人甲是否有义务对受助人进行赔偿?

答：没有。近几年，媒体不时曝出"英雄流血又流泪"事件，一些地方因在见义勇为认定条件设置上施之过严，对见义勇为者有失公平，饱受社会诟病。《民法典》第184条规定："因自愿实施紧急救助行为造成受助人损害的，救助人不承担民事责任。"这条规定在立法过程中几经修改，终于从"除有重大过失外"，到"证明救助人有重大过失"，最终敲定为"不承担民事责任"，被称为民法典中的"好人条款"。如果每一个人去做见义勇为的事情时，都必须瞻前顾后，优先考虑自己是否有担责的风险，势必会导致见义勇为义举的大量减少，不利于弘扬社会正气。所以总则编最终作了这样的规定，是对见义勇为行为的最大鼓励与支持。

5 受性侵未成年人赔偿请求权的诉讼时效是多久?

2020年6月16日，上海市普陀区人民法院依法不公开开庭审理了被告人王某某、周某某猥亵9岁女童案。法院根据两名被告人的犯罪事实、性质、情节及社会危害程度等，经合议庭评议，于2020年6月17日当庭对被告人王某某、周某某作出判决，以猥亵儿童罪分别判处被告人王某某有期徒刑五年，被告人周某某有期徒刑四年。该案的被害方并未提起刑事附带民事诉讼，因此法院基于不告不理原则，也未就民事赔偿问题予以处理。（据人民网2020年6月18日报道）

问：受性侵儿童能否在自己成年后继续维权，提起损害赔偿诉讼？

答：能。《民法典》第191条规定："未成年人遭受性侵害的损害赔偿请求权的诉讼时效期间，自受害人年满十八周岁之日起计算。"王某某猥亵儿童案中的受害儿童在侵害事件发生时只有9岁，再过9年才会满18岁。按照这条规定，遭受性侵害的女童，有权在9年后再去提起损害赔偿诉讼。民法典作出如此规定的目的，主要是为了更好地保护性侵案中受害人的合法权益。这是因为，在受害人成年前，难以判断其遭受的损害程度，甚至一些受害人都不知道自己遭受了侵害。故此，该规定有利于更好地保护未成年人的合法权益。

 网络虚拟财产能获得法律保护吗？

某网络游戏刚投入市场不久，许多玩家不知道通过该游戏APP快捷授权他人登录某一账户的同时，还能让他人获得控制与授权账户的账号、密码均不相同的其他捆绑账户的权利。2015年，杨某纠集陈某、李某，利用前述认识误区，以准备购买游戏账户、游戏装备为由寻找作案对象。卖家上钩后，杨某等人便偷偷进入卖家其他的捆绑账户，迅速转移或者抛售该账号内的虚拟财产，将交易所得占为己有。至案发时，杨某等人有分有合地实施盗窃24次，被盗虚拟财产合计人民币14.3万元。

问：杨某等人是否应当对受到侵害的卖家承担民事赔偿责任？

答：是。网络虚拟财产是指虚拟的网络本身以及存在于网络上的具有财产性的电磁记录，是一种能够用现有的度量标准度量其价值的数字化的新型财产。网络虚拟财产作为一种新型的财产，具有不同于现有财产类型的特点，是一种特殊物。网络虚拟财产能被自然人独占管理、转移处置且具有价值，具有财产属性。在 2017 年《民法总则》将计算机数据、网络虚拟财产纳入保护范围之前，对于网络虚拟财产的财产属性，一直没有明文规范。《民法典·总则编》保留了这一规定，认可网络虚拟财产系自然人所有的合法财产，提升了网络虚拟财产的保护力度，对助力"互联网＋"的发展具有积极意义。本案中，杨某等人有计划有目的盗窃卖家网络虚拟财产，侵犯了卖家的财产权，应当承担民事赔偿责任。在民法典认定为个人合法财产后，若达到盗窃罪的刑事立案数额标准，杨某等人还应承担刑事责任。

7 英雄烈士名誉权受到侵犯，谁来保护？

2019 年 9 月，杭州市西湖区检察院接到某居民举报，在某网络平台的网店里有人销售侮辱、诋毁英烈董存瑞、黄继光的贴画。经调查后发现，该网店由瞿某注册经营。销售的两款贴画，一款印有"董存瑞舍身炸碉堡"形象及显著文字"连长你骗我！两面都有胶"，另一款印有"黄继光舍身堵机枪口"形象及显著文字"为了妹子，哥愿意往火坑跳"。上述贴画有多种规格，单价从 4 元至 68 元不等。（据中国法院网 2020 年 5 月 13 日报道）

问：董存瑞、黄继光的名誉权由谁来保护？

答：可以由公诉机关提起民事公益诉讼。民法典中有 11 处直接表述了"公共利益"或"社会公共利益"。在总则编中将"弘扬社会主义核心价值观"增加为一项重要的立法目的。第 185 条明确规定："侵害英雄烈士等的姓名、肖像、名誉、荣誉，损害社会公共利益的，应当承担民事责任。"人格权编则具体界定了姓名权、肖像权、名誉权和荣誉权，并完善了肖像权合理使用规则和名誉权保护与新闻报道、舆论监督的规则。这一系列规定对于公益诉讼实践中如何准确把握行为人是否侵害英烈权利、是否损害公共利益，提供了更全面的实体法依据。由此，民法典在解决公益诉讼实体法依据不足的问题上向前迈出了坚实的一步。

国家机关对其工作人员的职务侵权行为是否承担民事责任？

刘某与谢某住在同一栋楼，是上下层的邻居，因排水、漏水等生活问题产生矛盾，多次发生争执，双方都耿耿于怀。谢某系该市某国家机关的现职工作人员，在一次执行公务过程中，发现刘某正在其办公大楼里排队等待办理证照。谢某遂唆使实习生高某对刘某故意找茬，百般刁难，冷嘲热讽，并在刘某材料齐全的情况下故意不为其办理证照，还扣下刘某的办证手续费80元，使刘某遭受经济损失近千元。刘某遂将该国家机关告上法庭，要求赔礼道歉并赔偿损失。（据中国法院网2005年4月15日报道）

问：该机关对刘某的损失是否应当承担民事责任？

答：不承担。在本案中，谢某的行为是典型的"公报私仇"，他因生活矛盾而对前来办事的刘某故意实施了不当行为，构成对刘某的侵权。《民法典》第62条规定："法定代表人因执行职务造成他人损害的，由法人承担民事责任。法人承担民事责任后，依照法律或者法人章程的规定，可以向有过错的法定代表人追偿。"按照这条规定，如果谢某的身份是该国家机关的法定代表人，该国家机关应当承担民事责任。不过，谢某对此次侵权责任的发生明显存在过错。因此，该国家机关在承担民事责任后，可以依照法律向谢某追偿。针对这类问题，按照1987年《民法通则》的规定，国家机关承担民事责任的事项范围要更为宽泛一些。《民法通则》第121条规定："国家机

关或者国家机关工作人员在执行职务中，侵犯公民、法人的合法权益造成损害的，应当承担民事责任。"

9 事业单位与改制企业"一套人马，两块牌子"，就要承担连带责任吗?

某改制企业与某事业单位是"一套人马，两块牌子"。该企业向 M 公司购置了一批货物，却不能在约定期限内足额交付货款。M 公司遂要求该事业单位承担连带责任，支付剩余货款。

问: M 公司的要求是否合法?

答: 不合法。现实中，由于改制或其他原因，事业单位与企业"一套人马，两块牌子"的现象并不鲜见，特别是在交通、烟草、邮政、盐业等领域。改制企业作为市场主体，参与市场经营运作，难免会陷入一些债权债务关系中。

法人是具有民事权利能力和民事行为能力，依法独立享有民事权利和承担民事义务的组织。人格独立是法人的本质特征。这种情况下，事业单位与企业虽然是"一套人马，两块牌子"，但却是分属两种不同性质的法人。一个是非营利的事业单位法人，一个是营利的企业法人，两者彼此人格独立。二者主体性质不同，皆为独立法人，均具有独立承担民事责任的能力。所以，该事业单位不承担连带责任，M 公司只能继续要求该企业支付剩余货款，索要不成可起诉至法院解决。

10 侵犯个人信息的行为表现形式有哪些?

某派出所民警籍某某，利用职务之便，使用已调离的前所长段某某的数字证书查询公安系统内公民个人信息 3670 余条，并通过微信向李某某出售，非法获利共计 19840 元；李某某又将这些信息出售给他人，非法获利 42185 元。检察机关认为被告人籍某某利用公安民警的特殊身份，在掌握全国人口信息的平台上任意查询，并非法出售 3670 余条，比一般人员非法收集信息具有更大的社会危害性，应当认定其属于刑法规定的情节严重的情形，依法予以惩处。（据《检察日报》2017 年 5 月 17 日报道）

问：籍某某、李某某对侵害他人信息的行为是否应当承担民事责任？

答：是。籍某某的行为属于非法获取、收集、传输并买卖个人信息，李某某的行为属于非法买卖个人信息。随着信息化社会的到来，个人信息的重要性日益凸显，侵犯公民个人信息获取经济利益的现象逐渐增多，相关灰色产业链已初现雏形，其中国家工作人员利用职务便利非法获取公民个人信息造成的社会影响尤其恶劣。但是，《民法总则》出台前，民事立法对公民个人信息的维护一直处于缺位状态。《民法典·总则编》的民事权利一章确认了个人信息受法律保护的原则，《民法典》第 111 条规定："自然人的个人信息受法律保护。任何组织或者个人需要获取他人个人信息的，应当依法取得并确保信息安全，不得非法收集、使用、加工、传输他人个人信息，不得非法买卖、提供或者公开他人个人信息。"与网络安全法相比较，民法典对于个人信息安全的保护，不仅局限于非法买卖和提供，还包括非法收集、使用、加工、传输个人信息的行为，保护更加全面。

11 民法典对房屋征收拆迁有什么新规定？

陈某夫妻二人在某市中心区地段拥有别墅一套，用于居住。市政府决定对该别墅所在片区实施旧城改建项目并征收房屋，作出了《房屋征收决定》。因对补偿标准不满，陈某夫妻二人未与征收方就房屋补偿安置达成协议。一个月后，该市政府对陈某夫妻二人作出《补偿决定》，限期 15 日内自行搬迁，并告知了复议与诉讼的权利。陈某夫妻二人咨询了律师后认为该市政府作出的《补偿决定》违反法律程序，不符合公平、公正原则，于是提起诉讼。

问：陈某夫妻二人的诉求能否得到法律支持？

答：能。《民法典》第117条规定："为了公共利益的需要，依照法律规定的权限和程序征收、征用不动产或者动产的，应当给予公平、合理的补偿。"按照这条规定，该市政府征收房屋的行为需要符合三个条件：一是基于公共利益需要；二是遵循法律规定的权限和程序；三是给予被征收人公平、合理补偿。缺乏其中任何一个条件，征收行为都是违法的。既然市政府作出的《补偿决定》违反法律程序，不符合公平、公正原则，陈某夫妻二人的诉求能得到法律支持。

12 违背公序良俗的婚姻关系是否有效？

王某是某县机关工作人员，获知该县城郊某村即将拆迁，于是与原配偶约定"假离婚"，与该拆迁村村民李某结婚，并将自己和两名子女落户到拆迁村内。王某及其子女获得了拆迁补偿款100余万元。随后，王某以当初结婚并不是自己真实意思表示为由提起离婚诉讼，李某则不同意离婚。

问：张某与李某的婚姻关系是否有效？

答：无效。《民法典》第153条第2款规定："违背公序良俗的民事法律行为无效。"本案中，当事人采用"假结婚"的方式取得村民资格进而骗取征地补偿款，损害社会公共利益，违背善良风俗，不但拆迁补偿款应当追回，婚姻关系也因此无效。

恶意串通的民事法律行为是否有效？

刘某是某事业单位后勤人员，一天醉酒后与范某发生争执，并将范某打伤。三天后，刘某与亲属谢某签订房屋买卖合同并进行了公证，将其名下唯一的一套房产以低于市场评估价 70% 的价格出售给谢某，并办理了产权过户登记手续，将房屋登记在谢某名下，刘某还刻意将过户时间提前到范某被刘某殴打致伤前。经查询，刘某已无其他值钱财产。过户后，谢某从来没有居住和使用过该楼房。不久后，范某提起诉讼，请求人民法院确认刘某与谢某的房屋买卖合同是恶意串通行为，认定无效。

问：刘某与谢某的房屋买卖行为是否有效？

答：无效。《民法典》第 154 条规定："行为人与相对人恶意串通，损害他人合法权益的民事法律行为无效。"刘某将自己唯一住房出售给谢某的行为系虚假交易，属恶意串通的民事行为，应属无效。几个证据可以证明：一是双方楼房买卖契约签订日期本来是在范某被刘某殴打致伤后，然而却被人为刻意地提前到范某被刘某殴打致伤前。二是房屋买卖合同约定的交易价格远远低于市场评估价的 70%。三是谢某在庭审中自认从来没有居住和使用过该楼房，证实没有实际交付。

附条件的民事法律行为何时生效？

某网店为吸引客户，推出购物返利促销活动，网页宣传广告称只要购买其商品，便给予 10% 的返利。通过浏览，卓某发现其中恰有一款自己梦寐已久的笔记本电脑，标价 15000 元，当即下单购买。但网店却对本来许诺的 10% 返利迟迟不予给付。卓某几次催收，网店开始以生意太忙推托，后来干脆不接电话、不回复网上质询。（据人民网 2013 年 3 月 5 日报道）

问：网店许诺的"给予10%的返利"何时生效？

答：卓某下单购买后即生效。《民法典》第158条规定："民事法律行为可以附条件，但是根据其性质不得附条件的除外。附生效条件的民事法律行为，自条件成就时生效。附解除条件的民事法律行为，自条件成就时失效。"购物返利是一种附条件的民事行为，即网店返利的前提是消费者购物，消费者一旦购物便属于条件成就。本案中，卓某依约完成下单购买，附带的条件"返利10%"即已生效，卓某完全有权要求网店兑现返利10%即1500元的承诺，网店难辞其咎。

第四章

物权编：平等保护公私物权

有恒产者有恒心。物权是民事主体依法享有的重要财产权，物权法律制度调整因物的归属和利用而产生的民事关系。《民法典·物权编》规定了各类财产关系的物权制度，平等保护各类公私物权，在民法典中排在总则编后第一位，篇幅约占整部民法典的四分之一，重要性可见一斑。

一、物权编的主要内容

日常生活中，民众相对比较熟悉"所有权""产权"这样的概念，而对物权有些陌生。物权，是指权利人依法对特定的物享有直接支配和排他的权利，包括所有权、用益物权和担保物权。我们熟悉的"所有权""产权"的概念包括在物权之中，物权是对物的归属与利用的相关权利的理论概括。物权是财产权。与债权不同，物权是支配财产的权利，而债权是请求他人做一定行为的权利。因此，物权是绝对权，权利人行使物权时不需要其他人意志，可依自己的意志行使权利。

2007年，第十届全国人民代表大会第五次会议通过了《物权法》。在此基础上，物权编结合现实需要，进一步完善物权法律制度，落实党中央提出的完善产权保护制度，健全归属清晰、权责明确、保护严格、流转顺畅的现代产权制度的要求。物权编共5个分编、20章、258条，主要规定了以下内容。

1 物权制度的基础性规范

物权编第一分编即通则，对物权制度基础性规范作了规定，包括平等保护等物权基本原则、物权变动的具体规则，以及物权保护制度。

（1）物权平等保护原则。《民法典》第207条规定："国家、集体、私人的物权和其他权利人的物权受法律平等保护，任何组织或者个人不得侵犯。"这是第一次用法律的形式明确了物权平等保护原则。《民法典》第206条第2款、第3款规定："国家巩固和发展公有制经济，鼓励、支持和引导非公有制经济的发展。国家实行社会主义市场经济，保障一切市场主体的平等法律地位和发展权利。"在计划经济时期，公有财产在政治上、法律上和人们的意识形态上一直处于优越神圣和优先保护的地位。不同所有制的主次地位、分量多寡，不仅表明政治意义上的轻重，而且在实践中体现为法律保护机制有所区别。当国家所有权、集体所有权与私人所有权发生权利冲突时，执法和司法机关往往差别对待，把国有财产的保护列为优先等级。在这样的传统观念和习惯的长期影响下，平等保护物权在立法上一直是不明确的。民法典明确规定物权平等保护的原则，彻底摒弃了计划经济时期盛行的"所有权等级论"，意味着在法律面前无论国家、集体还是私人的财产，都能享受法律相同力度的保护，这是对改革开放40多年成果的法律确认，也赋予公众更多"有恒产"的信心。

（2）物权变动公示原则。不动产物权变动的公示方式是依法登记。动产物权变动的公示方式是交付。《民法典》第208条规定："不动产物权的设立、变更、转让和消灭，应当依照法律规定登记。动产物权的设立和转让，应当依照法律规定交付。"民法典关于不动产物权登记的规定，涉及政府的不动产登记机构的管理和服务职责。《民法典》第214条规定："不动产物权的设立、变更、转让和消灭，依照法律规定应当登记的，自记载于不动产登记簿时发生效力。"第216条规定："不动产登记簿是物权归属和内容的根据。不动产登记簿由登记机构管理。"第222条规定："当事人提供虚假材料申请登记，造成他人损害的，应当承担赔偿责任。因登记错误，造成他人损害的，登记机构应当承担赔偿责任。登记机构赔偿后，可以向造成登记错误的人追偿。"

 所有权制度

所有权是物权的基础，是权利人对自己的不动产或者动产依法享有占有、使用、收益和处分的权利。其中处分权是拥有所有权的根本标志。根据《民法典》第240条的规定，所有权包括四项权能，即对不动产或者动产的占有权、使用权、收益权和处分权。《民法典》第241条规定："所有权人有权在自己的不动产或者动产上设立用益物权和担保物权。用益物权人、担保物权人行使权利，不得损害所有权人的权益。"所有权制度的主要内容包括：一是国家、集体和私人的所有权。《民法典》第242条规定："法律规定专属于国家所有的不动产和动产，任何组织或者个人不能取得所有权。"二是业主的建筑物区分所有权。三是相邻关系。四是共有。五是所有权取得的特别规定，如善意取得。

3 用益物权制度

用益物权是因不动产或者动产的使用价值产生的权利，指权利人对他人所有的不动产或者动产，依法享有占有、使用和收益的权利。物权编第三分编规定了用益物权制度，明确了土地承包经营权、建设用地使用权、宅基地使用权、居住权、地役权等用益物权。

我国的用益物权通常设定在土地和自然资源这种价值巨大的不动产上，目的是在不改变土地和自然资源所有权的前提下，使所有权人通过行使处分权能获得收益，使非所有权人（用益物权人）通过使用获得收益，实现所有权与经营权的分离。

用益物权可以分为一般用益物权和特许用益物权，二者构成我国独具特色的用益物权体系。我国独创的一般用益物权（设定在土地上）的类型包括：土地承包经营权、建设用地使用权、宅基地使用权、居住权、地役权和海域使用权，土地上的一般用益物权制度可以延伸到土地管理法中。

特许用益物权（设定在自然资源上）包括采矿权、探矿权、取水权、渔业权等。《民法典》第329条规定："依法取得的探矿权、采矿权、取水权和使用水域、滩涂从事养殖、捕捞的权利受法律保护。"自然资源的使用和开发权利既具有用益物权的属性，又需要政府的行政特别许可。因为自然资源涉及领土疆域、经济安全、生态环境和可持续发展等，还涉及一国的土地制度、基本经济制度，具有政治属性。因此，须在宪法、法律的严格规制下进行有效的开发和保护，需要政府的宏观调控和对政府行为的有效制约。自然资源上的用益物权可以延伸到经济法的规制中。

 担保物权制度

担保物权是因不动产、动产的价值而产生的权利，是为了担保债的履行而设立的物权，包括抵押权、质权、留置权，其中抵押权被称为"担保之王"。担保物权把物权和债权有机结合起来，根据《民法典》第386条的规定，担保物权人在债务人不履行到期债务或者发生当事人约定的实现担保物权的情形，依法享有就担保财产优先受偿的权利。

民法典明确了担保物权的含义、适用范围、担保范围等共同规则，以及抵押权、质权和留置权的具体规则。民法典对担保物权制度的新规定主要包括：

一是扩大担保合同的范围，明确融资租赁、保理、所有权保留等非典型担保合同的担保功能。《民法典》第388条规定："担保合同包括抵押合同、质押合同和其他具有担保功能的合同。"

二是删除有关担保物权具体登记机构的规定，为建立统一的动产抵押和权利质押登记制度留下空间。

三是《民法典》第400条、第427条，简化了抵押合同和质押合同的一般条款。

四是《民法典》第414条明确规定了实现担保物权的统一受偿规则。

这些规定使得融资的获得更为安全简便，有利于改善营商环境，促进经济平稳有序发展。担保物权的规则是用法治保障营商环境的体现。

5 占有制度

占有是指对不动产或者动产事实上的控制与支配。第五分编对占有的调整范围、无权占有情形下的损害赔偿责任、原物及孳息的返还以及占有保护等作了规定。

二、物权编的学习运用

物权制度的功能是物归其主，定分止争；地尽其力，物尽其用；使财产效益最大化；促进物的流转，充分保护物权。党员干部做工作、和群众打交道、自己行使财产权，不可避免会涉及关于物权的相关问题，学习运用好物权编，应重点把握以下几点。

1 物权制度的中国特色

民法典具有鲜明的中国特色，具体到物权制度，这种特色也非常鲜明。这主要体现在以下几个方面：民法典把所有权分为国家、集体和私人所有权三种类型，这种分类是中国民法独有的；农村土地承包经营权是中国农民首创的；农村宅基地使用权是农村土地集体所有决定的；建设用地使用权的设置以及《民法典》第345条规定："建设用地使用权可以在土地的地表、地上或者地下分别设立。"都具有鲜明的中国特色；在自然资源上设置用益物权，也具有鲜明的中国特色。总之，我国设置在土地和自然资源上的用益物权，展现了我国物权制度的独特性，也是中国民法典的独到之处。

2 维护社会主义基本经济制度

民法典以法典的形式固化了社会主义基本经济制度的新表述，为市场经济提供法律保障。学习物权编，应认真领会这一内容，增强维护社会主义基本经济制度的自觉性，推动社会主义市场经济健康有序发展。

如何在社会主义制度下搞市场经济，如何把公有制与市场经济结合起来，这是人类历史上前所未有的新问题。党的十九届四中全会通过的《中共中央关于坚持和完善中国特色社会主义制度 推进国家治理体系和治理能力现代化若干重大问题的决定》对社会主义基本经济制度作了新的表述，确立了公有制为主体、多种所有制经济共同发展，按劳分配为主体、多种分配方式并存，社会主义市场经济体制等社会主义基本经济制度。这是对社会主义基本经济制度内涵的重要拓展，标志着我国社会主义基本经济制度更加成熟更加定型。

民法典作为我国第一部表述社会主义基本经济制度新内容的法典，在物权编部分，第 206 条规定："国家坚持和完善公有制为主体、多种所有制经济共同发展，按劳分配为主体、多种分配方式并存，社会主义市场经济体制等社会主义基本经济制度。"我国原来的《物权法》规定，"国家在社会主义初级阶段，坚持公有制为主体、多种所有制经济共同发展的基本经济制度"。民法典删除了关于"社会主义初级阶段"的时段限定，加入了多种分配方式、社会主义市场经济体制，丰富了基本经济制度的内容，有利于市场经济的发展。

物权编的全部法条，都在维护社会主义基本经济制度，体现了公有制与市场经济的有机统一。例如，我国《民法典》第 249 条明确规定："城市的土地，属于国家所有。法律规定属于国家所有的农村和城市郊区的土地，属于国家所有。"同时，在第三分编单设用益物权制度，《民法典》第 324 条规定："国家所有或者国家所有由集体使用以及法律规定属于集体所有的自然资源，组织、个人依法可以占有、使用和收益。"通过规定建设用地使用权等制度，用市场的手段，使土地等资源得到效益最大化的配置和利用，发挥公有不动产的最大价值。在土地和自然资源等的利用过程中，用益物权必然导向引入市场机制，通过当事人的自由协商和有偿使用，最有效配置和利用土地和自然资源。

业主建筑物区分所有权

计划经济时期，住宅区是行政权力主导的、单位为核心的，或者是历史上老城区形成的街坊型模式，现在成为"老旧小区"，面临升级改造的问题。改革开放后，随着房地产商业性开发，在楼市资本凝聚下形成了新型小区模式。新型小区短时间大量涌现，有的公共配套设施尚不健全，社区公共事务急剧增加。随着城镇化进程的加快，城市小区的发展规模趋稳，多元共治为特征的社区制模式亟待完善。

建筑物区分所有权，包括三种权属：一是业主对于一栋建筑物中自己专有部分的单独所有权。二是对共有部分的共有权。三是因共有关系而产生的小区管理权。《民法典》第271条规定："业主对建筑物内的住宅、经营性用房等专有部分享有所有权，对专有部分以外的共有部分享有共有和共同管理的权利。"建筑物区分所有权的规定，实质上涉及城市社区治理问题。城市社区治理是我国法治社会建设的重点，因为社区是城市的细胞。社区治理能不能做到自治、法治、德治融合，决定了数亿城镇人未来能否过上更加幸福的生活。

农村承包地"三权分置"

物权编对土地承包经营权的相关规定作了完善，增加土地经营权的规定。在不改变农村土地集体所有的前提下，土地承包经营权创造性地解决了农村土地的使用、经营和流转问题。农村承包地的"三权分置"，是把所有权、承包权、经营权分置，是继家庭联产承包责任制后农村改革的又一重大制度创新。实施"三权分置"的重点是放活集体土地经营权，核心要义就是明晰赋予经营权应有的法律地位和权能。《民法典》第339条、第340条规定："土地承包经营权人可以自主决定依法采取出租、入股或者其他方式向他人流转土地经营权。""土地经营权人有权在合同约定的期限内占有农村土地，自主开展农业生产经营并取得收益。"承包地被征收的，土地承包经营权人有权获得相应补偿。

删除耕地使用权不得抵押的规定，以适应"三权分置"后土地经营权入市的需要。《民法典》第399条规定，土地所有权不得抵押。宅基地、自留地、自留山等集体所有土地的使用权不得抵押，但是法律规定可以抵押的除外。这为集体所有土地的使用权进行抵押留下了空间。

物权编为了推进农村集体建设用地和宅基地制度的改革进程，与《土地管理法》等作了衔接性规定。《民法典》第361条规定："集体所有的土地作为建设用地的，应当依照土地管理的法律规定办理。"第363条规定："宅基地使用权的取得、行使和转让，适用土地管理的法律和国家有关规定。"物权编的这些规定，直接导向《土地管理法》，而我国《土地管理法》引入了"集体经营性建设用地"的概念，主要是包括乡镇企业用地、公益性建设用地、宅基地三类。民法典回应了如何让市场在农村集体建设用地的资源配置中起决定性作用和宅基地资源如何盘活的问题。

5 建设用地使用权

在坚持城市土地归国家所有的大前提下，建设用地使用权解决了城市居民住宅用地，工商业及其他建设用地的需要。

城市居民通过购买商品房，实际上取得了两个权利，一是房屋的所有权，二是房屋所占用范围内的土地使用权。房屋所有权是没有期限的，但住宅的建设用地使用权最长是70年，也就是通常所说的"70年产权"。《民法典》第359条规定："住宅建设用地使用权期限届满的，自动续期。续期费用的缴纳或者减免，依照法律、行政法规的规定办理。非住宅建设用地使用权期限届满后的续期，依照法律规定办理。该土地上的房屋以及其他不动产的归属，有约定的，按照约定；没有约定或者约定不明确的，依照法律、行政法规的规定办理。"自动续期问题，民法典只作出了一个原则性规定，实际怎么续，是否缴费，还是留有空间的。目前大致有三种设想：一是参照浙江省温州市对居民到期产权的处理——免费续期；二是有些地方要求缴纳一定的土地出让金，但只是象征性地收一点；三是以税代费，即征收房产税。具体的续期方式，民法典把立法权限交给了"法律和行政法规"去具体规范。

6 居住权

物权编贯彻了党的十九大提出的加快建立多主体供给、多渠道保障住房制度的要求，规定"居住权"这一新型用益物权。根据《民法典》第366条至第370条的规定，居住权是按照合同约定，对他人的住宅享有占有、使用的权利，属于用益物权。居住权是将房屋所有权在居住权人和所有人之间进行配置。原来的法律只承认"房屋所有权"以及"租赁权"两种房屋的利用形式，难以满足当事人的多样化需求。居住权具有稳定性和灵活性，能够充分保障所有权人对房屋的自由支配，为房屋的利用提供了更多方式，既有利于最大限度地发挥房屋的效用，又能实现对特定群体的住房保障，灵活地满足当事人的生活居住需要。

居住权是一项新型用益物权，有以下特点：

一是居住权应当通过书面合同约定。

二是居住权无偿设立，但是当事人另有约定的除外。

三是设立居住权的，应当向登记机构申请居住权登记。居住权自登记时设立。居住权不得转让、继承。

四是设立居住权的住宅不得出租，但是当事人另有约定的除外。

五是居住权期限届满或者居住权人死亡的，居住权消灭。

六是夫妻之间共同居住、未成年子女居住在父母家，这些基于婚姻家庭关系形成的"住在同一个地方"，不属于用益物权性质的居住权。

七是居住权与租赁权在根本上是不一样的。在租赁关系中获得的对房屋的居住使用权属于债权，是一种契约关系，不是物权关系。承租人只是基于房屋租赁合同取得的对他人房屋进行使用、收益的权利，但承租人的权利仅限于用益而无法直接支配。

居住权具有独立性和直接支配性，权利人能以自己的意思无须借助他人的行为对房屋直接进行管领、实现对房屋的占有和使用。

居住权的设立会给我们的生活带来什么影响呢？

第一，进行二手房的购买时，不仅需要查询房屋的权属、司法查封、设立抵押等情况，还应注意查询房屋是否登记有居住权。一旦房屋的居住权在房管局登记了，居住权就成立了。购房人如果购买了该房，也不能赶走居住权人。

第二，影响婚前财产的使用。男女结婚，如果婚房系一方的婚前财产或者父母的财产，要不要加配偶另一方的名字，往往带来诸多家庭矛盾。居住权为解决这种矛盾提供了方案：给另一方登记居住权，而不用让渡房屋的所有权。

居住权同样解决离婚后居无定所的问题。夫妻离婚时，由于住房系男方婚前财产，女方一时没有住房居住，她有权利在原来的住房里居住，直到她有能力获得居住地。

第三，探索对残障且低收入群体在公租房上设立居住权。目前公租房所有权一般为地方政府所有，而住户只是租赁关系，有的又是无限期的租赁关系。如果能明确残障人士、低收入者享有"居住权"，无疑使他们的住房权益更加稳固。

第四，解决"以房养老"问题。所谓以房养老，是指老人将房子抵押给金融机构，获得养老金直到去世。现实中存在一些机构以此为名，骗取老人房产，导致老人不知不觉中房产被贱卖，最终赔了房子又失去了住所。如果在签订"以房养老"抵押贷款协议时，设立老人的居住权，这一权利就一直存续到老人去世，在老人有生之年谁都无法剥夺其居住权，这无疑能阻止金融骗局的形成。

第五，防止子女的继承纠纷。老人的生活一直由保姆和亲戚朋友照管的，老人一旦给保姆和亲戚设立居住权，他去世后，即便房子为子女所继承，保姆或亲朋仍享有居住权。如果居住权设定的时间是终生的，保姆或亲朋可以住到其去世为止，子女即便拿到了不动产证，也没有权利将其赶出，也不能出租该房产。当然，保姆或亲朋只能居住，没有资格进行转让买卖，其子女也无法获得继承权。

7 不动产的征收和公共利益

《民法典》第 243 条第 1 款规定："为了公共利益的需要，依照法律规定的权限和程序可以征收集体所有的土地和组织、个人的房屋以及其他不动产。"

所谓公共利益，是不特定多数人利益的通称，包括社会与个人利益在内。公共利益在个案中才能被客观地加以判断。公共利益的确定与公民的知情权、表达权、民主参与、民主决策、民主监督、听证程序、信息公示等紧密相连，界定"公共利益"的最终办法是民主法治的办法。

公共利益与个体利益皆是法律所认可和保护的法益，在法律的天平上应有同等的分量。当两者发生冲突不能两全时，因重大公共利益需要而征收私有财产权，应当给予权利人相应的财产补偿或赔偿。《民法典》第243条第2款、第3款规定："征收集体所有的土地，应当依法及时足额支付土地补偿费、安置补助费以及农村村民住宅、其他地上附着物和青苗等的补偿费用，并安排被征地农民的社会保障费用，保障被征地农民的生活，维护被征地农民的合法权益。征收组织、个人的房屋以及其他不动产，应当依法给予征收补偿，维护被征收人的合法权益；征收个人住宅的，还应当保障被征收人的居住条件。"民法典关于征收补偿的规定，在扩大补偿范围的同时，强调"及时"支付相关费用。一些地方征收集体所有的土地过程中，发生补偿不到位、补偿方案不合理或价款未支付等现象，"及时"二字强调的是对公权力的约束，对私人物权的保护。

 善于运用用益物权

用益物权作为所有权实现的一种方式，其权利主体是多元化的，各类用益物权通过法定配置、行政许可配置和市场配置实现。例如，通过政府的行政许可、审批、规划、不动产登记等权力设置和流转用益物权，同时引入市场机制。具体有公开招标、拍卖、签订合同等方式。用益物权受到民法典、行政法、经济法、社会法、专项单行法（《土地管理法》《森林法》《草原法》《矿产资源法》《水法》等）的交叉调整和规制。用益物权的获得依法通过自由自愿、平等协商、等价有偿、拍卖招标、程序公开等方式取得，减少了行政垄断，杜绝了暗箱操作。

《民法典》第325条规定："国家实行自然资源有偿使用制度，但是法律另有规定的除外。"国有土地和自然资源的有偿使用,有利于地尽其力、物尽其用,使物的效益最大化。用益物权人通过投入大量资本、先进技术或者管理手段,能够使该不动产大幅度增值。20世纪以来,为促进物的充分利用,民法由"以物的归属为中心"转变为"以物的利用为中心",注重强化不动产的利用功能和收益权能,"不求所有,但求所在、所用"的观念日益深入人心。

用益物权的行使必须符合保护生态环境资源的要求。《民法典》第326条规定:"用益物权人行使权利,应当遵守法律有关保护和合理开发利用资源、保护生态环境的规定。所有权人不得干涉用益物权人行使权利。"第346条规定:"设立建设用地使用权,应当符合节约资源、保护生态环境的要求,遵守法律、行政法规关于土地用途的规定,不得损害已经设立的用益物权。"这是把绿色环保要求和用途管制,作为合法行使用益物权、设立建设用地使用权的前提条件。

政府在征地拆迁、城市规划与城市开发、用地审批、公共设施设置等方面,不仅要尊重私人财产的所有权、用益物权和不动产的相邻权,而且要符合生态环保的要求。如,在居民居住密集的临近地区建设垃圾焚烧厂,建设治疗高传染性疾病的医院、开办临终关怀医院;在农田旁边、村庄周围批准建设有污染源的工厂;在规划时不考虑原有居民居住安宁而修建立交桥等噪音巨大的交通设施;等等。这些都会导致侵犯公民的环境物权而面临诉讼。

三、物权编有关案例问答

1 借姓名买房，谁拥有所有权？

某市实行房屋限购政策。张小姐出全部房款 80 万元，借用其大哥的姓名购买了一套商品房，并且做了房产登记。张小姐与其大哥没有签订书面合同。几年后，张大哥去世，大嫂诉到了法院，要求确认该房屋归自己所有。姑嫂对簿公堂时，该房屋价值达到了 400 万元。

问：张小姐买的房子到底应该归谁所有？

答：房屋所有权证书登记的名字，是判断房屋权属的标准。该房登记在张大哥的名下，他就是物权人。《民法典》第 209 条第 1 款规定："不动产物权的设立、变更、转让和消灭，经依法登记，发生效力；未经登记，不发生效力，但是法律另有规定的除外。"实践当中出现登记人和实际购房出资人不一致而且发生纠纷的情况，按照公平原则、契约必守原则，出钱的张小姐的房款钱，是要拿回来的。拿回来的房款，应该包括市价上涨的那部分，而不是仅仅 80 万元。

如果已经发生了借名买房的事，怎么规避风险呢？一是签订书面合同，明确你是亲戚名下房产的真正购买人和出资人；明确亲戚同意把名字借给你，双方约定了"借名买房、借名登记"。二是保存好相关证据，包括购房合同、贷款合同、转账凭证和双方的上述约定，以免发生纠纷时没有证据。三是设置"反向抵押"。即通过签订抵押合同把登记在亲戚名下的房屋，抵押给实际出资的真正购房人，使购房人的利益得到保全。

墓地是否受物权保护?

陈某在清明节给母亲扫墓时，突然发现母亲墓地旁边新建了一个墓地，且新建墓地已侵占了陈某所购买墓地的位置和使用面积。陈某随即向所在陵园公司反映墓地被侵占的情况，要求排除侵占行为，恢复墓地(格位)原状。该陵园公司承认工作失误导致两个墓地面积发生重叠，但无法给陈某母亲墓地恢复原状。陈某起诉陵园公司，要求恢复所购买的墓地原状，并且支付精神损失费2万元。

问：陈某能不能要求恢复墓地原状和请求赔偿?

答：可以。权利人对墓地的权利属于不动产物权。《民法典》第234条规定："因物权的归属、内容发生争议的，利害关系人可以请求确认权利。"第237条规定："造成不动产或者动产毁损的，权利人可以依法请求修理、重作、更换或者恢复原状。"一方面，陈某的墓地物权应当受到保护；另一方面，如果陈某坚持要求涉案墓地恢复原状，将影响案外人的合法权益，毕竟案外人在新建墓地的问题上没有过错。拆除新建墓地也违反公序良俗的原则，所以恢复原状不具备现实可行性。

《民法典》第238条规定："侵害物权，造成权利人损害的，权利人可以依法请求损害赔偿，也可以依法请求承担其他民事责任。"陈某母亲的墓地事实上遭受了一定程度的侵占和损害，致使陈某遭受了一定程度的精神痛苦。墓地具有特殊的人文关怀的属性，承载着特殊情感和精神利益。对于当事人精神损害赔偿的请求，法院应予以支持。

 政府机关是否可以征用其他政府机关的财产?

2020年2月2日，云南省大理市卫生健康局发布《应急处置征用通知书》，宣布因当地疫情防控物资紧缺，大理市卫生健康局等部门对从瑞丽市发往重庆市等地的政府采购的防疫口罩"依法实施应急征用"。网络曝出重庆市新冠肺炎疫情防控工作领导小组综合办公室医疗物资保障组发出的《关于商请放行暂扣物资的函》，以及湖北省黄石市新冠肺炎疫情防控指挥部发出的《工作联系函》等文件的截图。通过前述两份函件内容可知，原来大理市卫生健康局"应急征用"的口罩物资，正是重庆市新冠肺炎疫情防控工作领导小组指定企业采购、用于重庆市疫情防控的紧急物资，其中部分口罩还是为协助此次疫情重灾区之一的湖北省黄石市所采购。（据中国新闻网 2020 年 2 月 6 日报道）

问：大理市政府部门的征收行为是否合法？

答：不合法。《传染病防治法》第 45 条规定："传染病暴发、流行时，根据传染病疫情控制的需要，国务院有权在全国范围或者跨省、自治区、直辖市范围内，县级以上地方人民政府有权在本行政区域内紧急调集人员或者调用储备物资，临时征用房屋、交通工具以及相关设施、设备。紧急调集人员的，应当按照规定给予合理报酬。临时征用房屋、交通工具以及相关设施、设备的，应当依法给予补偿；能返还的，应当及时返还。"根据《民法典》第 245 条规定，因抢险救灾、疫情防控等紧急需要，依照法律规定的权限和程序可以征用组织、个人的不动产或者动产。而本次事件中，大理市人民政府征用的对象并非属于组织或个人的财产，而是属于其他政府机关的财产，不属于被征用对象。

 老旧小区加装电梯，费用由谁来出？

某老旧小区总共 6 层的楼栋没有电梯。许多老年人上下楼非常不方便。2020 年新冠肺炎疫情期间，没有电梯也非常不利于病人的运送。当地政府与居委会、绝大多数居民都同意加装外挂电梯。建设电梯的资金由政府、居

民、筹集来的社会赞助共担。小区某楼 5 层住户李某以自己年轻力壮不使用电梯为由，拒绝承担本楼的电梯建设费用和维护费用。

问：李某能否以不用电梯为由，拒绝承担小区的电梯建设费用和维护费用？

答：不可以。《民法典》第 273 条第 1 款规定："业主对建筑物专有部分以外的共有部分，享有权利，承担义务；不得以放弃权利为由不履行义务。"2020 年 7 月发布的《国务院办公厅关于全面推进城镇老旧小区改造工作的指导意见》提出，改造老旧小区的资金，由政府和居民、社会力量合理共担。按照谁受益、谁出资的原则，居民有义务出资参与老旧小区改造，通过直接出资、使用（补建、续筹）住宅专项维修资金、让渡小区公共收益等方式进行出资。

业主大会成立难、公共维修资金使用难以启动怎么办？《民法典》第 277 条明确地方政府有关部门、居民委员会应当对设立业主大会和选举业主委员会给予指导和协助。第 278 条、第 281 条规定适当降低业主共同决定事项，特别是使用建筑物及其附属设施维修资金的表决门槛，并增加规定紧急情况下使用维修资金的特别程序。民法典明确了物业服务企业和业主的相关责任和义务，增加规定物业服务企业或者其他管理人应当执行政府依法实施的应急处置措施和其他管理措施，积极配合开展相关工作，业主应当依法予以配合。

5 住宅可以擅自改为商用吗？

王某将其所在住宅小区的处于一层的两个四居室 800 多平方米用于创办公司，经营儿童托管、培训、服务的项目。孩子们的吵闹声使本栋住户无法安宁。他们向居委会和基层政府部门投诉。

问：王某是否有权自主决定将其小区住宅用于创办儿童托管公司？

答：无权。《民法典》第279条规定："业主不得违反法律、法规以及管理规约，将住宅改变为经营性用房。业主将住宅改变为经营性用房的，除遵守法律、法规以及管理规约外，应当经有利害关系的业主一致同意。"有利害关系的业主主要是指本栋建筑物内业主。

 在自家宅基地上建房，高度是否可自由决定？

张三在农村自家的老宅基地上拥有朝南向阳的三层小楼，邻居张四在张三房子的正南方向也新建了一幢三层小楼，但是张四打算修建一个阁楼式坡顶屋脊，相当于四层高的小楼，明显遮挡了张三家的视线和日照。张三反映到村干部处要求解决。

问：张四是否可以在张三房子的正南方向修建其想要的阁楼？

答：不可以。《民法典》第293条规定："建造建筑物，不得违反国家有关工程建设标准，不得妨碍相邻建筑物的通风、采光和日照。"

张三认为自己的房屋物权受到侵害，他可以通过哪些途径解决？《民法典》第233条规定："物权受到侵害的，权利人可以通过和解、调解、仲裁、诉讼等途径解决。"村干部、调解员可以责令张四停止施工，先依法律规定调解解决纠纷。基层政府部门可以行政执法责令张四拆除。张三也可以提起民事诉讼。

 在同等条件下，按份共有的房屋应该优先卖给谁？

李小姐和张先生协议离婚，他们约定按一人一半的份额分割他们共有的一套三居室房子。夫妻两个人都想购买对方的份额，想要完整的房子。李

小姐决定出售自己的份额，前夫张先生和某买房客户都想购买，李小姐由于怨恨张先生婚姻出轨，执意不肯把房子份额卖给前夫张先生。

问：在同等条件下，李小姐可以把房子卖给其他人吗？

答：不可以，应当优先卖给张先生。《民法典》第305条规定："按份共有人可以转让其享有的共有的不动产或者动产份额。其他共有人在同等条件下享有优先购买的权利。"

夫妻两个人都想购买对方的份额，要完整的房子，怎么办？夫妻二人可以通过协商，采取竞标的方式购买对方的份额，谁出的价格高，谁就买到对方的份额。这样，放弃房子的一方可以得到比较多的钱离开这个家，比较公平合理。

楼顶加建房屋的所有权属于谁？

吴大和吴二是亲哥俩。父母去世后遗留在市区内的祖产房是两间2层的小楼，二人共同拥有。吴氏哥俩是房屋建设用地共同使用权人。后他们约定翻建房屋的楼顶，并加建一层房屋。经审批后，吴大付出全部建设资金加建了一层房屋，并将加建部分的产权登记为自己所有。吴二在事后得知此情，与哥哥协商要求加建的房屋为共同所有，无果。后起诉到法院。

问：吴大加建房屋的所有权应属于谁？

答：属吴氏哥俩。吴大的行为侵犯了吴二的建筑物区分所有权中的共有权。建设用地共同使用权和楼顶空间权都是共有权。加建的房屋应属于建设用地共同使用权人共同所有。《民法典》第352条规定："建设用地使用权人建造的建筑物、构筑物及其附属设施的所有权属于建设用地使用权人，但是有相反证据证明的除外。"加建房屋的所有权应属于吴氏哥俩共同所有。

9 单位拖欠劳动报酬，是否可对单位物品行使留置权？

某公司员工张某以公司拖欠工资为由，私自搬走公司台式电脑、复印机、打印机等办公用品，扣下不还。说自己有权利对公司的这些物品行使留置权。

问：张某的行为是否合法？

答：不合法。该员工不是先期已经合法占有这些办公用品，而是事后私自搬走。《民法典》第447条："债务人不履行到期债务，债权人可以留置已经合法占有的债务人的动产，并有权就该动产优先受偿。前款规定的债权人为留置权人，占有的动产为留置财产。"

另外，留置权是平等主体之间实现债权的担保方式。除企业之间留置的以外，债权人留置的动产，应当与债权属于同一法律关系。《民法典》第448条规定："债权人留置的动产，应当与债权属于同一法律关系，但是企业之间留置的除外。"劳动关系主体双方在履行劳动合同过程中处于管理与被管理的不平等关系。劳动者以用人单位拖欠劳动报酬为由，主张对用人单位供其使用的工具、物品等动产行使留置权，因此类动产不是劳动合同关系的标的物，与劳动债权不属于同一法律关系，故该员工的主张和行为不合法。

10 天价乌木应该归谁？

2012年2月，四川省彭州市农民吴某在自家承包地里发现了巨型乌木，即雇人开始挖掘。当地镇政府接到举报，迅速赶往监控保护。后镇政府挖掘出7根大型乌木并暂存。该乌木价值达上千万元。经查，1根乌木不在吴某及其姐姐的承包地内，其他6根乌木所在地与吴某承包地相隔较远，与其姐姐的承包地和河道相邻。2012年7月，彭州市国资办正式答复：乌木归国家，奖励发现者吴某 7 万元。2012 年 7 月，吴氏姐弟俩起诉当地镇政府，请求法院确认 7 件乌木为自己所有；确认镇政府运走并扣押乌木的行政行为违法；要求镇政府返还乌木；要求镇政府赔偿不当保管导致乌木损毁的损失。2013 年 1 月，成都市中级人民法院裁定：驳回了吴氏姐弟俩的诉讼请求。法院认为，吴某请求确认 7 件乌木由他所有的诉讼请求，是确认权属纠纷，不属于行政审判的权限范围。吴氏姐弟俩的其他 3 项行政诉讼的请求也败诉了。2013 年 6 月，四川省高级人民法院作出终审判决，维持成都市中级人民法院一审裁定，驳回吴氏姐弟俩的上诉。（据中央电视台《经济半小时》栏目 2012 年 12 月 5 日报道、中国裁判文书网 2014 年 1 月 13 日发布）

问：当地民间关于"乌木谁先发现就归谁"的说法对吗？

答：不对。所有权不明的埋藏物的所有权归属，不取决于谁先发现，而是取决于法律的规定。假设本案的纠纷发生在民法典生效后的时间里，根据《民法典》第 319 条规定："拾得漂流物、发现埋藏物或者隐藏物的，参照适用拾得遗失物的有关规定。法律另有规定的，依照其规定。"吴氏姐弟俩是发现埋藏物的人，他们对埋藏物主张权利，应当比照《民法典》第 314 条关于拾得遗失物的规定，应当把埋藏物返还给权利人。谁是乌木的权利人这一问题，与乌木埋藏地的权利归属有关。本案中，乌木的主要埋藏地是公共河道，虽然与吴大姐的承包地有一些交集，但是不影响埋藏物的主流归属。假设本案发生在民法典生效后，法院应当受理确认所有权权属的纠纷。虽然确权纠纷不属于行政审判的权限范围，但是属于民事审判范围。《民法典》第 234 条规定："因物权的归属、内容发生争议的，利害关系人可以请求确认权利。"

镇政府是否有权主张乌木的所有权呢？如果没有得到授权，镇政府无权主张乌木的所有权。根据《民法典》第 259 条的规定，履行国有财产管理、监督职责的机构及其工作人员，应当依法加强对国有财产的管理、监督，促进国有财产保值增值，防止国有财产损失。本案中，彭州市国资办代表国家管理乌木，镇政府应当得到彭州市国资办的授权，才可以有资格主张乌木归国家所有。另外《民法典》第 317 条第 1 款规定："权利人领取遗失物时，应当向拾得人或者有关部门支付保管遗失物等支出的必要费用。"比照此条文，彭州市国资办在领取埋藏物时，应当向发现人和挖掘人吴某支付必要费用和一定的奖励。

11 土地承包经营权登记的法律意义是什么？

1998 年，某村土地二轮延包期间，有农户户主蒋某以外出打工、土地种不过来为由，上交了土地承包经营合同，自动放弃了土地承包经营权，计 5.72 亩。当时村委会已经把该土地重新发包给了另外一个农户刘某，并与刘某重新签订了土地承包经营合同。2014 年，土地承包经营权确权登记试点期间，与重新发包农户刘某进行了确权登记，当时蒋某没有对此土地承包经营权提出异议。刘某已经根据《农村土地承包合同法》占有使用承包地。2015 年，持有土地承包经营证书的农户刘某获得退耕还林补偿款 14880 元。农户蒋某后悔放弃土地，以承包土地暂时交给村里耕种为由，起诉要求经营合作社继续履行与自家于 1998 年签订的土地承包合同书，将该 5.72 亩土地确权到蒋家名下，并要求农户刘某支付退耕还林补偿款 14880 元。

问：农户蒋某的诉讼请求是否于法有据？

答：否。《民法典》第 341 条规定："流转期限为五年以上的土地经营权，自流转合同生效时设立。当事人可以向登记机构申请土地经营权登记；未经登记，不得对抗善意第三人。"第 342 条规定："通过招标、拍卖、公开协商等方式承包农村土地，经依法登记取得权属证书的，可以依法采取出租、入股、抵押或者其他方式流转土地经营权。"本案中，刘某已经依法登记为土地承包方，取得土地承包经营权；已经根据承包合同合法占有、使用了该地块的承包经营权。蒋某已无 5.72 亩土地的承包经营权，诉讼请求于法无据，法院不予支持。

实践中，发包方就同一土地签订两个以上承包合同，承包方均主张取得土地承包经营权的，已经依法登记为土地承包方、取得土地承包经营权的优先。双方均未依法登记的，生效在先合同的承包方取得土地承包经营权。依前两项规定无法确定的，已经根据承包合同合法占有使用承包地的人取得土地承包经营权，但争议发生后一方强行先占承包地的行为和事实，不得作为确定土地承包经营权的依据。

房地产开发商在小区内建造的会所，所有权属于谁？

A 房地产公司是某市 B 小区的开发商。在小区内建有 C 会所，该会所的建设工程规划许可证载明的建设规模为两层，共 1215 平方米。该规划证的"附图及附件名称"内载有：其中物业管理用房建筑面积 700 平方米，"核发红卡"等内容。根据规划部门的解释，"核发红卡"的房产不得销售。该会所至今没有房产证。2008 年 11 月 1 日，A 房地产公司与某物业公司签订物业移交验收接管协议，约定某物业公司自 2008 年 10 月 30 日开始承接物业。由物业公司使用 C 会所 476 平方米物业用房，其余面积 647.62 平方米是由 A 房地产公司使用或控制。

B 小区业委会认为，会所房屋的建设成本已经分摊到出售给业主的商品房中，会所产权属于全体业主所有。业委会同意提供 476 平方米房屋面积给物业公司无偿使用，但是不同意 A 房地产公司无偿使用会所的 647.62 平方米。B 小区业委会遂向法院提起诉讼，请求法院确认 C 会所产权归小区业主共有，A 房地产公司使用或控制的 647.62 平方米的房屋所有权，占有、使用和收益权归 B 小区全体业主所有，判令 A 房地产公司支付自 2008 年 11 月 1 日起计算至起诉之日止的租赁费用。

问：B 小区业委会的请求能否得到法院支持？

答：能。开发商与小区业主对开发商在小区内建造的房屋发生权属争议时，应由开发商承担举证责任。如开发商无充分证据证明该房屋系其所有，且其已将该房屋建设成本分摊到出售给业主的商品房中，则该房屋应当属于小区全体业主所有。

《民法典》第 234 条规定："因物权的归属、内容发生争议的，利害关系人可以请求确认权利。"第 271 条规定："业主对建筑物内的住宅、经营性用房等专有部分享有所有权，对专有部分以外的共有部分享有共有和共同管理的权利。"第 274 条规定："建筑区划内的其他公共场所、公用设施和物业服务用房，属于业主共有。"开发商没有证据证明自己占用的房屋建设成本没有分摊到业主的商品房价格中，则该房屋应当属于小区全体业主所有。

开发商在没有明确取得业主同意的情况下，自行占有使用该房屋，不能视为业主默示同意由开发商无偿使用，应认定开发商构成侵权。《民法典》第 238 条规定："侵害物权，造成权利人损害的，权利人可以依法请求损害赔偿，也可以依法请求承担其他民事责任。"业主参照自该房屋应当移交时起的使用费（租金）向开发商主张赔偿责任，人民法院应予支持。

13 个人开垦的荒地，使用权归谁？

1983 年春季，张氏父子三人在某地的野外偏僻之处开垦了一块荒地，种植土豆等蔬菜以解决家中吃菜问题。10 年后，张氏兄弟二人因工作等原因，仅在此地边缘种植，其余大部分地未予种植。1994 年秋季，刘某听说此地已几乎无人种植，遂与家人对此地进行了平整。1995 年春季，刘某准备在平整后的土地上种植时，张氏兄弟前来阻止，说此地是其 10 年前开垦，这几年虽然未种，但并没有放弃使用权。1996 年春季，刘某又准备在此地进行种植时，发现地已由张氏兄弟种上，遂向法院起诉，称此荒地是自己在 1994 年秋新开垦的，投入了许多劳动和资金，却被张氏兄弟抢种，要求张氏兄弟归还此地的使用权。

问：张氏父子个人开垦的荒地，使用权到底应该归谁？

答：应归国有。《民法典》第250条规定："森林、山岭、草原、荒地、滩涂等自然资源，属于国家所有，但是法律规定属于集体所有的除外。"《土地管理法》第40条规定："开垦未利用的土地，必须经过科学论证和评估，在土地利用总体规划划定的可开垦的区域内，经依法批准后进行。禁止毁坏森林、草原开垦耕地，禁止围湖造田和侵占江河滩地。根据土地利用总体规划，对破坏生态环境开垦、围垦的土地，有计划有步骤地退耕还林、还牧、还湖。"第41条规定："开发未确定使用权的国有荒山、荒地、荒滩从事种植业、林业、畜牧业、渔业生产的，经县级以上人民政府依法批准，可以确定给开发单位或者个人长期使用。"本案原告和被告非经国家有关部门的批准，擅自对国家所有的荒地进行开垦使用，是违法的。擅自开垦荒地，有可能破坏生态环境，毁害森林、草地、湖泊湿地。荒地的开垦必须科学、节制，有规划有步骤地依法进行。原告、被告双方的诉讼请求法院都不予以支持，其所争执的土地使用权应当收归国有。

对业主在小区内的不当行为，物业公司有权予以制止甚至处罚吗？

某老旧小区地面停车位很少，远远满足不了全部业主的停车需求。2019年上半年，物业公司根据部分业主建议，制定了《小区车辆管理公约》，获得了三分之二以上业主的签字赞成。该公约规定，小区地面停车位先到先得，停满后，无车位的业主需自行驶离小区到附近的平价收费停车场停车。对小区内违规停放的车辆，物业公司将进行文明劝阻，劝阻后仍不配合的，报综合执法局、公安交警及消防部门处理，类似行为累计三次的，物业公司有权删除小区大门口的车辆自动识别信息。

业主张某多次违规停车，将自家车辆停放在车位之外，对合理劝导不予理睬，并拒绝在文明停车承诺书上签字，后被物业删除小区闸道口车辆自动识别信息，失去了车辆自由进出小区的便利。张某遂以通行权受侵犯为由起诉了物业公司，要求小区恢复其车辆自由出入小区的权利。

问：张某的请求能否得到满足？

答：不能。《民法典》第 286 条第 2 款规定，业主大会或者业主委员会，对侵占通道等行为，有权请求行为人（包括业主）停止侵害、排除妨碍、消除危险、恢复原状、赔偿损失，似乎并未赋予物业服务企业相同的权利。但值得注意的是，根据《民法典》第 285 条的规定："物业服务企业或者其他管理人根据业主的委托，依照本法第三编有关物业服务合同的规定管理建筑区划内的建筑物及其附属设施，接受业主的监督，并及时答复业主对物业服务情况提出的询问。"物业公司实施的行为，包括物的管理和人的管理两个部分，即物业服务企业不仅应该管理相关的建筑物及其附属设施，还要维护物业管理区域内的秩序，而其之所以能够管理相关业主的不当行为，其管理权利的来源正是《民法典》第 285 条所称的"业主的委托"。按照小区管理公约的要求履行相关物业服务职责，是物业服务企业基于物业服务合同关系当然产生的义务。本案中，物业公司也正是基于这个管理公约的内容，履行其应尽的职责。

该《小区车辆管理公约》明确约定，对违规停车行为超过三次，在劝阻不配合的情况下可以删除车辆的自动识别信息。这样的约定，充分考虑了业主的停车权利，也是维护小区停车秩序、消防安全和小区整体利益的合理举措。

原告张某驾驶车辆多次不按规定停放且不听文明劝导，又拒绝签署遵守管理公约的承诺书。为确保小区消防安全，物业依据管理公约将其车辆自动识别信息删除，并无明显不当。原告之所以失去其汽车进出小区的便利，系因其自身拒不承担文明停车的义务所致，由此导致的不利后果亦应由其自行承担。

业主虽然享有在小区停车的权利，但是业主在行使上述物权时，应当遵守法律，尊重社会公德，遵守业主管理公约，不得损害公共利益和他人合法权益。

随着私家车越来越多地走进寻常百姓家，在车位不足的小区，业主不文明停车行为很普遍。如果业主不顾社会公共利益和他人合法权益滥用权利，自己要承担不利后果。

15 买到无权拍卖的房子，怎么办？

2019年8月，杨某为让年迈的父母安享晚年，通过司法拍卖花68万元买下一套三居室，并办理了不动产权证。但是，此房里还租住着一位72岁的罗老太太，罗老太太与前房主周女士是母女关系。周女士与母亲罗老太太签订了长达19年的租房合同，租金一笔付清。合同是2014年签的，杨某买下这套房子时，租期还剩余14年。根据"买卖不破租赁"原则，杨某14年后才能入住，那时自己的父母可能已经不在了，花68万元购买这套房子将变得毫无意义。后来，杨某还了解到，自己买到的房子是存在争议的，当地法院没有走完执行程序、尚未取得处分权就进行了拍卖。（据中央电视台《今日说法》节目2019年12月12日报道）

问：法院无权拍卖，杨某拍卖得到的房屋受法律保护吗？

答：受法律保护。杨某在这个房屋的执行、拍卖过程中是最无辜的善意的一方，他无法掌握全面的信息。他在拍卖房屋这一特殊的民事活动中，构成善意取得，应当获得房屋所有权。根据《民法典》第311条关于善意取得的规定，该法院由于执行程序没有走完，对房屋尚未取得处分权就进行了拍卖，属于无权处分该房屋。该法院将周女士的房子通过拍卖转让给了受让人杨某，杨某在受让该不动产时是出于善意，而且付出了合理的价格，并且该房屋已经完成了不动产登记。这时，受让人杨某就取得了该不动产的所有权。善意取得制度是保护杨某对房屋的所有权的，不因为该法院的无权处分而失效。该法院在执行过程中有瑕疵，司法拍卖完之后，应负责解决后续问题。

第五章

合同编：大力弘扬契约精神

合同法是市场经济的基本法，在现代市场经济的法治保障中发挥着基础性作用，合同编是关于合同法的民事法律制度。如果说物权编奠定了社会主义市场经济的基石的话，合同编则规范了各类市场主体的交易行为，维护了市场经济的交易秩序。保护交易安全、提高交易效率、降低交易成本，是合同制度维护社会主义市场经济交易秩序的重要理念。《民法典·合同编》共计526条，占民法典条文总数的42%以上，几乎占据整个民法典的半壁江山，在民法典中具有举足轻重的地位。合同编是在系统总结我国合同立法经验的基础上产生的，它植根于中国大地，是我国改革开放40多年来社会主义市场经济发展经验的总结，既彰显了中国特色，也回应了人民在经济生活中的交易实践需要。

一、合同编的主要内容

合同是平等主体的自然人、法人、非法人组织之间设立、变更、终止民事权利义务关系的协议。合同编调整因合同产生的民事法律关系。

《民法典》第 118 条规定："民事主体依法享有债权。债权是因合同、侵权行为、无因管理、不当得利以及法律的其他规定，权利人请求特定义务人为或者不为一定行为的权利。"根据债发生的原因不同，可以将债分为：合同之债、侵权之债、无因管理之债和不当得利之债。而合同法是债权法的核心，基于合同产生的债叫合同之债，这种债是民事主体为自己利益、依自己意思自行设定的，属于意定之债。其他三种类型的债叫法定之债。

我国民法典的分则体系设计并未完全采纳传统大陆法系国家的民法典体系，也没有专门设置债法总则，而是从我国具体情况出发，保持了原有合同法总则的完整性。但为避免债法总则功能的缺失，《民法典·合同编》在一定程度上发挥了债法总则的功能。如对"准合同"制度的设置，将属于法定之债的无因管理和不当得利制度也纳入其中，有效简化了法律规则，既有利于法律适用的便利，也有利于保护合同法总则的完整性，同时还使合同编承担起了债法总则的功能。

1999 年，第九届全国人民代表大会第二次会议通过了《合同法》。《民法典·合同编》在此基础上，贯彻全面深化改革的精神，坚持维护契约、平等交换、公平竞争，促进商品和要素自由流动的原则，完善了合同制度，共3 个分编、29 章、526 条，主要规定了以下内容。

1 合同的一般性规则

合同编第一分编规定了合同的订立、效力、履行、保全、变更和转让、终止、违约责任等一般性规则。

（1）合同的订立又称缔约，是当事人为设立、变更、终止财产权利义务关系而进行协商、达成协议的过程。订立合同可采用书面形式、口头形式或者其他形式，合同的内容由当事人自行约定，但不能违反法律法规等禁止性规定，否则合同无效。要约是希望与他人订立合同的意思表示，承诺是受要约人同意要约的意思表示。《民法典》第 471 条规定："当事人订立合同，可以采取要约、承诺方式或者其他方式。"

（2）合同的效力，是依法成立的合同对当事人所产生的约束力。一般来说，依法成立的合同，自成立时生效，但是法律另有规定或者当事人另有约定的除外。合同的效力形态主要有四种：有效合同、无效合同、效力待定合同以及可变更可撤销合同。《民法典·合同编》将"未生效"制度纳入了合同效力形态。因此，合同未生效不等于合同无效，因这两种效力瑕疵给守约方造成损失的，违约方承担的也是不同的民事法律责任。

（3）合同的履行，是合同债务人按照合同的约定全面地、适当地履行合同义务，使债权人的债权得到完全实现，合同法律关系归于消灭的行为。履约过程应当遵循诚信原则、绿色原则等。合同的履行是达到合同目的的基本要求，这种特定的履行行为既包含积极作为也包含消极不作为。"积极作为"包括但不限于支付价款、交付标的物等；"消极不作为"包括但不限于不采取与合同对方当事人相竞争的企业交易、不披露对方的商业秘密等行为。

（4）合同的保全。在合同订立后，为增强债务人偿还债务的能力，防止因债务人的财产不当减少或不增加而给债权人的债权带来损害，法律允许债权人行使撤销权或代位权，以保全债务人的总财产，达到实现其合同债权的目的。所谓债权人代位权制度，简单地说，就是指债务人到期不偿还债权人的债权，债权人可以向人民法院请求自己直接代位行使债务人的其他债权。所谓债权人撤销权制度，是指债权人对债务人无偿转让财产或是以明显不合理的低价转让财产的行为，债权人可以请求人民法院撤销债务人的行为，但前提是该转让行为确实损害了债权人的债权。

（5）合同的变更和转让。合同订立后并不是永远不能改变，而是可以变更或转让的。合同的变更分为法定变更、裁判变更和协商变更。经当事人协商一致，可以变更合同，此为协商变更。当事人还可以将债权的全部或部分转让给第三人，但是债权的转让协议须通知债务人，未通知的，该转让对债务人不发生效力。不过，只要债权人实施了有效的通知行为即可，无须就债权转让事项征得债务人的同意。

（6）合同的权利义务终止。《民法典》第557条规定了债权债务终止的6种情形。合同的解除分为约定解除和法定解除。当事人协商一致，可以解除合同，这是约定解除权的行使事由，但该解除权的行使必须是在合同有效成立后、尚未履行完毕之前。《民法典》第563条还规定了法定解除权的行使，其中包括"因不可抗力致使不能实现合同目的"等情形。在这些法定解除事由的情形下，拥有解除权的一方当事人可以单方面行使解除权，而无须和对方协商一致。

（7）违约责任。订立合同就要遵守和履行，如果当事人一方不履行合同义务或者履行合同义务不符合约定，那就要承担违约责任。民法典对违约行为的规定有两种形态：不履行合同义务或履行合同义务不符合约定。这两种形态都构成违约，都应承担相应的违约责任。

2 19种典型合同制度

以法律是否设有规范并赋予一个特定的名称为标准，可将合同区分为典型合同与非典型合同。合同编第二分编规定了在市场经济活动和社会生活中应用普遍的 19 种典型合同。

与"物权法定"形成对照的是，合同遵循的是"合同自由"原则，即当事人在不违反强制性规范及公序良俗的前提下，可订立任何内容的合同。法律在合同类型自由主义下创设典型合同，主要意义在于：一是以任意性规定来补充当事人约定中的不完善之处，减轻当事人订立合同时的负担。如在买卖合同中，当事人对于合同要素（买卖标的物和价款）必有约定，否则合同不成立，但对其他事项（如履行时、履行地、质量要求、风险负担等）则遵循当事人意思自由原则。二是典型合同中设有强行性规范，以矫正损害公共利益、国家利益或当事人合法利益的约定。

《合同法》只规定了 15 种典型合同，即买卖合同，供用电、水、气、热力合同，赠与合同，借款合同，租赁合同，融资租赁合同，承揽合同，建设工程合同，运输合同，技术合同，保管合同，仓储合同，委托合同，行纪合同，居间合同。《民法典·合同编》保留了其中 14 种典型合同，删除了居间合同，并新增了 5 种：保证合同、保理合同、物业服务合同、中介合同以及合伙合同，使合同编共包含 19 种典型合同。

物业服务一直是被很多小区业主所诟病的问题，有的小区业主和物业之间的关系一度处于水深火热之中。此次《民法典·合同编》专门将物业服务合同作为典型合同独立出来，足以说明国家层面对这一问题的重视。合同编明确规定了物业服务合同的内容及形式、规定了物业服务人定期公开与报告义务、明确了物业服务人催缴物业费的方式等事项。

合伙行为在日常生活中也常见，合伙合同就是两个以上合伙人为了共同的事业目的，订立的共享利益、共担风险的协议。合同编对合伙人出资、合伙财产的分割、合伙利润的分配及合伙亏损的承担和合伙债权、债务等内容都作了详细的规定。

3 准合同制度

合同编第三分编专门设置了"准合同"制度，对两种法定之债——无因管理和不当得利的一般性规则作了规定。

准合同概念源自罗马法，后来被英美法吸收。准合同又称为"类合同"，其本质上不是合同，但其和合同一样，都是属于"债"的一种。如前所述，债发生的原因有很多，包括合同、侵权、无因管理和不当得利，除合同是由合同当事人双方协商的意定之债外，另外三种都属于法定之债。由于无因管理和不当得利的产生都或多或少是基于当事人"自愿"的意思表示，与合同之债有类似性，因此，为方便归类，法学家们才将这两种债命名为"准合同"。

无因管理，是指没有法定的或约定的义务，为避免他人利益受损而管理他人事务的行为。简单来说，无因管理可以看成是"多管闲事"，不过无因管理却是好意的，典型的如见义勇为行为。不当得利，是指得利人没有法律根据取得不当利益的情况。例如，我们在银行、微信或支付宝转款时，不小心多转给收款方的金额就构成不当得利，收款方就叫作不当得利人。

二、合同编的学习运用

现实生活中，人们每天都在自觉不自觉地跟合同打交道，都在订立合同：买一斤猪肉，是履行买卖合同；坐地铁，是履行运输合同；缴纳物业费，是履行物业服务合同。党员干部在工作中有时也需要签订合同。所以，不论是普通民众还是党员干部，都应增强合同意识，养成重法律、遵合同的习惯。学习运用好合同编，应认真研读法条、把握主要修改之处和重点。

订立合同的要求更为宽松

　　合同订立，是缔约当事人相互为意思表示并达成合意而成立了合同。合同的订立由"订"和"立"两个阶段组成。"订"强调缔约的行为和过程。包括缔约各方的接触、洽商并最终达成协议前的整个讨价还价过程。此阶段由要约邀请、要约等制度加以规定。合同编对合同"订"的要求更为宽松。首先，在要约邀请阶段，民法典丰富了要约邀请的类型。所谓要约邀请是指希望他人向自己发出要约的意思表示。要约邀请是当事人订立合同的预备行为，只是引诱他人发出要约，不能因相对人的承诺而成立合同。《民法典》第473条第1款在列举要约邀请的具体形态时，将拍卖公告、招标公告、招股说明书、债券募集办法、寄送的价目表等几种形态均作为要约邀请的形态，并明确商业广告和宣传的内容符合要约条件的，直接构成要约。

　　"立"强调的是缔约的结果，指合同双方当事人就合同条款，至少是合同的主要条款达成一致意见。《民法典·合同编》在订立合同的方式上为当事人提供了更多"选项"，如《民法典》第471条规定，当事人订立合同，可以采取要约、承诺方式或者其他方式。通常，在合同订立中，一方当事人提出要约，另一方当事人予以承诺，双方就交易目的及其实现达成合意，合同即告成立。因此，要约和承诺是合同订立的主要方式。然而，在实践中，也存在着一些合同，并非以要约、承诺的方式订立。比如通过招投标方式签订的合同，就很难用要约和承诺的规则来解释，应属于通过"其他方式"订立的合同。

 合同未生效不等于合同无效

　　合同的效力，是法律赋予依法成立的合同对当事人的法律强制力。所谓合同生效，就是指已经成立的合同在当事人之间产生法律约束力。这里，首先应当提的是《民法典》第502条第2款规定，该规定明确依照法律、行政法规的规定，合同应当办理批准等手续的，依照其规定。未办理批准等手续影响合同生效的，不影响合同中履行报批等义务条款以及相关条款的效力。应当办理申请批准等手续的当事人未履行义务的，对方可以请求其承担违反该义务的责任。

传统民法理论中对合同的效力形态的表述主要有四种，分别是：有效合同、无效合同、效力待定合同以及可变更可撤销合同，并没有合同"未生效"这种效力形态。最高人民法院的司法解释针对《合同法》第44条第2款规定，即"法律、行政法规规定应当办理批准、登记等手续生效的，依照其规定"，提炼了"未生效"合同这一概念。在此次《民法典·合同编》编纂时，就将未生效制度纳入了合同效力形态。这一制度安排更合理，因为它对合同效力留有余地，可在一定期间视情况发展变化再作最终裁判。因此，在学习《民法典》第502条第2款的规定时，应当这样理解：依照法律、行政法规的规定应当办理批准等手续才生效的合同，在办理了相关的手续时生效。如果没有办理批准等手续，该合同不生效。

但合同未生效不等于合同无效，未办理批准等手续的，仍可以通过补办报批手续而使其生效。换句话说，未办理批准等手续，并不影响合同中履行报批等义务条款以及相关条款的效力。负有履行报批义务的当事人拒不履行该义务，致使合同无法生效的，应当承担损害赔偿责任，给对方当事人造成损失的，应承担缔约过失责任。合同编之所以这么规定，其意义就在于强调依法成立合同的重要性，只要合同依法成立，不管其是否生效都对当事人具有法律上的约束力。而此种约束力系指除当事人同意或有解除原因外，不容任何一方任意反悔解约、无故撤销。同时也督促当事人积极诚信地促使合同按其本有的意思生效，此时并不涉及合同权利义务的履行。

正式确立了"情势变更制度"

合同编优化了情势变更制度。对于社会大众而言，"情势变更"可能是一个较为陌生的概念，但日常生活中，这一制度和我们息息相关。例如购房者和开发商签订商品房买卖合同并交付了首付款，此时政府出台限购或限贷政策，导致房屋无法登记或无法贷款，合同应如何处理？这个问题就涉及情势变更的认定问题。

所谓情势变更，是指合同有效成立后，因不可归责于合同当事人的原因发生情势变更，致合同的基础动摇或丧失，若继续维持合同原有效力显失公平，而允许变更合同内容或者解除合同。情势变更事件主要表现为影响合同履行的社会经济形势的剧变，如物价暴涨、严重通货膨胀、金融危机、重大突发公共卫生事件等。《民法典》第 533 条第 1 款规定："合同成立后，合同的基础条件发生了当事人在订立合同时无法预见的、不属于商业风险的重大变化，继续履行合同对于当事人一方明显不公平的，受不利影响的当事人可以与对方重新协商；在合理期限内协商不成的，当事人可以请求人民法院或者仲裁机构变更或者解除合同。"这是我国第一次在民事基本法中对情势变更制度进行明确确立。

自古罗马法以来，"合同神圣及合同严守"一直是公认的合同法原则，情势变更制度是合同严守原则的例外，我国学界对将其引入民事立法一直存有争议。随着经济社会加速发展，经济形势和社会形势瞬息万变，合同履行受各类突发情况的影响加剧，在合同履行困难或即便履行也难以实现合同目的时，继续坚持合同严守原则可能造成当事人权利义务的显著失衡。经过非典疫情和次贷危机，我国在《最高人民法院关于适用〈中华人民共和国合同法〉若干问题的解释（二）》第 26 条首先规定了情势变更制度，而这次《民法典》第 533 条则通过立法形式正式确立该制度。

从《民法典》第 533 条的规定来看，主张适用情势变更制度会产生两个法律效果：一是产生再交涉义务；二是合同当事人在再交涉后仍无法达成一致的情况下，可以提请法院或仲裁机构变更或解除合同。

首先，合同当事人应履行再交涉义务。该义务是民法典在充分吸收《国际商事合同通则》《欧洲合同法原则》基础上对合同制度的重大革新。根据《民法典》第 533 条规定，合同成立后若发生情势变更，继续履行合同对一方明显不公的，受不利影响的当事人并非要像原来那样直接请求人民法院或者仲裁机构变更或者解除合同，而是可以与对方重新协商。只有在合理期限内协商不成的，才可以请求人民法院或仲裁机构变更或解除合同。也就是说，民法典的态度是：合同履行中的问题，首先由当事人自主协商解决，通过协商无法解决时，才诉诸司法。

其次，在再交涉无果的情况下，要求裁决变更或解除合同。受不利影响的当事人在再交涉无果的情况下，可以请求人民法院或仲裁机构变更或解除合同。在请求裁决变更或解除合同时，宜本着维护交易稳定出发，能变更的尽量申请变更，确实无法继续维护合同关系的才请求解除。

需要注意的是，由于再交涉义务是前置程序，如果受不利影响方跳过再交涉程序直接起诉或提请仲裁的，有可能会被裁定驳回起诉。

 合同履行要遵循绿色原则

2011 年 10 月 10 日，新疆临钢公司与四川金核公司签订《合作勘查开发协议》。《协议》约定：临钢公司补偿金核公司 3500 万元后，双方共同设立项目公司，并在符合条件时将金核公司探矿权过户至项目公司名下。2011 年 10 月 25 日，临钢公司向金核公司实际支付 3500 万元。2013 年 11 月 22 日，临钢公司以合作勘查作业区位于新疆塔什库尔干野生动物自然保护区为由通知解除合同，金核公司回函拒绝。金核公司提起诉讼，请求确认临钢公司解除合同行为无效；确认《合作勘查开发协议》有效。临钢公司反诉请求解除《合作勘查开发协议》，金核公司返还合作补偿款 3500 万元并赔偿损失。（据

中国裁判文书网 2016 年 2 月 26 日发布）

　　本案的争议焦点在于《合作勘查开发协议》效力的法律认定。一审法院认为虽然案涉矿业权位于自然保护区范围内，但并未出现《合作勘查开发协议》中所约定的不能实现的情形，双方应继续履行协议。二审法院依照《自然保护区条例》的禁止性规定，判定双方当事人所签协议无效，否定了一审关于继续履行的判决。该案后来被列入《最高人民法院公报》2017 年第 4期的典型案例。旨在强调当事人关于在自然保护区、风景名胜区、重点生态功能区、生态环境敏感区和脆弱区等区域内勘查开采矿产资源的合同约定，不得违反法律、行政法规的强制性规定或者损害环境公共利益，否则应依法认定无效。当然，这个案件是民法典颁布施行之前的，但却表明民法绿色原则仍可以通过《合同法》第 52 条进入到合同效力判断领域，以保护环境公共利益。

　　《民法典·合同编》建立了符合绿色原则的合同效力规则。修改了《合同法》第 52 条的规定，将合同无效的情形第（四）项表述为"损害社会公共利益或者破坏生态环境"，明确规定违反绿色原则、导致生态环境破坏的合同无效。《民法典》第 9 条之所以规定绿色原则，很重要的一点就是环境保护的民事制度已经大量的出现在《环境保护法》中了。《民法典》第 9 条规定："民事主体从事民事活动，应当有利于节约资源、保护生态环境。"这一规定说明生态环保已成为民事主体从事民事活动所需履行的基本义务。合同交易是现代社会最经常、最重要的民事活动，如果缺少对合同行为的绿色规范，《民法典》第 9 条规定的绿色原则将在很大程度上失去意义。

　　因此，合同编充分贯彻了绿色原则。如《民法典》第 509 条第 3 款，强调在履行合同时要遵循绿色原则，"避免浪费资源、污染环境和破坏生态"。《民法典》第 558 条的后合同义务中，增设了"旧物回收"的义务。所谓后合同义务是指合同的权利义务终止后，当事人依照法律的规定，遵循诚信原则和交易习惯应当履行的附随义务。由于后合同义务具有强制性，因此，即便我们合同中没有约定这些义务，我们也要履行这些责任。《民法典》第619条，对于买卖合同中出卖人的包装义务，强调没有约定且"没有通用方式的，应当采取足以保护标的物且有利于节约资源、保护生态环境的包装方式"。各级党员干部都应当学习民法典关于包装义务的规定，在购买商品时应着重选用采用对环境友好的包装的商品，杜绝购买过度包装的商品。

防范"直播带货"的法律风险

在电子商务发展如火如荼的当下，为推介当地产品，加速经济复苏，不少地方官员纷纷加入直播队伍，当起了"直播网红"，为本地特色产品"直播带货"。一些蔬菜大棚、果林茶园变成了直播间。由于新冠肺炎疫情，人们出行受到影响，官员直播带货在今年年初以来呈快速发展态势。

但是也应当看到，在官员直播带货热现象中，也存在一定的法律风险。各级党员干部应当依法依规进行"带货"，以确保为人民服务的初心不因法律问题打折扣。

首先，根据《广告法》第9条第2款规定，广告不得"使用或者变相使用国家机关、国家机关工作人员的名义或者形象"。在法律法规没有禁止地方官员直播带货的情况下，对官员直播带货活动与商业广告行为要区别看待。目前，官员直播带货一般都是为本地农业特色产品带货，组织方是政府。严格来说，官员直播带货是一种政务活动形式，属于政府服务和公益服务行为，不是商业行为。从工作角度看，这是一种政府服务形式的创新，是政府职能下沉的具体表现；从推广行为的产生背景看，是因为疫情防控的大背景造成了一些农产品滞销，为扩大销售渠道、保障本地农户利益，地方政府结合电商发展趋势，以政府名义对外推介本地产品，直播行为具有公益性质。因此，虽然现在还不好为官员直播带货做一个具体定性，但其行为与

《广告法》中规定的商业广告行为还是有一定区别的，参与直播的官员行为不是受商品经营者、服务提供者委托授意的广告发布、代言商业行为，而是具有一定的公益性。

另外，《〈中国共产党党员领导干部廉洁从政若干准则〉实施办法》第14条第1款规定了党员领导干部不得参与"有偿中介活动"。根据解释，"有偿中介活动"是指通过为市场各类主体提供信息、介绍业务、开展咨询等而收取钱财的活动。官员直播带货是政务活动，并不收取企业、商家的钱财，因此也不属于"从事有偿中介活动"。

其次，官员在直播带货中的角色是否算是广告代言人呢？根据《广告法》第2条第1款的规定，广告法规制的行为首先应限定在商业广告行为，官员直播带货是为了帮助当前受疫情影响的企业或农户摆脱营销困境而采取的政府积极主动作为，具有无偿性，是服务型政府的应有之义，并非是受商品经营者或者服务提供者委托授意的广告发布、代言行为。因此官员在直播带货中的身份也并非是广告代言人。

那么，官员在直播带货中的身份是什么呢？从民法的视角来看，官员推介行为的"外观"与《民法典》第961条对中介服务的规定比较相似，区别之处在于其具有无偿性和无特定委托人。官员的带货行为主要为了推介本地特色产品，且其宣传是无偿的，因此将官员的推介行为认定为无偿的中介服务比较合理。

既然官员直播带货提供的是无偿中介服务，那么需要注意哪些事项呢？《民法典》第962条第1款规定："中介人应当就有关订立合同的事项向委托人如实报告。"这就要求官员应对直播推介的商品或者服务的来源、品质等基本情况作深入了解，同时为避免虚假宣传的嫌疑，官员直播时应避免使用绝对化的词语来描述产品。推介关系到消费者生命健康的商品或者服务时，应该更加谨慎，认真核验证明文件，审查其推销的商品与其讲解的内容是否相一致，做到货应对板。

6 认清借贷行为中的违纪与违法

民间借贷是除以贷款业务为业的金融机构以外的其他民事主体之间订立的，以资金的出借及本金、利息返还为主要权利义务内容的民事法律行为。近年来，有少数领导干部参与不正常的民间借贷活动，受到党纪国法惩罚。比如，安徽省投资集团原总经理张春雷被开除党籍和公职，通报指其"通过民间借贷获取大额利差"；浙江省衢州市人大常委会原副主任诸葛慧艳的"双开"通报中，也出现了"通过民间借贷获取大额回报，影响公正执行公务"的类似表述。

在实务中，判断民间借贷行为是否与职权有明显关联时，并不是以党员干部的主观意愿和主观想法为依据，而是从客观上能否以其职权或职务而给对方当事人造成影响为依据的。

从民事活动的角度看，党员干部参与正常的民间借贷活动并获取相应利息，属于依法保护的民事行为，并不违规违纪。根据2020年8月20日发布的《最高人民法院〈关于修改关于审理民间借贷案件适用法律若干问题的规定〉的决定》，民间借贷利率的司法保护上限以LPR的4倍为标准（LPR是中国人民银行授权全国银行间同业拆借中心每月20日发布的一年期贷款市场报价利率）。以2020年7月20日发布的一年期贷款市场报价利率3.85%的4倍计算，民间借贷利率的司法保护上限为15.4%。

7 切实履行政府采购合同

对于行政机关来说，平时接触较多的民商事合同类型是政府采购合同。政府采购是指各级政府为了开展日常政务活动或为公众提供服务，在财政的监督下，以法定的方式、方法和程序，通过公开招标、公平竞争，由财政部门以直接向供应商付款的方式，从国内外市场上为政府部门或所属团体购买货物、工程和劳务的行为。当前，我国政府采购体量日渐庞大、采购品种日趋繁多，在这样的背景下，如何花好每一分资金，无疑是十分重要的课题。政府采购作为财政支出的一部分，事关公款去向，体现的是政府依法行政的能力。因此，政府采购应该确保每一分钱都花在刀刃上。政府采购作为一项系统工程虽日益得到规范，但采购违规、采购残次品的现象仍然没有完全杜绝。

这主要有以下几点原因：

一是在政府采购过程中，采购人员经验不足，合同、商务谈判技巧和法律知识有所欠缺，导致对投标供应商资格审查不严。

二是产品质量跟踪和监督验收环节存在明显漏洞。合同履行过程当中出现以次充好现象的原因很大程度上在于采购方自身疏于管理，甚或是内外串通。在采购过程中，有少数货物采购人员责任意识不强，不想作为，总感到这是公家的事，反正现在阳光采购，自己也不敢去"吃回扣"，得不到好处，也就没必要干得这么辛苦，睁一只眼闭一只眼，只要上面检查时追究不了自己的责任，产品质量过得去就行了，没必要与投标商较真硬碰。为此，在选购产品时，不货比三家。如对电脑、打印机、空调等产品的参数标准从来不去进行细致的比较，导致有的采购产品价格往往比市场价高出几倍。

三是采购人在采购活动中权责失衡问题突出。在以前，采购人在采购活动的关键环节上拥有很大的"发言权"，这造成政府采购当事人事实上的不平等。而这种不平等既涵盖了采购活动的前期各项工作，又延续至合同签订、货物验收等后期采购的重要事项，从而使得供应商、代理机构等当事人处于相对弱势地位。如：一个招标项目，招标采购单位通常会要求投标供应商交纳投标保证金、履约保证金、质量保证金、中标服务费等，对供应商的违约责任设定得很重。此种情况下，有的供应商以次充好、投机取巧就很难避免了。

那么，作为采购合同中的需货方——政府，该如何去做以减少采购行为中的法律风险呢？

首先，投标供应商资格审查方面，一定要审查原件，建立有效的监督机制。在政府招标采购实践中，通常要求提供的是复印件，这就为投标供应商造假提供了空间。实践当中这种情况也较为普遍，并且缺乏有效监督，对此应该引起高度重视。同时，要加大对政府采购人员的商务谈判技能、法律知识提升方面的培训。

其次，在验收环节，行政机关在收到货物时，应当在合同约定的时间内组织验收，并且记录产品的详细情况，如数量、颜色、型号等可以当场辨别的信息，对于外观上存在差异的货物应当拍照或拍摄视频保存证据。如果没有及时组织验收，应当和对方书面沟通，将延迟验货的原因表明清楚，并且让对方在文件上签署同意，切记不可在验收单上标明"已经验收"等信息。而在我们的政府采购实践中，既有采购中心验收的，也有采购人验收的，如果供货方与采购人"关系好"，就容易为腐败提供空间。因此，产品验收环节还要进一步明确验收方及其法律责任，最终发现提供的产品与投标文件不一致，或者存在玩忽职守情节的，有关方面应该承担相应的法律后果。

最后，应当加强政府采购全过程预算及决算监控。政府采购部门应采取措施，切实抓好预算的编制和执行，强化预算的约束力。"阳光是最好的防腐剂。"应当加强监管力度，如设立投诉举报电话，实施事前、事中和事后全面监控，提高采购的透明度和财政资金的使用效率，有效防范采购风险。同时，相关单位要主动将政府采购预算、采购信息、采购结果、采购合同以及相关负责人等采购信息及时在网站和媒体上予以公布，并充分利用微博、微信、电子邮箱等多种形式加大公开力度、拓宽监管渠道，全方位接受社会各界监督。此外，电子商务模式自身的公开性、透明性和便利性特点可为政府采购提供低成本、高效率的支撑，应当加快推进政府采购电商化。

只有切实履行政府采购合同，把政府采购真正纳入"阳光下"接受监督，盯住政府采购的每一个环节，确保每一次采购决定都经过充分论证，每一次招标过程都符合程序，政府采购才不会存在"猫腻"，纳税人的每一分钱才能花得物有所值。

三、合同编有关案例问答

 网购下单后卖家可以擅自反悔吗？

张女士酷爱网购，在某商家促销期间，以 99.9 元的价格抢购了一件大衣，系统显示"订单提交成功，等待卖家发货"。次日，在事先未协商的情况下，该商家取消了张女士的订单，退回其所付货款并向张女士的账号打入了 99.9 元的可提现电子货币。张女士遂发信息询问商家后才得知，由于活动期间订单量过大，商家临时限购，自动发起退款，取消了张女士的订单。

问：商家能否未经协商，擅自取消张女士的订单？

答：不能。《民法典》第 491 条第 2 款规定："当事人一方通过互联网等信息网络发布的商品或者服务信息符合要约条件的，对方选择该商品或者服务并提交订单成功时合同成立，但是当事人另有约定的除外。"也就是说，当商家在网络平台上发布的商品信息符合要约条件时，买家点了提交订单成功后，合同即告成立，商家不能随意反悔。本案中，张女士成功提交订单，与商家的合同即已成立。商家不能单方面擅自取消，否则要承担违约责任。

国家订单与商业利益冲突，怎么办？

新冠肺炎疫情防控期间，某市口罩生产企业囤积居奇。为疫情防控需要，该市政府向该企业下达了订单，然而该企业以"没有工人复工"为由，拒绝了政府下达的订货任务，却选择将企业产品以高价出口到国外市场。

问：该企业能否拒绝政府为保障抢险救灾、疫情防控等情况下的应急物资订单需求？

答：不能。《民法典》第494条第1款规定："国家根据抢险救灾、疫情防控或者其他需要下达国家订货任务、指令性任务的，有关民事主体之间应当依照有关法律、行政法规规定的权利和义务订立合同。"新冠肺炎疫情发生适逢民法典出台之时，编纂人要对国家订货合同等内容进行必要的完善，鉴于此，民法典建立了国家强制要约订立合同的中国特色制度。所谓国家强制要约，是指国家为抢险救灾、疫情防控等原因订立的合同，具有强制性，合同相对人不得拒绝。这从制度层面上禁止了囤积应急物资、损害公益的行为。

3 物业公司为催交物业费，断水、断电合法吗？

某小区业主王先生，因为对物业公司的小区管理方式有意见，认为物业公司"不配"收物业费，因此拒绝支付物业费。在经过多次催交未果之后，该物业公司采取断水、断电等方式，要求王先生支付物业费。

问：该物业公司的行为合法吗？

答：不合法。物业服务质量与物业费不匹配的问题，是业主与物业公司之间长期的矛盾焦点。业主对物业服务不满意就会拒绝支付物业费，而有些物业服务公司认为催交物业费最有效、最直接的办法就是采取断水、断电等粗暴方式进行催收。《民法典》第944条第3款规定："物业服务人不得采取停止供电、供水、供热、供燃气等方式催交物业费。"因为物业服务合同与供水、供电合同是两种不同的、各自独立的民事法律关系。中止供水、供电的权利，只有提供相应服务的企业才可以享有，并且要严格按照国家规定的程序执行。所以物业公司无权采取此项措施。若物业公司采取断水、断电方式催交物业费，业主可要求物业公司立即恢复，否则业主有权投诉物业公司并要求损害赔偿。

委托人可以随意"跳单"吗？

甲公司欲承租办公场所，遂联系当地某房地产经纪公司乙为其提供房屋中介服务。乙公司根据自身房源进行筛选，最终寻找出包括位于某科技园某号房屋在内的多套房屋供甲公司选择。随后，乙公司带甲公司职员考察上述房屋，甲公司职员考察完毕房屋后表示愿意承租某科技园某号房屋，并向乙公司出具了《看房确认书》。2018年11月，甲公司却利用乙公司提供的房源信息及看房成果，跳过乙公司直接和房屋出租方曹小姐签订了房屋租赁合同。

问：甲公司单独同曹小姐订立房屋租赁合同的行为是否违法？

答：是的。所谓"跳单"行为亦称为"跳中介"，它是一个行业术语，主要存在于房产交易、居间服务领域，是指买受人或出卖人已经与中介公司签署了相关协议，中介公司按照协议履行提供独家资源信息并促使买卖双方见面洽谈等促进交易的义务，但是买卖双方或一方为了规避向中介支付中介费等义务，跳过中介而私自签订买卖合同的行为。

《民法典》第965条规定："委托人在接受中介人的服务后，利用中介人提供的交易机会或者媒介服务，绕开中介人直接订立合同的，应当向中介人支付报酬。"也就是说，即使中介合同中没有关于"跳单"行为属于违约的内容，只要委托人利用中介人提供的独家资源或服务后绕过中介人达成交易的，中介人也可依照上述规定向委托人主张报酬。

 疫情期间，房东应当对承租人减免租金吗？

江西省黎川县居民黄某自2018年8月1日起承租邱某的房屋从事理发行业，租赁期限为3年，每月按期缴纳租金1600元。2020年1月24日，江西省启动重大突发公共卫生事件一级响应。黄某为积极响应党和政府的抗疫号召，自2020年1月24日起就关闭理发店，暂停营业。随着疫情的有效控制，该县市场监督管理局于2020年2月21日下发有序恢复商业网点营业的通告。

黄某遂于2月22日开店营业，在同邱某沟通减免停业期间部分租金未果后，于3月3日向邱某支付了2、3月份房屋租金共计3200元。3月4日，黄某向黎川县人民法院起诉，要求邱某减免疫情停业期间部分租金700元。（据人民网2020年4月26日报道）

问：黄某的诉求能否得到法院支持？

答：可以。新冠肺炎疫情属于全国突发公共卫生事件，系不可抗力，因此导致合同一方无法履行合同，遭受不可抗力影响的一方有权要求免除或者部分免除责任。《民法典》第533条第1款规定："合同成立后，合同的基础条件发生了当事人在订立合同时无法预见的、不属于商业风险的重大变化，继续履行合同对于当事人一方明显不公平的，受不利影响的当事人可以与对方重新协商；在合理期限内协商不成的，当事人可以请求人民法院或者仲裁机构变更或者解除合同。"该规定明确确立了"情势变更"制度，并将不可抗力也认定为适用情势变更的原因之一。因此，受疫情影响的承租人可以与出租人重新协商租金问题，协商不成时也可以向人民法院起诉请求变更或解除合同。

6 店家"出门概不负责"的条款有效吗？

刘某于2020年5月10日将一套西服上衣委托给甲干洗店干洗定型，同时给付了20元的服务费。甲干洗店给刘某出具了取件单，取件单背面第6条内容为："出门概不负责，在24小时内投诉有效。"5月14日中午，刘某到甲干洗店处取回衣服，回家数小时后发现西服多处损坏，遂返回要求甲干洗店按西服原价赔偿损失费2000元。甲干洗店则称取衣单上明确载明"出门概不负责"，西服不是该店干洗损坏，不同意按照西服原价赔偿，而仅同意依据行业惯例，以服务费20元的20倍计算补偿400元。因双方各执己见，难以达成协议，刘某遂于2020年7月30日向法院起诉，要求甲干洗店按西服原价赔偿损失费2000元。

问：刘某的主张能得到法院支持吗？

答：可以。该取件单背面的条款应当认定为无效格式条款。所谓格式条款是指当事人为了重复使用而预先拟定，并在订立合同时未与对方协商的条款。如保险合同、拍卖成交确认书、具备要约要件的店堂告示等均属于格式条款。《民法典》第496条第2款规定："采用格式条款订立合同的，提供格式条款的一方应当遵循公平原则确定当事人之间的权利和义务，并采取合理的方式提示对方注意免除或者减轻其责任等与对方有重大利害关系的条款，按照对方的要求，对该条款予以说明。提供格式条款的一方未履行提示或者说明义务，致使对方没有注意或者理解与其有重大利害关系的条款的，对方可以主张该条款不成为合同的内容。"因此，干洗店应当承担相应赔偿责任。

7 房屋租赁到期后，承租人续租时能享有优先承租权吗？

A公司（出租人）与B公司（承租人）签订了一份商用房屋租赁合同，合同租赁期限自2015年1月1日至2019年12月31日。2019年5月1日，A公司通知B公司合同期满之后将收回房产另作他用，但双方就期满后是否续租事宜未能达成一致。2019年11月15日，A公司通过在产权交易所公开挂牌的方式对该房产进行招租，租赁期为10年，A公司根据房产的出租评估价，设定后续出租的底价为80元/平方米，且承租人需满足注册资本实际缴纳500万元等资质条件。A公司员工在公司挂牌招租前一天微信告知B公司该房产公开挂牌的日期和承租人参与竞价的网站链接地址。后

B公司报名参与了挂牌，但由于B公司不满足A公司对新承租方设定的实缴注册资本的竞价资质条件，未能成功竞价及中标。B公司遂向法院起诉A公司损害了其优先承租权。

问：B公司能否享有该物业的优先承租权？

答：不能。《民法典》第734条第2款规定："租赁期限届满，房屋承租人享有以同等条件优先承租的权利。"本案中，B公司虽依法享有优先承租权，但是A公司在租赁房屋公开挂牌招租中设定了具有相关公司注册资本实缴资质条件的法人方有竞标资格，该条件设定并不违反有关法律的强制性规定，故A公司对承租人设定的该招租条件对于B公司和其他潜在承租人来说都是平等的。B公司因自身出资实力不足的原因导致其不具备行使优先承租权的同等条件，从而丧失了行使优先承租权的权利。

8 债务人履行债务不能时，债权人能否直接要求保证人代为履行？

2020年3月，马某、胡某与贺某签订借款合同，约定马某向胡某借款，贺某作为该笔债务的保证人，借款期限为6个月。2020年9月，借款到期后，马某未能及时还款，胡某遂向贺某主张要求其承担保证责任。

问：胡某能否直接让贺某来偿还该笔借款？

答：不能。《民法典》第686条规定："保证的方式包括一般保证和连带责任保证。当事人在保证合同中对保证方式没有约定或者约定不明确的，按照一般保证承担保证责任。"由于马某、胡某在借款合同中未明确约定贺某为连带责任保证人还是一般保证人，因此，根据《民法典》第686条，贺某应当承担一般保证责任，即仅在马某无法清偿债务时，胡某才可向贺某主张承担保证责任。

连带责任保证和一般保证的区别在于，连带责任保证人所承担的责任更为严苛。即只要债务人未履行债务，不问原因，债权人即可要求连带责任保证人承担保证责任；而对于一般保证人，则需要在债务人不能履行债务的情况下，才承担保证责任。所谓"不能履行"，是指只有在债务人没有履行能力时，债权人才能要求一般保证人承担保证责任。

 9 不是签订借款合同的当事人，也可以向借款人主张还款吗?

王先生为了融资，与李先生签订了借款合同。合同约定：李先生出借100万元给王先生，借款期限为半年，到期后王先生将借款直接归还给吴女士，如果逾期还款，则应当承担相应的违约责任。一年后，吴女士仍未收到王先生的还款。

问：吴女士能否依据王先生与李先生签订的借款合同要求王先生还款并承担相应的违约责任？

答：可以。《民法典》第 522 条规定："当事人约定由债务人向第三人履行债务，债务人未向第三人履行债务或者履行债务不符合约定的，应当向债权人承担违约责任。法律规定或者当事人约定第三人可以直接请求债务人向其履行债务，第三人未在合理期限内明确拒绝，债务人未向第三人履行债务或者履行债务不符合约定的，第三人可以请求债务人承担违约责任；债务人对债权人的抗辩，可以向第三人主张。"这是现行《合同法》未作规定的内容，这一条实际上赋予了第三人一种类似于债权人的地位，其意义在于使第三人可以直接做原告，对不履行债务或履行债务不符合约定的债务人提起诉讼。因此，吴女士能够以借款合同为依据向王先生主张还款并令其承担违约责任。

10 见义勇为受到损失可以要求受益者补偿吗？

张某在一风景区旅游，见一女子孤身站在山顶悬崖边上，目光异样，即心生疑惑。该女子见有人来，便向崖下跳去，张某情急中拉住女子衣服，将女子救上来。张某救人过程中，随身携带的价值2000元的照相机被碰坏，手臂被擦伤；女子的头也被碰伤，衣服被撕破。张某将女子送到山下医院，为其支付各种费用500元，并为包扎自己的伤口用去20元。当晚，张某住在医院招待所，但已身无分文，只好向服务员借了100元，用以支付食宿费。

问：张某能否请求被救女子给付一定的报酬？

答：可以。《民法典》第979条第1款规定："管理人没有法定的或者约定的义务，为避免他人利益受损失而管理他人事务的，可以请求受益人偿还因管理事务而支出的必要费用；管理人因管理事务受到损失的，可以请求受益人给予适当补偿。"张某与该女子之间没有法定或约定的义务，张某为了挽救该女子生命而对其进行救助，其行为属于无因管理。张某照相机的损坏以及包扎自己伤口的费用属于在活动中实际遭受的损失，可以要求被救女子赔偿。

11 遇到故意低价转让房产以少还欠款，怎么办？

老彭欠了老徐100万元，还款日期将至，老彭由于生意失败，只剩下一套市场价格约为150万元的房子（不是自己住）。若要准时还款，老彭就必须要把房子抵押出去。老彭心有不甘，就计划将房产低价卖给表哥曹某，以便自己能够少还一部分钱。于是，老彭以80万元的价格将该房产出让给了表哥曹某。之后老徐收到老彭85万元还款。老徐在一周后才得知老彭的房产是低价出售的，老彭本可以把欠款全部还完的。

问：老徐能否向法院请求撤销老彭以低价转让该房产的行为？

答：可以。《民法典》第 539 条规定："债务人以明显不合理的低价转让财产、以明显不合理的高价受让他人财产或者为他人的债务提供担保，影响债权人的债权实现，债务人的相对人知道或者应当知道该情形的，债权人可以请求人民法院撤销债务人的行为。"老彭将原本市值 150 万元的房子以低至 80 万元的价格出让给表哥曹某，其行为符合《民法典》第 539 条规定的"以明显不合理的低价转让财产"的情形，并且老徐后来对此等情形知晓，因此老徐能够请求法院撤销老彭低价出让房产的行为。

12 "什么时候有钱，什么时候偿还"的约定有效吗？

柯某和朱某是朋友。2014 年 10 月 14 日，朱某向柯某借款 4 万元，约定每月利息 800 元。2016 年 4 月 19 日，朱某又向柯某出具欠条一份，注明欠柯某利息 1500 元。因双方未约定还款时间，柯某认为可以随时要求朱某还款，于是上门催款。在催款过程中，双方发生冲突，大打出手，都进了拘留所。经过公安机关主持调解，双方达成"什么时候有钱，什么时候偿还"的约定。后来，柯某将朱某起诉至法院，要求其归还借款本金 4 万元及利息 1500 元。法庭上，朱某辩称：原告使用暴力催款，导致其经营的农庄损失惨重，且双方在拘留所约定了"什么时候有钱，什么时候偿还"的条件，现在他本人债务重重，无钱还款，也不应还款。（据人民政协网 2020 年 8 月 16 日报道）

问：法院会支持柯某的主张吗？

答：不会。《民法典》第 158 条规定："民事法律行为可以附条件，但是根据其性质不得附条件的除外。附生效条件的民事法律行为，自条件成就时生效。附解除条件的民事法律行为，自条件成就时失效。"本案中，"什么时候有钱，什么时候偿还"的约定，就是一个附生效条件的民事法律行为。且该约定内容明确，无歧义，不属于约定不明，应属合法有效。在法律上，朱某的"偿还"行为必须以他"什么时候有钱"作为前提条件。在发生纠纷时，法官需要判断的最重要事实就是"有钱"这个条件是否已经成就。而在该案中，法院认为，庭审中柯某没有证据证明朱某具有偿还能力或经济状况良好。相反，朱某所举证据能够佐证其与他人存在较多的诉讼案件，有的甚至已进入执行程序，可见其不具备偿还能力。因此，驳回了柯某的诉讼请求。

第六章

人格权编：加强保护人格尊严

民法典坚持以人为本，顺应人们对人格权保护的迫切需求，单独设置人格权编，取代了过去分散在各个法律、行政法规、部门规章及司法解释中关于人格权的规定，这是我国民法典编纂的最大亮点之一。人格权独立成编，是对党的十九大报告提出的"保护人民人身权、财产权、人格权"和《宪法》关于人身自由与人格尊严的规定的具体落实，是我国保护人身权的法律制度不断发展演进的结果，对于保障公民民事基本权利，切实回应人民群众的法治需求，更好地满足人民日益增长的美好生活需要，具有重要意义。

一、人格权编的主要内容

人格权是民事主体对其特定的人格利益享有的权利，关系到每个人的人格尊严，是民事主体最基本的权利。《宪法》规定的人身自由和人格尊严是公民人格权的基础。1982 年《宪法》结合当时的历史背景和实际情况，重点从人身自由、人格尊严、住宅权利以及通信自由和通信秘密等四个方面对公民的人身权利作了相关规定。

随着我国人权事业的不断发展，我国公民政治、经济、文化、社会各项权利得到了充分的法律保障。《未成年人保护法》《残疾人保障法》《国防法》《执业医师法》等多部法律对未成年人、残疾人、军人、执业医师等各领域公民的人格尊严作出明确保护。2005 年 8 月，十届全国人大常委会第十七次会议通过关于修改《妇女权益保障法》的决定，首次在法律中使用了"人格权"的概念。

民法上的人格权调整的是平等民事主体之间的民事权利关系，而不调整国家和个人之间的权利义务关系，所约束的义务主体为私法关系的当事人。因此，在内容规范上，《民法典·人格权编》在现行有关法律法规和司法解释的基础上，从民事法律规范的角度规定自然人和其他民事主体人格权的内容、边界和保护方式，不涉及公民政治、社会等方面的权利。人格权编共 6 章、51 条，主要规定了以下内容。

1 人格权的一般规则

人格权编第一章规定了人格权的一般性规则。

（1）明确了人格权的保护范围。民事主体享有生命权、身体权、健康权、姓名权、名称权、肖像权、名誉权、荣誉权、隐私权等权利。自然人还享有基于人身自由、人格尊严产生的其他人格权益。死者的姓名、肖像、名誉、荣誉、隐私、遗体也受法律保护。人格权编以"等权利""其他人格权益"的兜底方式，为具体人格权利种类和保护留下空间。

（2）规定民事主体的人格权具有专属性，受法律保护，任何人不得放弃、转让或继承。《民法典》第991条明确规定："民事主体的人格权受法律保护，任何组织或者个人不得侵害。"第992条规定："人格权不得放弃、转让或者继承。"

（3）明确规定人格权受到侵害后的救济方式。首先，规定人格权受到侵害时，有关请求权不受诉讼时效限制。即受害人的停止侵害、排除妨碍、消除危险、消除影响、恢复名誉、赔礼道歉请求权，不适用诉讼时效的规定。这六项请求权，关系到人格存续、生存利益和伦理道德，不带有直接的财产利益，故不适用诉讼时效制度。其次，主张违约责任时可同时要求精神损害赔偿。因当事人一方的违约行为，损害对方人格权并造成严重精神损害，受损害方选择请求其承担违约责任的，不影响受损害方请求精神损害赔偿。再次，针对侵害人格权的行为人可申请行为禁令。民事主体有证据证明行为人正在实施或者即将实施侵害其人格权的违法行为，不及时制止将使其合法权益受到难以弥补的损害的，有权依法向人民法院申请采取责令行为人停止有关行为的措施。最后，对人格权侵权责任赔偿进行区分不同因素的差异化处理。认定行为人承担侵害除生命权、身体权和健康权外的人格权的民事责任，应当考虑行为人和受害人的职业、影响范围、过错程度，以及行为的目的、方式、后果等因素。

 生命权、身体权和健康权

人格权编第二章规定了生命权、身体权和健康权的具体内容，并对实践中社会比较关注的有关问题作了有针对性的规定。

（1）为促进医疗卫生事业的发展，民法典鼓励遗体捐献的善行义举。人格权编吸收行政法规的相关规定，确立器官捐献的基本规则。《民法典》第1006条规定："完全民事行为能力人有权依法自主决定无偿捐献其人体细胞、人体组织、人体器官、遗体。任何组织或者个人不得强迫、欺骗、利诱其捐献。完全民事行为能力人依据前款规定同意捐献的，应当采用书面形式，也可以订立遗嘱。自然人生前未表示不同意捐献的，该自然人死亡后，其配偶、成年子女、父母可以共同决定捐献，决定捐献应当采用书面形式。"

（2）为规范与人体临床试验、人体基因、人体胚胎等有关的医学和科研活动，民法典明确从事此类活动应遵守的规则。《民法典》第1008条规定："为研制新药、医疗器械或者发展新的预防和治疗方法，需要进行临床试验的，应当依法经相关主管部门批准并经伦理委员会审查同意，向受试者或者受试者的监护人告知试验目的、用途和可能产生的风险等详细情况，并经其书面同意。进行临床试验的，不得向受试者收取试验费用。"第1009条规定："从事与人体基因、人体胚胎等有关的医学和科研活动，应当遵守法律、行政法规和国家有关规定，不得危害人体健康，不得违背伦理道德，不得损害公共利益。"

（3）近年来，性骚扰问题引起社会较大关注，《民法典·人格权编》在总结既有立法和司法实践经验的基础上，规定了性骚扰的认定标准，以及机关、企业、学校等单位防止和制止性骚扰的义务。《民法典》第1010条规定："违背他人意愿，以言语、文字、图像、肢体行为等方式对他人实施性骚扰的，受害人有权依法请求行为人承担民事责任。机关、企业、学校等单位应当采取合理的预防、受理投诉、调查处置等措施，防止和制止利用职权、从属关系等实施性骚扰。"

人格权编第三章规定了姓名权和名称权的具体内容，并对民事主体尊重保护他人姓名权、名称权的基本义务作了规定。

（1）对自然人选取姓氏的规则做了规定。《民法典》第1015条规定："自然人应当随父姓或者母姓，但是有下列情形之一的，可以在父姓和母姓之外选取姓氏：（一）选取其他直系长辈血亲的姓氏；（二）因由法定扶养人以外的人扶养而选取扶养人姓氏；（三）有不违背公序良俗的其他正当理由。少数民族自然人的姓氏可以遵从本民族的文化传统和风俗习惯。"

（2）明确对具有一定社会知名度，被他人使用足以造成公众混淆的笔名、艺名、网名等，参照适用姓名权和名称权保护的有关规定。《民法典》第1017条规定："具有一定社会知名度，被他人使用足以造成公众混淆的笔名、艺名、网名、译名、字号、姓名和名称的简称等，参照适用姓名权和名称权保护的有关规定。"

4 肖像权

人格权编第四章规定了肖像权的权利内容及许可使用肖像的规则，明确禁止侵害他人的肖像权。

（1）针对利用信息技术手段"深度伪造"他人的肖像、声音，侵害他人人格权益，甚至危害社会公共利益等问题，民法典规定禁止任何组织或者个人利用信息技术手段伪造等方式侵害他人的肖像权，并明确对自然人声音的保护，参照适用肖像权保护的有关规定。《民法典》第1019条第1款规定："任何组织或者个人不得以丑化、污损，或者利用信息技术手段伪造等方式侵害他人的肖像权。未经肖像权人同意，不得制作、使用、公开肖像权人的肖像，但是法律另有规定的除外。"同时，第 1023 条第 2 款规定："对自然人声音的保护，参照适用肖像权保护的有关规定。"

（2）为了合理平衡保护肖像权与维护公共利益之间的关系，民法典结合司法实践，规定了肖像权的合理使用规则。《民法典》第 1020 条规定："合理实施下列行为的，可以不经肖像权人同意：（一）为个人学习、艺术欣赏、课堂教学或者科学研究，在必要范围内使用肖像权人已经公开的肖像；（二）为实施新闻报道，不可避免地制作、使用、公开肖像权人的肖像；（三）为依法履行职责，国家机关在必要范围内制作、使用、公开肖像权人的肖像；（四）为展示特定公共环境，不可避免地制作、使用、公开肖像权人的肖像；（五）为维护公共利益或者肖像权人合法权益，制作、使用、公开肖像权人的肖像的其他行为。"

（3）从有利于保护肖像权人利益的角度，对肖像许可使用合同的解释、解除等作了规定。《民法典》第 1021 条规定："当事人对肖像许可使用合同中关于肖像使用条款的理解有争议的，应当作出有利于肖像权人的解释。"《民法典》第 1022 条第 1 款规定："当事人对肖像许可使用期限没有约定或者约定不明确的，任何一方当事人可以随时解除肖像许可使用合同，但是应当在合理期限之前通知对方。"

5 名誉权和荣誉权

人格权编第五章规定了名誉权和荣誉权的内容。

一方面，为了平衡个人名誉权保护与新闻报道、舆论监督之间的关系，人格权编对行为人实施新闻报道、舆论监督等行为涉及的民事责任承担，以及行为人是否尽到合理核实义务的认定等作了规定。《民法典》第 1025 条规定："行为人为公共利益实施新闻报道、舆论监督等行为，影响他人名誉的，不承担民事责任，但是有下列情形之一的除外：（一）捏造、歪曲事实；（二）对他人提供的严重失实内容未尽到合理核实义务；（三）使用侮辱性言辞等贬损他人名誉。"第 1026 条规定："认定行为人是否尽到前条第二项规定的合理核实义务，应当考虑下列因素：（一）内容来源的可信度；（二）对明显可能引发争议的内容是否进行了必要的调查；（三）内容的时限性；（四）内容与公序良俗的关联性；（五）受害人名誉受贬损的可能性；（六）核实能力和核实成本。"

另一方面，人格权编规定民事主体有证据证明报刊、网络等媒体报道的内容失实，侵害其名誉权的，有权请求更正或者删除。第 1028 条规定："民事主体有证据证明报刊、网络等媒体报道的内容失实，侵害其名誉权的，有权请求该媒体及时采取更正或者删除等必要措施。"

关于隐私权和个人信息保护

人格权编第六章在现行有关法律规定的基础上，进一步强化对隐私权和个人信息的保护。

（1）规定了隐私的定义，并列明禁止侵害他人隐私权的具体行为。《民法典》第 1032 条规定："自然人享有隐私权。任何组织或者个人不得以刺探、侵扰、泄露、公开等方式侵害他人的隐私权。隐私是自然人的私人生活安宁和不愿为他人知晓的私密空间、私密活动、私密信息。"第 1033 条规定："除法律另有规定或者权利人明确同意外，任何组织或者个人不得实施下列行为：（一）以电话、短信、即时通讯工具、电子邮件、传单等方式侵扰他人的私人生活安宁；（二）进入、拍摄、窥视他人的住宅、宾馆房间等私密空间；（三）拍摄、窥视、窃听、公开他人的私密活动；（四）拍摄、窥视他人身体的私密部位；（五）处理他人的私密信息；（六）以其他方式侵害他人的隐私权。"

(2) 界定了个人信息的定义，明确了处理个人信息应遵循的原则和条件。《民法典》第1034条规定："自然人的个人信息受法律保护。个人信息是以电子或者其他方式记录的能够单独或者与其他信息结合识别特定自然人的各种信息，包括自然人的姓名、出生日期、身份证件号码、生物识别信息、住址、电话号码、电子邮箱、健康信息、行踪信息等。个人信息中的私密信息，适用有关隐私权的规定；没有规定的，适用有关个人信息保护的规定。"第1035条规定："处理个人信息的，应当遵循合法、正当、必要原则，不得过度处理，并符合下列条件：（一）征得该自然人或者其监护人同意，但是法律、行政法规另有规定的除外；（二）公开处理信息的规则；（三）明示处理信息的目的、方式和范围；（四）不违反法律、行政法规的规定和双方的约定。个人信息的处理包括个人信息的收集、存储、使用、加工、传输、提供、公开等。"

（3）构建自然人与信息处理者之间的基本权利义务框架，明确处理个人信息不承担责任的特定情形，合理平衡保护个人信息与维护公共利益之间的关系。首先，《民法典》第1036条规定："处理个人信息，有下列情形之一的，行为人不承担民事责任：（一）在该自然人或者其监护人同意的范围内合理实施的行为；（二）合理处理该自然人自行公开的或者其他已经合法公开的信息，但是该自然人明确拒绝或者处理该信息侵害其重大利益的除外；（三）为维护公共利益或者该自然人合法权益，合理实施的其他行为。"其次，第1037条规定："自然人可以依法向信息处理者查阅或者复制其个人信息；发现信息有错误的，有权提出异议并请求及时采取更正等必要措施。自然人发现信息处理者违反法律、行政法规的规定或者双方的约定处理其个人信息的，有权请求信息处理者及时删除。"再次，第1038条规定："信息处理者不得泄露或者篡改其收集、存储的个人信息；未经自然人同意，不得向他人非法提供其个人信息，但是经过加工无法识别特定个人且不能复原的除外。信息处理者应当采取技术措施和其他必要措施，确保其收集、存储的个人信息安全，防止信息泄露、篡改、丢失；发生或者可能发生个人信息泄露、篡改、丢失的，应当及时采取补救措施，按照规定告知自然人并向有关主管部门报告。"

（4）人格权编还规定国家机关及其工作人员负有保护自然人的隐私和个人信息的义务。《民法典》第1039条规定："国家机关、承担行政职能的法定机构及其工作人员对于履行职责过程中知悉的自然人的隐私和个人信息，应当予以保密，不得泄露或者向他人非法提供。"

二、人格权编的学习运用

在权利性质上，人格权是非财产权、支配权、绝对权，具有专属权。人格权是个体生存发展的基础，属于基础性权利。人格权的现代发展，不仅仅是在法典中自成一体以满足形式理性的需要，更重要的是，人格权从传统民事权利体系中分离出来形成独立的民事权利，并正在形成一套特有的权利确认、权利享有、权利行使、权利救济、权利保护体系。

民法典中的人格权编，符合以人民为中心的发展理念，顺应了新时代人民群众对人格尊严、人格权保护的迫切需求，彰显了民法典的人民立场和人文关怀，体现了党和政府对人民人身权利和人格权利的日益关切。对于党员干部来说，学习、掌握和运用人格权的相关内容和规定，不仅关系到依法维护自身的合法权益，而且对于依法行政和切实保障人民群众的合法权益意义重大。

1 人格权民事法律关系

人格权民事法律关系包括人格权主体、人格权内容和人格权客体。

人格权主体是指在人格权民事法律关系中享有权利和承担义务的自然

人、法人和非法人组织。

人格权内容是指人格权法律关系主体享有的民事权利和承担的民事义务。民事权利是指权利主体根据法律规定，依据自己的意愿，为实现自己的人格利益而为某种行为或不为某种行为的可能性。民事义务是义务主体为了满足权利主体实现其人格利益，而不为一定行为。人格权法律关系中的义务是不作为的义务，权利主体权利的实现不需要义务主体的积极行为协助，只要义务人不为一定行为即可。

人格权客体是指人格权民事法律关系中的权利、义务所共同指向的对象。人格权的客体为人格利益。人格利益分为一般人格利益和具体人格利益，前者指自然人的人身自由和人格尊严，后者包括生命、身体、健康、姓名、名誉、隐私、肖像等个别人格利益。

一般人格利益是自然人平等享有的基本权利，而无论其性别、年龄、种族、籍贯、身份、职业地位、文化程度等。民法典中将一般人格权概括为人身自由和人格尊严。具体人格权，包括自然人的人格权、法人和非法人组织的人格权。从自然人的角度，按照权利客体的不同和法律保护方法的不同，划分为物质性的人格权和精神性的人格权两类。物质性的人格权包括生命权、身体权、健康权，是对自然人的物质表现形式所体现的人格利益设定的权利；精神性的人格权包括姓名权、名称权、肖像权、名誉权、荣誉权、隐私权等权利。

 人格权的专属性及其商业化利用

从其本质特性来看，人格权具有专属性，只能为特定的权利人所享有，与权利主体不可分离。专属性具体表现为：(1) 人格权始终与权利主体相伴随，权利主体消灭则人格权也不复存在。(2) 人格权具有不可转让性。(3) 人格权不得抛弃。(4) 人格权不得继承，即人格权作为专属于特定主体的权利，因权利人死亡而消灭。

但是，随着经济社会和商业实践的发展进步，现代广告业的发展，使得个人的肖像、姓名等人格权中的经济价值进一步凸显。人格权的财产利益逐渐受到重视，这使得人格权出现商业化利用的现象。

《民法典·人格权编》主要从如下几个方面规定人格权商业化利用规则：（1）在法律上，并非所有的人格权益均可以成为商业化利用的对象，能够成为商业化利用对象的主要是姓名权、肖像权等标表型人格权，而生命权、身体权、健康权等物质性人格权不能成为商业化利用的对象。（2）人格权商业化利用的方式应当限于许可使用，人格权中的人身利益不得转让。（3）人格权的许可使用不能完全适用《合同法》的一般规则。

3 人格利益延伸保护

民事主体人格权延伸保护，是指法律在依法保护民事主体人格权的同时，对于其在诞生前或消灭后所依法享有的人格利益，所给予的延伸至其诞生前和消灭后的民法保护。《民法典》第994条规定："死者的姓名、肖像、名誉、荣誉、隐私、遗体等受到侵害的，其配偶、子女、父母有权依法请求行为人承担民事责任；死者没有配偶、子女且父母已经死亡的，其他近亲属有权依法请求行为人承担民事责任。"

在具体运用时，需注意以下四点：第一，人格权延伸保护的民事主体包括自然人和法人。第二，人格权延伸保护的客体是人格利益而非权利本身。第三，人格权延伸保护的界限是民事主体权利能力取得前和终止后。第四，人格权延伸保护与人格权保护相互衔接构成协调的统一整体。

民法保护死者人格利益，涉及死者人格利益所包含的财产利益在不同主体之间的平衡问题，实践中应从以下几个方面把握：

首先，获得死者人格利益中的财产利益的主体为死者近亲属、公众和国家、开发者。

其次，平衡死者人格利益产生的财产利益的原则。（1）死者人格利益中的财产利益归属，由对死者人格利益保护的权利人所承受。（2）公众人物死亡后的人格利益归属于国家和公众，国家和公众使用这种人格利益，应当予以保障。（3）对于超过保护期限的死者人格利益中的财产利益，他人可以进行开发，以满足社会的需要，创造社会价值，但须遵守公序良俗，不得违背公共道德。

最后，民法保护死者人格利益和准许对其进行商业化利用的规则。（1）民法将对死者人格利益的保护以及商业化利用的权利确认为死者的近亲属享有。（2）死者在有近亲属存在的期限内，其人格利益就受到保护；在没有近亲属存在时，就超出了保护期限。并且，为公共利益和国家利益适用死者人格利益者优先。（3）他人对死者的人格利益进行商业化利用应当征得死者近亲属的同意。在死者没有近亲属的情况下，他人对死者人格利益的商业化利用，必须遵守社会公德和公序良俗，不得有损于死者的人格利益，不得对社会造成负面影响。

对人格权行使的正当限制

人格权的行使，应当受权利人意志支配。但是，为了维护社会公共利益，维护个人利益，维护社会安定，协调个人权利与社会利益的冲突、个人权利之间的冲突，权利主体行使人格权应当受到某些适当的限制。

第一，出于公共利益的限制。比如，为社会公共利益，新闻媒体按惯例使用肖像为合法使用，权利人不得主张肖像权。自然人享有健康权，患病时可以自愿决定是否医治。但因患传染病，从公共利益考虑，必须强制对其进行医疗。

第二，公众人物权利限缩。公众人物、政府公务员等与社会秩序、社会风尚、公共利益密切相关，须置于公众的监督之下，其人格利益在法律保护上应适当可减。但超出必要范围的，应当承担侵权责任。

第三，适当容忍义务的限制。民事主体对于其他权利人正当行使的行为不可避免造成的轻微损害，应当予以容忍。不超过容忍界限的妨害，不构成侵害人格权，不得主张侵权损害赔偿。

第四，新闻监督和舆论监督。民事主体享有人格权，但在具体的行使过程中也要为公共利益需要让渡一部分权利，即《民法典》第 999 条规定的"为公共利益实施新闻报道、舆论监督等行为的，可以合理使用民事主体的姓名、名称、肖像、个人信息等"。

但是，我们同时也需要注意到，随着新闻媒体的监督作用被日渐推崇，新闻报道或舆论监督对人格权的侵害问题也时有发生。在处理舆论监督与人格权保护关系的实践中，须尤为注意当前关注度较高的"网络反腐"问题。

"网络反腐"是近年来兴起的一种网上廉政建设的方式和行为。它指的是借助网络平台进行反腐败的形式。随着计算机和互联网在社会中的普及，"网络反腐"已成为民众参与廉政建设的一种途径，其积极意义是显而易见的。然而，我们还应看到，"网络反腐"本身是一把双刃剑，它的技术优势在于使得被举报人信息能够得到及时、广泛传播，而这同时也意味着，不准确、不真实和不相关的举报信息同样可能被传播，包括被举报人的非腐败私密信息和其他人的无关私密信息。因此，网络信息的瞬间交换和集合对隐私保护提出了巨大挑战。其中，人肉搜索具有强烈的进攻性，搜索者通过搜索引擎工具或发布"搜索令"，向知情者征集线索，能串联起现实中无所不在的"目击证人"，迅速收集聚合相关人的各类个人信息和资料。

为了避免"网络反腐"的消极面，中央纪委、国家监委官方网站整合了中央纪委举报网站、国家监委网站和国家预防腐败局网站，成为中央纪检部门的主要对外窗口。几大网站开设"网络举报监督专区"后，中组部"12380"举报网站成为专区重要的组成部分。同时，民间反腐网站要做好与各地方纪检监察机关的对接，在法治轨道上运行。

5 人格权的侵害

民法典规定，人格权侵权损害赔偿责任的构成要件为以下四点：（1）违法行为。即行为人违反对他人人格权利的不可侵害义务、违反保护他人人格利益的法律，以及故意违背善良风俗损害他人人格利益，而实施的作为或者不作为。（2）损害事实。即一定的行为造成侵害民事主体的人格权益，造成财产利益和非财产利益减少或者灭失的客观事实。（3）因果关系。也即行为和损害二者之间应有必然的逻辑关系。（4）过错。即行为人在实施违法行为时的主观心理状态，分为故意和过失。

在侵害人格权的行为中，我们尤需警惕实践中的以下两类行为：

一是以非法拘禁等方式剥夺、限制他人的行动自由，或者非法搜查他人身体的侵犯他人人身自由的行为。

我国法律赋予了公安机关、人民检察院、人民法院强行剥夺和限制他人人身自由的权力，但使用权力时必须严格遵守法律程序。其他任何机关、团体、企业、事业单位、个人都无此权力。实践中，非法限制他人行动自由较为典型的方式为非法拘禁。非法限制他人人身自由的手段是多种多样的，如捆绑、隔离、关押以及扣留身份证不让随意外出或者与外界联系等，其实质就是强制剥夺人的人身自由。对于此类行为，民法应当予以救济，侵害人也需要承担其他法律责任。当然，并非所有拘禁均为非法，公民对正在实施的违法犯罪行为，或者对违法犯罪后被即时发觉的、通缉在案的、越狱逃跑的、正在被追捕的人有权立即扭送司法机关，这种扭送行为是合法的，它包括在途中实施的捆绑、扣留等。此外，非法搜查他人身体的行为，在实践中多发生在经营者和消费者之间。有些经营者以商品失窃为由，搜查消费者身体及其携带的物品，给消费者造成了极大的侵扰。

二是以"软暴力"刑事案件侵害民事主体人身权的行为。

"软暴力"即行为人为牟取不法利益或形成非法影响，对他人或者有关场所进行滋扰、纠缠、哄闹、聚众造势等，足以使他人产生恐惧、恐慌进而形成心理强制，或者足以影响、限制人身自由、危及人身财产安全，影响正常生活、工作、生产、经验的违法犯罪手段。"软暴力"同时侵害了民事主体人格权益的，受害者有权依据民法典规定主张精神损害赔偿，通过刑事附带民事诉讼救济其民事权利。

人格权的侵害救济

人格权受到侵害时，受害人可以依据《民法典》第995条并结合其他法律规范寻求救济。《民法典》第995条旨在规定人格权遭受侵害情形下，为受害人提供全面的救济。具体来说，包括以下两个方面。

一方面，受害人直接依据民法典的相关规定请求行为人承担民事责任。《民法典·人格权编》对民事主体的各项人格权进行了确认，细化了人格权保护的各种方式，强化了对人格权的保护。

另一方面，受害人依据其他法律的规定请求行为人承担民事责任。我国法律关于人格权的保护具有多层次、全方位的特点，除民法典中人格权编和侵权责任编之外，《宪法》《刑法》《刑事诉讼法》以及《未成年人保护法》《妇女权益保障法》《老年人权益保障法》《残疾人保障法》等特别法中均有保护公民人格权的相关规定，对人格权实行全面的保护。从《民法典》第995条规定来看，人格权遭受侵害时，受害人也可以依据以上法律的规定请求行为人承担民事责任。需要注意的是，《宪法》作为国家根本法，宪法层面关于人格权利的规定，体现了对人格权的重视和保护，但《宪法》中有关人格权的规定并不能直接适用于民事案件的裁判中，必须将《宪法》中规定的公民基本权利具体化为民事权利才能作为民事纠纷的裁判依据。

这里需要注意的是，当公职人员的人格权受到侵害时，需依照人格请求权向加害人或人民法院请求加害人为一定行为或者不为一定行为，以恢复人格权的圆满状态或者防止妨害，而不能动用手中的公权力来保护自己的人格权。

7 关于人体捐献、器官移植、人体临床试验以及从事与人体基因、人体胚胎等有关的医学和科研活动的规定

（1）所谓人体捐献，是指自然人自愿、无偿地捐献自己的器官、血液、骨髓、角膜等身体的组成部分甚至捐献遗体的行为。从我国情况来看，器官移植在我国起步于20世纪60年代，但近年来发展很快。器官移植挽救了数以万计病人的生命，但同时也导致实践中产生了不少纠纷。在这种背景下，民法典对人体捐献作出了规定。根据《民法典》第1006条规定，人体捐献需满足以下条件：①捐赠者须为完全民事行为能力人，并应当有书面形式的捐赠意愿。②人体捐献须为自愿捐献。③捐献意思表示须以书面形式或者遗嘱形式作出。④人体捐献须为无偿捐献。自然人的生命身体健康等人格利益是无价的，无法用金钱衡量。如果以金钱来衡量器官价值，将违背器官捐献的伦理性和道德性，有违人格尊严这一基本价值，也有违公序良俗。

（2）关于器官移植及买卖的规定。我国《民法典·人格权编》规定，禁止以任何形式买卖人体细胞、人体组织、人体器官、遗体。这种禁止性规定是对人格尊严的维护，避免道德风险。实践中，对于某些从人体分离开的部分，如头发等，按照一般的社会观念都已经将其作为一般的物对待，且这些物大多与精神利益之间没有直接联系，因此，一般可以将这些物视为物权的客体而非人格权的客体。这些分离出来的物可以通过合法的转让归属于他人。

（3）关于人体临床试验的规定。在实践中，人体临床试验是一柄"双刃剑"，它既可能促进医学的发展，也可能对受试人造成伤害。《民法典·人格权编》从民事基本法的高度加强对受试者权利的保护，促进生命科学研究的有序发展，同时完善我国的人格权体系。根据《民法典》第1008条规定，

人体临床试验须满足以下条件：①须为研制新药、医疗器械或者发展新的预防和治疗方法进行临床试验。②须依法经相关主管部门批准并经伦理委员会审查同意。③须保障受试者的知情权。④须经受试者或者其监护人书面同意。⑤临床试验不得向受试者收取试验费用。

（4）关于从事与人体基因、人体胚胎等有关的医学和科研活动的规定。21世纪是生物技术的时代，又是走向权利的时代。目前，基因治疗、基因检测、胚胎干细胞及基因克隆器官等各种人体基因科技正迅速而广泛地应用到医疗、保险、职业、教育等领域，影响到每个人及家庭、社会、福利系统的利益。《民法典·人格权编》具体规定了从事人体基因、人体胚胎等有关的医学和科研活动的界限：①遵守法律、行政法规和国家有关规定。②不得危害人体健康。③不得违背伦理道德，不得损害公共利益。通过立法予以规制，引导这些科研活动在科学、伦理的指引下健康有序发展。

 关于禁止性骚扰的规定

我国对于性骚扰的法律规制，采纳的基本是人格权保护主义基本立场，兼采职场保护主义模式。《民法典》第1010条除在第1款规定性骚扰的行为人承担民事责任之外，第2款还规定，机关、企业、学校等单位负有防止和制止利用职权、从属关系等实施性骚扰的义务。

在性骚扰行为中，人格尊严、人格自由、身体权、健康权甚至隐私权、名誉权等均有可能受到损害。从实践中来看，职场以及校园是性骚扰高发的场域，很多性骚扰是基于性骚扰实施者和受害人之间的不平等产生的，诸如职场中上下级关系、校园中老师和学生，彼此之间存在权力和地位上的差异、不平等，导致后者受到前者的牵制。往往在不平等的地位之下，后者所遭受的性骚扰会变得更为隐性和不易被察觉，在职场和校园中常常多发，产生不良的社会影响。因此,《民法典》第1010条规定,机关、企业、学校等单位负有预防和制止性骚扰的义务。具体来说,主要包括合理的预防义务和及时救济义务。

 关于隐私权和个人信息

隐私权涉及的范围非常宽泛,通常可以将其分为如下几种基本类型:①私人生活安宁。即自然人的生活安宁和宁静的权利,自认有权排斥他人对其正常生活的骚扰。在实践中,非法跟踪、窥探、在他人的信箱或电子邮箱中塞满各种垃圾邮件、短信和电话骚扰等,都构成对私人生活安宁的侵害。②私密空间。凡是私人支配的空间场所,无论是有形的,还是虚拟的,都属于个人隐私的重要组成部分。在现代社会,空间隐私除个人合法占有的房屋之外,还包括个人合法支配的空间,例如,更衣室、电话厅以及个人临时栖身的房间、公共卫生间、宿舍、酒店房间、工人临时居住的工棚等。随着技术进步,还扩及电子空间等虚拟空间。如侵入他人计算机系统,即使不盗取信息,也构成对隐私权的侵害。③私密活动。即一切个人的、与公共利益无关的活动,包括日常生活、社会交往、夫妻的两性生活等。若权利人不愿将个人活动为他人所知晓,他人不应拍摄、录制、公开、窥视、窃听他人的私人活动。④私密信息。任何私人不愿公开的信息都可以构成私人的秘密信息。只要这种隐匿不违反法律和社会公共道德,都构成受法律保护的隐私。私密信息具体包括如下类型:个人的生理信息、身体隐私、家庭隐私、通信秘密、谈话隐私、个人经历隐私、其他有关个人生活的隐私。

隐私权的内容通常包括隐私享有权、隐私维护权、隐私利用权三项内容。侵害隐私权的具体情形包括:①侵害私人生活安宁权;②侵扰私密空间;③侵害私密活动;④侵害身体隐私;⑤非法收集、处理他人的私密信息;⑥以其他方式侵害他人隐私权。

个人信息是以电子或者其他方式记录的能够单独或者与其他信息结合识别特定自然人的各种信息。随着信息网络科技尤其是大数据与人工智能的发展，个人信息的范围与种类不断增加，除了传统的那些能够直接识别特定自然人的信息，如姓名、身份证号码、家庭地址、电话号码等，还有一些虽本身不足以识别特定自然人，但与其他信息结合后就能识别出特定自然人的信息，如爱好、习惯、兴趣、性别、年龄、职业等，也属于个人信息。此外，现代科技的发展也促使了各种新型个人信息的产生，如通信记录和内容、个人生物基因信息、网络交易信息、上网浏览痕迹、网络社交媒体留言、行踪轨迹等。同时，现代网络信息技术已将现代社会生活高度数字化（或数据化），"Cookie"技术和各种传感器可以自动地搜集与存储个人信息。这种个人信息被大规模、自动化地收集和存储的情形变得越来越普遍，由此产生了个人信息保护上的各种新情况和新问题。

此外，我们还需特别注意民法典中关于国家机关及其工作人员的个人信息保密义务的规定。

在现代社会，国家机关基于履行职务需要，同时也是基于工作上的便利，往往会大规模收集个人信息，其收集的个人信息数量多，精确度较高。因此，一旦国家机关及其工作人员泄露、出售或者非法提供个人信息，造成的后果会非常严重。民法典将国家机关及其工作人员对于履行职责过程中知悉的自然人的隐私与个人信息的保密义务予以明确，其第1039条规定："国家机关、承担行政职能的法定机构及其工作人员对于履行职责过程中知悉的自然人的隐私和个人信息，应当予以保密，不得泄露或者向他人非法提供。"

在实践中，国家机关及其工作人员违反该义务而承担民事责任的问题，须区分几种不同的情形：①国家机关及其工作人员在履职过程中侵害他人个人信息的，国家机关履职行为系行使国家公权力，这时已经不是平等主体之间的法律关系，此时造成的对个人信息的侵害系因国家机关及其工作人员履行职务所致，应适用国家赔偿责任。②国家机关作为民事主体从事民事活动侵害个人信息的，应属于民事侵权行为，承担民事赔偿责任。③若国家机关及其工作人员侵害个人信息的行为不属于《国家赔偿法》所规定的范畴，或是侵害的行为并不属于行使职权，也不具有行使职权的外观，那么应当单独适用侵权责任编的规定对国家机关及其工作人员的民事责任予以判断。④若存在国家机关的不作为与第三人作为行为导致共同侵害个人信息，例如他人侵入国家机关的个人信息存储系统，而国家机关并未及时尽到保障个人信息安全的义务之时，国家机关的不作为侵权与第三人的作为侵权结合导致了侵权行为的发生，此时应考虑国家赔偿责任与民事侵权责任的并合。

10 关于信用信息法律保护的规定

近年来，加快我国社会信用体系建设已经成为全社会的共识。信用体系建设必然会涉及个人信用信息的收集和控制，而个人信用信息的收集和控制直接关系到个人权利保护的问题。因此，在允许个人信用信息开放的同时，必须加强对个人信用信息的保护。

信用信息是指与他人信用相关的客观信息，民事主体的信用信息是个人信息权所要保护的对象之一。《民法典》第 1024 条、第 1029 条和第 1030 条就信用问题作出了规定，并对信用评价和信用信息进行区分，将信用评价纳入名誉权保护之中，将信用信息纳入个人信息保护的范畴。

信用信息也是政府管理机制重要内容，目前我国征信体系采用二元征信模式：个人征信系统和企业征信系统。依据该体系，信用信息可以分为个人信用信息和企业信用信息。关于信用信息的保护对象，也包括个人和企业。

个人信用信息是个人在信用交易活动中形成的履行或不履行义务的记录及相关数据。它的内容一般涉及两个方面：一方面，个人信用状况的客观记录，包括身份识别信息、商业信用信息、公共记录信息（如欠税记录、民事判决记录、强制执行记录、行政处罚记录、电信欠费信息等）；另一方面，征信机构的主观评价信息，通过信用数据的征集、加工分析后得出的个人信用报告和信用评级信息。

人格权编对个人信用信息保护的规定，主要包含以下内容：①关于采集信用信息以被征信人的同意为前提。②关于保护个人信用信息的准确性。③关于个人信用信息安全的保护。

企业信用信息是全面记录企业各类经济活动，反映企业信用状况的文书，是企业征信系统的基础信息。企业信用信息主要包括四部分内容：基本信息、信贷信息、公共信息和声明信息。法人、非法人组织的信用信息是政府机构信息资源管理以及数据库建设的主要对象。不过，法人和非法人组织对信用信息虽具有享有权、知情同意权、查询权、利用权、更正删除权等，但不能和自然人一样，完全按照人格权编第六章隐私权和个人信息保护的相关规定进行适用。

《民法典》第1030条规定："民事主体与征信机构等信用信息处理者之间的关系，适用本编有关个人信息保护的规定和其他法律、行政法规的有关规定。"

三、人格权编有关案例问答

1 死者的名誉权是否受到法律保护？

"荷花女"系已故艺人吉某之艺名，曾在天津红极一时。吉某去世后，魏某创作完成小说《荷花女》，该小说使用了荷花女的真实姓名和艺名，内容除部分写实外，还虚构了部分有关荷花女生活作风、道德品质的情节。该小说完稿后，作者未征求死者亲属等人的意见，即投稿于某报社发表。荷花女之母陈某遂以魏某和该报社为被告，向法院起诉，要求被告承担侵害死者名誉权的民事责任。（据《人民法院报》2018年12月18日报道）

问：陈某的请求能否得到法院支持？

答：能。我国法律规定，公民享有名誉权，人格尊严受法律保护，公民死亡后，亦不能例外。不保护已死亡公民的名誉权，就不能对公民生前的名誉权进行有效的保护。我国《民法典》第994条规定："死者的姓名、肖像、名誉、荣誉、隐私、遗体等受到侵害的，其配偶、子女、父母有权依法请求行为人承担民事责任；死者没有配偶、子女且父母已经死亡的，其他近亲属有权依法请求行为人承担民事责任。"

本案中，小说虽属于虚构的文学体裁，但其使用公民真实姓名和艺名，不顾其人格尊严，虚构死者有关生活作风、道德品质等情节，贬低了死者的人格，损害了死者的名誉，也必然不同程度地损害其在世亲属的名誉。所以，魏某和该报社应承担侵害死者名誉权的民事责任。

 自然人是否可以随意选取姓氏？

山东省济南市市民吕某给女儿起了一个既不随父姓，也不随母姓的名字——"北雁云依"。他去济南市公安局历下区分局燕山派出所报户口时，派出所以姓名"北雁云依"不符合办理户口登记的条件为由，拒绝为其办理户口登记。随后，吕某又相继去了济南市公安局、市公安局历下分局，都得到了同样的答复。于是，吕某向济南市历下区人民法院提起行政诉讼。（据最高人民法院网2017年11月24日报道）

问：吕某的请求能否得到法院支持？

答：不能。我国《民法典》第1015条规定："自然人应当随父姓或者母姓，但是有下列情形之一的，可以在父姓和母姓之外选取姓氏：（一）选取其他直系长辈血亲的姓氏；（二）因由法定扶养人以外的人扶养而选取扶养人姓氏；（三）有不违背公序良俗的其他正当理由。少数民族自然人的姓氏可以遵从本民族的文化传统和风俗习惯。"

首先，从社会管理和发展的角度，子女承袭父母姓氏有利于提高社会管理效率，便于管理机关和其他社会成员对姓氏使用人的主要社会关系进行初步判断。其次，公民选取姓氏涉及公序良俗。公民对姓氏传承的重视和尊崇，不仅仅体现了血缘关系、亲属关系，更承载着丰富的文化传统、伦理观念、人文情怀，符合主流价值观念，而如果任由公民仅凭个人喜好随意选取姓氏甚至自创姓氏，则会造成对文化传统和伦理观念的冲击，违背社会善良风俗和一般道德要求。再次，公民依法享有姓名权，公民行使姓名权属于民事活动，应当尊重社会公德，不得损害社会公共利益。通常情况下，在父姓和母姓之外选取姓氏的行为，主要存在于实际抚养关系发生变动、有利于未成年人身心健康、维护个人人格尊严等情形。本案中，"北雁云依"的父母仅凭个人喜好愿望并创设姓氏，具有明显的随意性，因此不应给予支持。

 "基因编辑婴儿"是否可行？

2018 年 11 月 26 日，南方科技大学原副教授贺建奎宣布一对基因编辑婴儿于 11 月在中国健康诞生，这对双胞胎的一个基因（CCR5）经过修改。这一消息迅速激起轩然大波，震动了世界。2018 年 11 月 26 日，国家卫健委回应"基因编辑婴儿"事件，依法依规处理。中国科协生命科学学会联合体发表声明，坚决反对有违科学精神和伦理道德的所谓科学研究与生物技术应用。（据中国法院网 2019 年 12 月 30 日报道、《人民日报》2019 年 12 月 31 日报道）

问："基因编辑婴儿"是否侵犯了公民人格权？

答：是。"基因编辑婴儿"是对公民生命尊严和人格尊严的侵害。基因被编辑个体的实存状态是一种人为干预的结果，是他人目的的体现。也就是说，基因被编辑个体的生命从其出生便被操控，尽管他仍然可能拥有理性，但其所拥有的理性在一定程度上亦是基于他人的意志，而不是以自然的意志

135

为依据。然而，人的尊严的核心在于以人本身为目的，人应该基于自己的自然存在属性自治自决，而不应处于被操控的他治他决的地位。基因被编辑个体的生理特征和先天禀赋预先被其他自由意志主体决定，这种预先决定会在一定程度上限制基因被编辑个体自由意志的实现，进而导致在一定程度上剥夺了基因被编辑个体自由作出选择和行动的机会，由此意味着基因被编辑个体的尊严被先天贬损，同时也引起法律、伦理和道德等方面的问题。

因此，我国《民法典》第 1009 条规定："从事与人体基因、人体胚胎等有关的医学和科研活动，应当遵守法律、行政法规和国家有关规定，不得危害人体健康，不得违背伦理道德，不得损害公共利益。"

防疫隔离中"封城令"是否侵犯了"人身自由"？

2020 年 1 月 23 日上午，在新冠肺炎疫情持续蔓延的情况下，武汉市疫情防控指挥部依据我国现行《中华人民共和国传染病防治法》宣布，全市城市公交、地铁、轮渡、长途客运暂停运营，机场、火车站离汉通道暂时关闭。防疫"封城令"下达后，全国疫情形势得到有效控制。对此，国际社会的大多数评价是积极肯定的，认为是武汉市政府防止新冠病毒扩散到中国其他地区和世界其他国家而采取的紧急措施，是一种负责任的依法施政表现。但仍有个别国家和少数外国政客恶意指责武汉市政府下达"封城令"是剥夺武汉市民人身自由和迁徙自由的行为，是对公民人权的漠视。

问：武汉的"封城令"是否侵犯了市民"人身自由"？

答：不侵犯。首先，生命权、健康权为最基础和根本性的权利。在人的生命权、健康权遭受新冠病毒威胁的重大危机面前，维护生命权、健康权应高于个人自由迁移的行动权利。武汉市发布防疫"封城令"正是基于维护人的生命健康这一最基本的权利。

其次，人格权的行使，应当受权利人意志支配，但是，为了维护社会公共利益和社会安定，协调个人权利与社会利益的冲突、个人权利之间的冲突，公民个人的人格权行使将会受到适当的限制。防疫"封城令"限制人员流动，是为了有效阻断新冠病毒人际传播感染链，而且仅仅是在有限地域（武汉等地）、有限时期（病毒传播期）实施的临时措施，其根本目的是为了维护广大人民群众生命健康和生存发展最大的公共利益。

最后，武汉市"封城令"下达之后，党和政府采取了许多措施，尽可能减少了各方面影响，保障了民众必要的出行、重点物资的运输，更是优先保障了民众的生活物资。同时，全国各地医疗人员和物资大规模地增援湖北和武汉，既有利于救治病人也有利于防止疫情扩散和自身感染。从根本上来说，这是我国党和政府对于当地公民生命权和健康权的高度重视。如果将所谓"人身自由"抽象化、绝对化以及工具化，不仅在政治上是不道德的，而且在法理上也是无逻辑的。

 英雄精神是否属于公共利益?

2013 年 11 月 8 日，洪某在《炎黄春秋》杂志发表了《"狼牙山五壮士"的细节分歧》一文，该文分为"在何处跳崖""跳崖是怎么跳的""'五壮士'是否拔了群众的萝卜"等部分。文章通过援引不同来源、不同内容、不同时期的报刊资料等，对"狼牙山五壮士"事迹中的细节提出质疑。文章发表后，"狼牙山五壮士"的后人认为，该文以历史考据、学术研究为幌子，以细节否定英雄，企图达到抹黑"狼牙山五壮士"英雄形象和名誉的目的。据此，"狼牙山五壮士"的后人于 2015 年 8 月将洪某起诉至法院。（据中国裁判文书网 2016 年 8 月 30 日发布）

问：洪某发表的学术文章是否侵犯了"狼牙山五壮士"的名誉权？
答：是。"狼牙山五壮士"这一系列英雄人物及其精神，已经获得全民族的广泛认同，成为中华民族共同记忆的一部分，是中华民族精神的内核之一，也是社会主义核心价值观的重要内容。民族的共同记忆、民族精神乃至社会主义核心价值观，无论是从我国的历史上看，还是从现行法上看，都已经是社会公共利益的一部分。

因此，在本案中，洪某撰写的文章侵害的不仅仅是"狼牙山五壮士"的个人名誉和荣誉，并且侵害了社会公共利益。尽管案涉文章无明显侮辱性的语言，但通过强调与基本事实无关或者关联不大的细节，引导读者对"狼牙山五壮士"这一英雄人物群体英勇抗敌事迹和舍生取义精神产生怀疑，降低了他们的英勇形象和精神价值。其行为方式符合以贬损、丑化的方式损害他人名誉和荣誉权益的特征。

微信朋友圈诋毁他人是否构成侵害名誉权？

徐某某原系某幼儿园教师，钱某系该幼儿园负责人。2017 年 1 月 10 日，该幼儿园与徐某某解除劳动关系，徐某某在办理离职手续时偷拍了钱某的照片，并于当日下午在微信朋友圈中，以未直接提及该幼儿园的名称及钱某姓名的方式，辱骂、诋毁钱某，引起了大量微信网友特别是徐某原班级幼儿家长的关注。钱某遂以侵害名誉权将其诉至法院。（据中国法院网 2017 年 11 月 14 日报道）

问：徐某某在微信上发表言论的行为是否侵害了钱某的名誉权？

答：是。《民法典》第 1024 条规定："民事主体享有名誉权。任何组织或者个人不得以侮辱、诽谤等方式侵害他人的名誉权。名誉是对民事主体的品德、声望、才能、信用等的社会评价。"根据这一规定，侵害公民名誉权的行为应具有如下法律特征：一是在侵害对象上，被侵害人是特定人。当然不一定要指名道姓，如果所指定的对象是特定环境、特定条件下的具体人，即使没有指名道姓，同样可以构成对他人名誉权的侵害。二是在侵害方式上，主要是以侮辱、诽谤等方式损害公民的名誉。

在本案中，徐某某在微信中虽然未提及照片中拍摄的幼儿园名称及钱某的姓名，但看到徐某某发布信息的受众，基本都是徐某某的亲朋好友及徐某某所带班级的幼儿家长。他们比较熟悉徐某某的工作状况，即使徐某某不明示幼儿园名称及钱某的姓名、工作单位，看到信息的人也是能知晓其所指向的对象，徐某某用侮辱的语言谩骂钱某，已侵害了钱某的名誉权。

7 "家信拍卖"是否侵犯隐私权？

已故著名漫画家丁聪、沈峻夫妇之子丁某，于2016年9月发现古城堡公司经营的"孔夫子旧书网"上出现大量丁聪、沈峻夫妇及其家人、朋友间的私人信件以及丁聪手稿的拍卖信息，涉及大量家庭内部的生活隐私，其中的18封书信和手稿由赵某某拍卖。丁某认为，赵某某未经授权公开丁聪书信和手稿，古城堡公司未对赵某某的出售行为进行审核，构成对丁聪、沈峻夫妇及丁某隐私权的侵犯，遂向法院提起诉讼，请求法院判令二被告停止侵权行为、删除拍卖的书信和手稿、公开赔礼道歉。（据《人民法院报》2019年8月24日报道）

问：赵某某和古城堡公司是否构成对丁聪、沈峻夫妇及丁某隐私权的侵犯？

答：是。书信和手稿可能同时承载物权、隐私权、著作权。家信往往涉及家庭生活和个人感情，具有明显的私密性，很可能涉及个人隐私。本案涉及"名人隐私"保护范围的界定，名人因其特殊身份，隐私权可以被合理限缩，但不等同于私人生活可以被完全曝光，与公共利益无关的私人信息应当受到充分保护。赵某未经授权在交易平台公开展示他人书信及具有自我思想表达内容的手稿，构成对他人隐私的侵害。古城堡公司未加审核、制止赵某某的出售行为，与赵某某承担连带责任。

使用剧照人物形象是否能认定对演员本人肖像权的侵害?

2016 年 7 月 25 日,艺龙网发布商业广告性的微博,微博中所发的图片大部分为《我爱我家》剧中人物纪春生(葛优饰演)在沙发上瘫坐的截图,文字内容直接使用"葛优躺"文字和在图片上标注文字,该微博共使用 7 幅葛优肖像共计 18 次。葛优认为该微博中提到"葛优"的名字,并非剧中人物名称,宣传内容为商业性使用,侵犯了其肖像权,遂将该公司诉至法院。(据中国裁判文书网 2018 年 4 月 16 日发布)

问: 艺龙网是否仍构成对葛优肖像权的侵犯?

答: 是。肖像权,是指自然人对自己的肖像享有再现、使用或许可他人使用的权利,其载体包括人物画像、生活照、剧照等。剧照涉及影视作品中表演者扮演的剧中人物,当一般社会公众将表演形象与表演者本人真实的相貌特征联系在一起时,表演形象亦为肖像的一部分,影视作品相关的著作权与肖像权并不冲突。

《我爱我家》中的"葛优躺"造型确已形成特有网络称谓,并具有一定的文化内涵,但一般社会公众看到该造型时除了联想到剧目和角色,也不可避免地与葛优本人相联系,该表现形象亦构成原告的肖像内容。即便该造型已成为网络热点,商家亦不应对相关图片进行明显的商业性使用,否则仍构成对葛优肖像权的侵犯。

9 "大闹"单位是否侵犯名誉权?

甲与乙 2010 年通过网络相识,之后两人除有数次见面之外,均是通过微信等方式联系。甲认为两人共见面 4 次,并未正式确立恋爱关系,在乙不断要求与其谈恋爱的情况下，正式告知乙其已于 2018 年结婚，但乙自 2018 年 6 月至 2019 年 2 月期间，多次至甲工作的单位，身穿印有甲的名字和"还我公道"文字的衣服在其单位门口静坐、吵闹，向其单位领导反映两人的感情问题，污称两人在宾馆开过房等。甲认为乙的行为影响了其名誉，要求乙停止侵权，赔礼道歉。乙则不予认可，主张两人 2010 年底确定恋爱关系并一直交往，其间二人见面时用乙的证件开房过夜，自 2017 年开始甲冷落自己并屏蔽联系方式，无奈于 2018 年至甲单位找甲，向其单位领导反映，要求给自己一个说法。

问：乙的行为是否构成对甲名誉权的侵害？

答：是的。《民法典》第 1024 条第 1 款规定："民事主体享有名誉权。任何组织或者个人不得以侮辱、诽谤等方式侵害他人的名誉权。"具体来说，侵害名誉权的两类典型侵权行为是"侮辱、诽谤"，即通过恶意的意见表达和虚假的事实陈述损害他人名誉权的行为；行为人具有过错，包括故意或过失。名誉权的损害一般体现为社会公众对受害人的评价下降和精神损害。

本案中，乙身穿印有甲的名字和"还我公道"文字的衣服在其单位门口静坐、吵闹，向其单位领导反映两人的感情问题，并公开提及与甲开房等，其行为一定程度上扰乱了甲及其单位的正常工作秩序。乙自述因感情问题与甲产生矛盾，本应通过合理的方式找甲解决，却多次到其单位反映问题，并导致其单位内对甲社会评价的降低，其行为已构成对甲名誉权的侵害。

10 小区张贴判决书，是否侵犯个人隐私？

丁某与汪某因名誉权纠纷通过法院开庭审理，法院判决丁某在小区和微信群中对汪某发表道歉文章。判决书送达后，汪某在不隐去判决书中丁某个人信息的情况下，擅自将判决书张贴在小区内，并在多家网络平台上公布。知晓不妥后，汪某对判决书进行了撤除、添加技术处理等措施。丁某由此向法院提起诉讼，要求汪某停止侵犯隐私权，公开道歉，赔偿精神损失以及调查费用。

问：汪某的行为是构成对丁某隐私权的侵害还是个人信息的侵犯？

答：是对个人信息的侵犯。《民法典》第1032条规定："自然人享有隐私权。任何组织或者个人不得以刺探、侵扰、泄露、公开等方式侵害他人的隐私权。隐私是自然人的私人生活安宁和不愿为他人知晓的私密空间、私密活动、私密信息。"第1034条规定："自然人的个人信息受法律保护。个人信息是以电子或者其他方式记录的能够单独或者与其他信息结合识别特定自然人的各种信息，包括自然人的姓名、出生日期、身份证件号码、生物识别信息、住址、电话号码、电子邮箱、健康信息、行踪信息等。个人信息中的私密信息，适用有关隐私权的规定；没有规定的，适用有关个人信息保护的规定。"

隐私和个人信息不同。隐私强调私密性，个人信息强调可识别性。个人信息是除去隐私之外作为独立保护客体的信息。个人信息中包括了私密信息，因此，对于私密信息同时也适用隐私权保护的规定。

本案中，丁某个人信息属于《民法典》第1034条规定的个人信息的范畴，不属于《民法典》第1032条规定的私密空间、私密活动、私密信息。汪某侵犯丁某的个人信息受保护的权利，应按照个人信息规范予以保护，而非隐私权。

11 擅自摘取死者眼角膜，是否侵犯身体权？

甲因眼部剧烈疼痛来到市中心医院眼科就诊。经检查，其右眼角膜已出现多处穿孔。医生考虑为甲进行角膜移植手术，但苦于没有供体。一日，了解到该院住院部有一位患者乙因急性心肌梗死猝死，医生遂进入太平间将死者的眼球取出。当日，医生为甲安排了角膜移植手术，手术非常成功。乙的父母在从太平间领取尸体时，发现乙的眼球被人取出，立即向医院和卫生行政部门提出质疑，后以侵害死者乙身体权为由，将中心医院告上法庭。

问：乙的父母能否得到法院支持？

答：可以。《民法典》第 1003 条规定："自然人享有身体权。自然人的身体完整和行动自由受法律保护。任何组织或者个人不得侵害他人的身体权。"第 1006 条规定："完全民事行为能力人有权依法自主决定无偿捐献其人体细胞、人体组织、人体器官、遗体。任何组织或者个人不得强迫、欺骗、利诱其捐献。"

人格权编中规定的身体权和健康权是两个不同的概念，分别指向两种不同的人格权客体，身体权侧重强调身体组织的完整性，而健康权则侧重于身体功能的完整性。在医学领域中，侵害身体权的几种行为方式：（1）对尸体的损害。自然人死亡后，民事权利丧失，但尸体应依法仍受保护。《民法典》第 994 条规定："死者的姓名、肖像、名誉、荣誉、隐私、遗体等受到侵害的，其配偶、子女、父母有权依法请求行为人承担民事责任；死者没有配偶、子女且父母已经死亡的，其他近亲属有权依法请求行为人承担民事责任。"（2）对身体组织的非法保留、占有。医务工作者未得到公民允许，破坏公民身体完整性的行为都构成对身体权的侵害。（3）对身体组织不疼痛的侵害。一般认为，对身体组织的破坏，只要不造成严重的痛楚，不认为是对健康权的侵害，而认为其行为对身体权构成侵害。根据这一标准，构成身体权侵害的行为，一般是对人体无感觉神经分布组织〔头发、眉毛、体毛、指（趾）甲、牙釉质等〕的实施行为。（4）实施过度的外科手术。外科医生的工作，是以较小的代价换取患者的生命和健康。如果医生对不符合适应症的患者实施了过度手术，也是属于身体的侵害。

本案中，医生在未经乙家属同意以及乙生前未明确表明是否捐献其人体器官的情况下，擅自摘取其眼球，破坏身体的完整性，因此构成对乙身体权的侵害。

12 擅用顾客婚纱照做宣传，影楼侵犯肖像权吗？

2012 年 1 月，一婚纱摄影店老板唐某未经陈某、夏某同意，使用二人的婚纱照置于店内做广告宣传。4 个月后，唐某将店面转让他人经营其他生意。但擅自将他人婚纱照用作门面广告宣传一事，被两名当事人发现。陈某、夏某二人认为，唐某侵犯了肖像权，给他们造成精神损害，遂向法院起诉。而唐某认为，自己作为婚纱照摄影作品的权利人，有权自主使用自己的摄影作品。（据中国法院网 2012 年 11 月 30 日报道）

问：唐某的行为是否侵犯了陈某、夏某二人的肖像权？

答：是。《民法典》第 1019 条规定，未经肖像权人同意，不得制作、使用、公开肖像权人的肖像，但是法律另有规定的除外。未经肖像权人同意，肖像作品权利人不得以发表、复制、发行、出租、展览等方式使用或者公开肖像权人的肖像。

本案中，婚纱照作品权利人唐某未经肖像权人的同意，以营利为目的，公开展览陈某、夏某的肖像，侵犯了陈某、夏某二人的肖像权，应承担赔偿损失、赔礼道歉等侵权责任。

第七章

婚姻家庭编：坚守家庭伦理道德

婚姻家庭制度是规范夫妻关系和家庭关系的基本准则。婚姻家庭编为民法典中的第五编，传承了《婚姻法》《收养法》的立法传统，体现了社会主义核心价值观；实现了《婚姻法》《收养法》的法典化回归，完善了我国的婚姻家庭制度，彰显出婚姻家庭立法的连续性、适用性、系统性与科学性。

一、婚姻家庭编的主要内容

在我国，婚姻是经社会制度所确认的、男女两性互为配偶的结合。夫与妻具有同样的基本权利与义务。家庭是以婚姻、血缘和共同经济为纽带而组成的亲属团体和基本生活单元，成员之间也有法定的权利，并承担法定的义务。《民法典·婚姻家庭编》规定的就是夫与妻以及家庭成员的基本权利义务。

1980 年第五届全国人民代表大会第三次会议通过了新的《婚姻法》，2001 年进行了修改。1991 年第七届全国人大常委会第二十三次会议通过了《收养法》，1998 年作了修改。婚姻家庭编以《婚姻法》《收养法》为基础，在坚持婚姻自由、一夫一妻等基本原则的前提下，结合社会发展需要，修改完善了部分规定，并增加了新的规定。婚姻家庭编共 5 章、79 条，主要规定了以下内容。

1 婚姻家庭领域的基本原则和规则

婚姻家庭编第一章对婚姻家庭领域的基本原则和规则作了一般规定，重申了我国婚姻制度的基本原则，即：婚姻自由、一夫一妻、男女平等，强调保护妇女、未成年人、老年人和残疾人的合法权益。

（1）重申了婚姻家庭的禁止性规定，即：禁止包办、买卖婚姻和其他干涉婚姻自由的行为。禁止借婚姻索取财物。禁止重婚。禁止有配偶者与他人同居。禁止家庭暴力。禁止家庭成员间的虐待和遗弃。对于重婚、同居和家暴的禁止性规定，一旦违反，则可能在离婚中面临对无过错方进行损害赔偿的后果，情节特别严重的，还可能触犯《刑法》的相关规定。

（2）规定家庭文明建设。将社会主义核心价值观注入家庭建设中，规定家庭应当树立优良家风，弘扬家庭美德，重视家庭文明建设。

（3）保护未成年人。吸收国际公约中保护儿童利益的基本原则：在《收养法》规定的基础上，为了更好地维护被收养的未成年人的合法权益，将联合国《儿童权利公约》关于儿童利益最大化的原则落实到收养工作中，增加规定了最有利于被收养人的原则，并规定禁止借收养名义买卖未成年人。

（4）界定亲属、近亲属、家庭成员的范围。《民法典》第 1045 条规定："亲属包括配偶、血亲和姻亲。配偶、父母、子女、兄弟姐妹、祖父母、外祖父母、孙子女、外孙子女为近亲属。配偶、父母、子女和其他共同生活的近亲属为家庭成员。"通过规定家庭成员和家风建设，促进家庭关系的稳定，为社会进步和社会发展提供保障，让人民安居乐业，享受幸福安康的生活。

 结婚制度

婚姻家庭编第二章规定了结婚制度，规定结婚应当男女双方完全自愿，禁止任何一方对另一方加以强迫，禁止任何组织或者个人加以干涉，并规定了结婚的年龄条件、应履行的程序等。同时，婚姻家庭编对婚姻无效和可撤销的情形、胁迫结婚中请求撤销的诉讼时效、无过错方的权利相关规定进行了完善。

一是不再将"婚前患有医学上认为不应当结婚的疾病，婚后尚未治愈的"作为婚姻无效的情形，但相应地在《民法典》第 1053 条增加第 1 款："一方患有重大疾病的，应当在结婚登记前如实告知另一方；不如实告知的，另一方可以向人民法院请求撤销婚姻。"二是明确因胁迫结婚的，受胁迫一方请求撤销婚姻的期间起算点由"自结婚登记之日起"修改为"自胁迫行为终止之日起"。三是增加《民法典》第 1054 条第 2 款，规定："婚姻无效或者被撤销的，无过错方有权请求损害赔偿。"

3 夫妻关系、父母子女关系和其他近亲属关系

婚姻家庭编第三章完整规定了基于亲属关系的身份权制度，构建了包括配偶权、亲权和亲属权在内的身份权体系。其中第一节规定的是夫妻关系中的配偶权，第二节规定的是父母子女关系和其他近亲属关系中的亲权和亲属权。

（1）规定夫妻共同亲权原则。《民法典·总则编》第 26 条第 1 款规定："父母对未成年子女负有抚养、教育和保护的义务。"这是共同亲权原则的基本要求。在此基础上，《民法典》第 1058 条确立了共同亲权原则的具体规则，即："夫妻双方平等享有对未成年子女抚养、教育和保护的权利，共同承担对未成年子女抚养、教育和保护的义务。"

（2）规定家事代理权。《民法典》第 1060 条规定了夫妻之间的家事代理权，进一步完善了配偶权的内容。在处理日常家庭事务之时，夫妻互为代理人，互有代理权。因此，只要是家事上的开支，夫或妻任何一方都有单独的处理权，可以与第三人实施一定的法律行为；无论对方对该代理行为知晓与否、追认与否，夫妻双方均应对该行为的法律后果承担连带责任。

（3）明确夫妻共同债务的范围。尽管《婚姻法》中没有对夫妻共同债务的范围作出规定，但在司法解释和司法实践中，往往对夫妻共同债务存在不同认识，也导致夫妻共同债务问题成为近年来社会关注的热点问题。2018年 1 月发布的《最高人民法院关于审理涉及夫妻债务纠纷案件适用法律有关问题的解释》修改了此前的规定，明确夫妻共同债务的认定规则，并合理分配举证证明责任，目的就是为了平衡保护各方当事人的合法权益。民法典吸收了该司法解释的相关内容，并在第 1064 条中再次明确了夫妻共同债务的范围，同时在第 1065 条第 3 款中规定了例外情形，即："夫妻对婚姻关系存续期间所得的财产约定归各自所有，夫或者妻一方对外所负的债务，相对人知道该约定的，以夫或者妻一方的个人财产清偿。"

（4）规范亲子关系确认和否认之诉。亲子关系问题涉及家庭稳定和未成年人的保护。作为民事基本法律，《民法典》第 1073 条对此类问题进行了规范。但同时，为更好维护家庭关系，避免成年子女通过否认亲子关系来逃避对父母的赡养义务，民法典也提高了亲子关系确认或否认之诉的门槛，规定成年子女需要有正当理由才能提起亲子关系的确认之诉，并对成年子女提起亲子关系否认之诉予以限制。

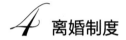

4 离婚制度

婚姻家庭编第四章共计 17 条，在《婚姻法》的基础上，对离婚的条件等作出了一般性规定，其中重点内容如下。

（1）登记离婚的离婚冷静期制度。《民法典》第 1077 条规定了提交离婚登记申请后三十日的离婚冷静期，在此期间，任何一方可以向婚姻登记机关撤回离婚登记申请。离婚冷静期届满后，双方仍自愿离婚的，"双方应当亲自到婚姻登记机关申请发给离婚证；未申请的，视为撤回离婚登记申请"。

（2）对离婚诉讼中出现的"久调不判"问题加以规定。在诉讼离婚中，夫妻感情破裂是法院判决离婚的条件，但当事人很难提供夫妻感情已破裂的证据，法院也很难仅凭借双方当事人的言辞表述就认定夫妻感情是否破裂。因此，实践中出现了当事人数次诉讼离婚均未离成的情况。针对这种情形，增加《民法典》第 1079 条第 5 款规定，即："经人民法院判决不准离婚后，双方又分居满一年，一方再次提起离婚诉讼的，应当准予离婚。"

（3）离婚后子女抚养的规定。《民法典》第 1084 条将《婚姻法》规定的"哺乳期内的子女，以随哺乳的母亲抚养为原则"修改为"不满两周岁的子女，以由母亲直接抚养为原则"，可操作性大大增强。同时，增加规定法院在判决子女抚养权时，应当按照最有利于未成年子女的原则，子女已满八周岁的，应当尊重其真实意愿。如果子女的选择明显对其不利的，出于对未成年人利益的保护，法院也可以将抚养权判归另一方所有。

（4）对家庭负担较多义务一方权益的保护制度。将夫妻采用法定共同财产制也纳入适用离婚经济补偿的范围。《民法典》第1088条规定："夫妻一方因抚育子女、照料老年人、协助另一方工作等负担较多义务的，离婚时有权向另一方请求补偿，另一方应当给予补偿。具体办法由双方协议；协议不成的，由人民法院判决。"

5 收养制度

婚姻家庭编第五章在吸收《收养法》的基础上，对收养关系的成立、收养的效力、收养关系的解除作出了规定，进一步完善了有关制度。

（1）扩大被收养人的范围。《民法典》第1093条删除原来《收养法》第4条中被收养的未成年人仅限于不满14周岁的限制，修改为符合条件的未成年人均可被收养，这弥补了原本14周岁以上的未成年人不能被收养的遗憾，有助于满足收养的多元需求与价值期待。

（2）调整收养子女的数量。收养立法与我国的生育政策息息相关，随着"二孩"政策的全面放开，《民法典》第1098条将《收养法》中收养人须"无子女"的要求修改为收养人"无子女或者只有一名子女"。同时，第1100条进一步明确了可以收养子女的数量："无子女的收养人可以收养两名子女；有子女的收养人只能收养一名子女。"

（3）体现性别平等的收养观念。为保障收养人和被收养人的合法权益，建构遵循伦理、平等有序的收养关系，《民法典》第1102条修正了《收养法》第9条关于"无配偶的男性收养女性的，收养人与被收养人的年龄应当相差四十周岁以上"的规定，将其改为"无配偶者收养异性子女的，收养人与被收养人的年龄应当相差四十周岁以上"，目的是在双向保护被收养人和收养人的收养利益的同时，推进收养关系中的性别平等。

（4）降低被收养人同意的年龄。将征得被收养人同意的年龄由十周岁修改为八周岁。在《民法典》第 19 条中，将限制民事行为能力人的年龄规定为八周岁以上，因此，《民法典》第 1104 条中也做了相应修改。八周岁以上的未成年人为限制民事行为能力人，可以独立实施与其年龄、智力相适应的民事法律行为，自主表示自己是否愿意被收养。

（5）强化对被收养人利益的保护。这体现在两点，第一，在《民法典》第 1098 条收养人的条件中增加第（四）项规定："无不利于被收养人健康成长的违法犯罪记录。"第二，在《民法典》第 1105 条增加第 5 款，规定民政部门应当依法进行收养评估。开展收养评估，有助于"未成年人利益的最大化"原则的落实，有助于为被收养人创造一个良好的抚养、教育环境，确保其健康成长。这也是本章的立法亮点之一。

二、婚姻家庭编的学习运用

民法典是调整平等主体之间的人身关系和财产关系的民事基本法律，是一部"社会生活的百科全书"。在这本全书中，婚姻家庭编调整因婚姻家庭产生的民事关系，包括人身关系与财产关系，是民法典的重要组成部分，在弘扬社会主义核心价值观、落实男女平等的宪法原则、保护妇女基本权益方面发挥着不可替代的重要作用。党员干部作为社会的一分子，同样要认真学习关于婚姻家庭的各项规定，处理好自己的婚姻和家庭关系。

1　注重家庭家教家风建设

婚姻家庭编在编纂中注重体现中国婚姻家庭文化的特色和理念，重视婚姻家庭关系的人伦本质和人文关怀，以实现稳定婚姻家庭关系、维护社会和谐稳定的立法目的。因此，其在宏观上满足两个层面的价值：第一，尊重和满足婚姻主体的需要；第二，维护社会稳定发展的需要。为了贯彻落实习近平总书记有关加强家庭文明建设的重要讲话精神，进一步弘扬中华民族传统美德，提倡文明进步的婚姻家庭伦理观念，推进家风建设和家庭美德建设，促进社会和谐健康发展，在《婚姻法》的基础上，民法典增加了第1043条第1款"树立优良家风、弘扬家庭美德，重视家庭文明建设"的规定，进一步强化了社会主义核心价值观在婚姻家庭中的引领导向作用。

党员领导干部的家风，具有强大的渗透力和影响力。党员领导干部家风正，一方面可以潜移默化地规范家庭成员的言行举止，促进家庭兴旺美满；另一方面，也会起到上行下效的示范作用，带动形成良好风气。党员领导干部家风不正、家教不严，就有可能助长配偶、子女及其他亲属利用领导干部的权力牟取私利，甚至将党员领导干部本人带入违纪违法的深渊，损害党在群众心目中的形象，影响党群干群关系。

党员领导干部的家风直接关系到党风政风，因此，除了国法上的规定，党纪也对党员领导干部的家风建设作出了具体要求。《中国共产党纪律处分条例》第136条规定："党员领导干部不重视家风建设，对配偶、子女及其配偶失管失教，造成不良影响或者严重后果的，给予警告或者严重警告处分；情节严重的，给予撤销党内职务处分。"这对党员领导干部提出了更高更严的建设标准。党员干部，特别是领导干部必须重视家庭家风家教，一是对标对表《民法典》第1043条中的优良家风的两项基本准则，即"夫妻应当互相忠实，互相尊重，互相关爱；家庭成员应当敬老爱幼，互相帮助，维护平等、和睦、文明的婚姻家庭关系"，开展家风建设。二是以中华优秀传统文化、家规家训为抓手，通过言传身教，持之以恒从严治家。

把握性别平等原则

平等作为民法典的基本原则之一，集中反映了民法典所调整的社会关系的本质特征，是全部民事法律制度的基础与核心，落实到婚姻家庭编，平等原则体现为婚姻制度中男女平等（《民法典》第 1041 条）、婚姻家庭关系中夫妻地位平等（《民法典》第 1055 条）、对夫妻共同财产的处理权平等（《民法典》第 1062 条），这也是现代人权理念在婚姻家庭方面的体现。

第一，在婚姻关系方面，结婚和离婚的条件、程序及其相应的权利、义务、责任对男女双方同等适用。

第二，在父母子女关系方面，父母子女间的权利义务对不同性别的家庭成员平等适用。

第三，在其他近亲属关系方面，兄弟姐妹、祖父母与外祖父母、孙子女与外孙子女的权利义务平等适用。

第四，对于共同财产，夫或妻有平等的处理权。

此外，《民法典·婚姻家庭编》坚持实质平等原则，对特殊时期女性的身心保护作出了倾斜性规定，如《民法典》第 1082 条规定了在特定时期限制男方提出离婚诉讼，第 1087 条规定了照顾女方权益是法院判决分割夫妻共同财产的原则之一。

 把握夫妻共同债务范围的规定

在 2001 年《婚姻法》的修订中，将第 41 条改为："离婚时，原为夫妻共同生活所负的债务，应当共同偿还。共同财产不足清偿的，或财产归各自所有的，由双方协议清偿；协议不成时，由人民法院判决。"本条仅保留了"夫妻共同债务共担"的原则，而没有对夫妻一方举债的认定作出规定，导致在司法实践中出现了较多夫妻一方以自己对另一方负债不知情为由，规避向债权人履行偿还债务的义务，甚至通过离婚恶意转移财产给另一方，借此逃避债务的案件。

为了保障交易安全和市场秩序，保护债权人利益，避免通过离婚恶意逃债的情形，2003年制定出台了《最高人民法院关于适用〈中华人民共和国婚姻法〉若干问题的解释（二）》。其中，第24条确定了"夫妻共同债务推定"的认定规则，即："债权人就婚姻关系存续期间夫妻一方以个人名义所负债务主张权利的，应当按夫妻共同债务处理。但夫妻一方能够证明债权人与债务人明确约定为个人债务，或者能够证明属于婚姻法第十九条第三款规定情形的除外。"这使得在随后的几年间，又出现了一些"夫借妻还"或"妻借夫还"，另一方被迫共同承担高额债务，甚至是非法债务、虚假债务的情形。

2018年1月发布的《最高人民法院关于审理涉及夫妻债务纠纷案件适用法律有关问题的解释》，明确了夫妻共同债务的认定以"共债共签"为基本原则，强调共同受益，并规定了债权人对超出家庭日常生活的债务主张夫妻共同债务的，应当承担举证责任。新司法解释实现了各方利益的平衡：一方面保护了债权人的经济利益；另一方面也避免损害婚姻关系中未举债一方的合法权益。

在吸收2018年司法解释的基础上，《民法典》第1064条进一步明确了认定夫妻共同债务的标准，妥善协调与平衡了债权人、举债人、未举债一方的利益关系，正确处理了各方当事人的举证责任，保障了婚姻当事人对共同债务的决定权和同意权，基本上解决了司法实践中未举债一方"被负债"的问题。夫妻共同债务的认定标准如下：

一是夫妻双方共同签字确认的债务属于夫妻共同债务。

二是夫妻一方签字举债，但另一方以事后追认等共同意思表示认可该债务的，属于夫妻共同债务。

三是夫妻一方在婚姻关系存续期间以个人名义为家庭日常生活需要所

负的债务，无论另一方是否签字或事后追认，都属于夫妻共同债务。

四是夫妻一方在婚姻关系存续期间以个人名义超出家庭日常生活需要所负的债务，不属于夫妻共同债务。只有债权人举证证明，该债务用于夫妻共同生活、共同生产经营或基于夫妻双方共同意思表示，才能被认定为是夫妻共同债务。

民法典对于夫妻共同债务的认定也将影响债权人、举债方及非举债一方的行为：

首先，债权人应当审慎审查，尽可能保障债权安全、降低风险。出借款项前，债权人应当考察举债人个人的偿还能力、婚姻情况和家庭经济状况，并通过借款目的，明确债务是举债方的个人债务还是夫妻共同债务。如果是作为夫妻共同债务，债权人可以采取让夫妻双方共同签署借款合同或借条，或者让非举债一方通过电话、短信、微信、邮件等方式，明确表示其与举债方有共同借款的合意或是进行事后追认，进而免除债权人对夫妻共同债务的举证责任。

其次，举债方应当明确借款用途，明确表示债务由个人承担还是夫妻共同承担。若债务已经形成，确不属于夫妻共同债务的，应当搜集和保留证据证明借款并非用于夫妻共同生活、共同生产经营。同时告知非举债一方债务实情，请其谨慎对待，避免追认债务。

最后，非举债一方应当尽可能了解配偶的借款行为，审慎签署借款协议或作出追认的意思表示，否则将面临承担共同还款的法律责任。一旦承认是夫妻共同债务，除非有证据证明被欺诈、胁迫、显失公平等法定情形，否则将无法避免承担共同还款的责任。如果非举债一方认为该债务并非夫妻共同债务，需要举证证明该债务并非用于家庭日常生活或共同生产经营。

 把握离婚冷静期制度

离婚冷静期是民法典对我国登记离婚程序的重要改革。其实，早在

1994 年民政部颁布实施的《婚姻登记管理条例》第 16 条就规定："婚姻登记管理机关对当事人的离婚申请进行审查，自受理申请之日起一个月内，对符合离婚条件的，应当予以登记，发给离婚证，注销结婚证。当事人从取得离婚证起，解除夫妻关系。"但这里的一个月为婚姻登记机关对离婚申请开展审查的时间。在 2003 年施行的《婚姻登记条例》第 13 条中，简化了离婚登记程序，删除了婚姻登记机关对离婚进行审查的规定，相应修改为："婚姻登记机关应当对离婚登记当事人出具的证件、证明材料进行审查并询问相关情况。对当事人确属自愿离婚，并已对子女抚养、财产、债务等问题达成一致处理意见的，应当当场予以登记，发给离婚证"。当前我国离婚数量和离婚率不断攀升，轻率离婚的现象不断增多，不利于婚姻家庭关系与社会的稳定，因此，民法典在制度设计中增设了离婚冷静期，目的就是通过适当限制促使当事人慎重考虑是否结束婚姻关系，避免草率离婚。30 日届满后，双方当事人亲自到婚姻登记机关申请的，婚姻登记机关就会发给离婚证。因此，这 30 日为自然的期间经过，不是婚姻登记机关的审查期间，也不适用法律上其他期间中断、中止的相关规定。

离婚双方当事人在第一次向婚姻登记机关提交离婚登记申请时，实际上已经就子女抚养、共同财产分割、共同债务承担等形成了协议。离婚冷静期是请双方慎重考虑解除婚姻关系，在该期间内，此前已经形成的离婚协议不能单方变更。如果一方在离婚冷静期内有转移或藏匿夫妻共同财产的行为，另一方可以撤回离婚登记申请，改为诉讼离婚并积极搜集相关证据，维护其合法的财产权益。

党员干部特别是做基层工作的党员干部，在调解婚姻纠纷之时，可以善用巧用离婚冷静期。在离婚冷静期中，党员干部应主动与坚持离婚的当事人开展沟通，对其加强感情疏导或是思想教育，帮助当事人找寻婚姻生活中的甜蜜回忆，帮助当事人意识到婚姻中的问题，帮助当事人冷静思考慎重决定，令其判断自己是否能真正离开对方、是否要真正结束婚姻，从而避免冲动式离婚。

把握离婚家务劳动经济补偿制度

《民法典》第1088条取消了《婚姻法》中以夫妻分别财产制为基础的离婚家务劳动经济补偿，重构了离婚家务劳动经济补偿制度，这也是婚姻家庭编的亮点之一。

在2001年修订的《婚姻法》第40条，出于保护妇女权益的目的，根据家务劳动主要由妇女承担的社会现实，增设了家务劳动经济补偿制度，但这种补偿的获得以书面约定婚姻关系存续期间所得的财产归各自所有为前提。司法实践中，由于夫妻很少采取分别财产制，导致在离婚诉讼案件中，该条很少适用。《民法典·婚姻家庭编》第1088条删除了夫妻分别财产制的必要条件，规定只要夫妻一方因抚育子女、照料老年人、协助另一方工作等负担较多义务的，在离婚时，就有权向另一方请求补偿，另一方也应当给予补偿。在一方因承担较多家庭义务，导致其人力资本贬损，或是另一方人力资本增值的情况下，民法典通过在离婚时赋予付出较多一方请求补偿的权利，来确保实现实质平等与实质公平的立法目标。同时，民法典还通过第1088条的规定倡导家庭成员和整个社会应当充分认识到家务劳动对家庭美满幸福、社会和谐稳定的重要作用与重大价值。

在适用《民法典》第1088条时，需要抓住以下五点：第一，只有在离婚之时，才有适用家务劳动经济补偿制度的问题。第二，夫妻一方因抚育子女、照料老年人、协助另一方工作等已经承担了较多义务。第三，无论夫妻采取何种财产制，都可以适用家务劳动经济补偿制度。第四，具体补偿办法可由离婚双方当事人协商，达不成协议的，由法院判决。第五，对付出家务劳动较多一方的经济补偿，不影响其按照《民法典》第1090条、第1091条同时请求离婚经济帮助和无过错方损害赔偿的权利。

三、婚姻家庭编有关案例问答

1 夫或妻有权超出日常生活需要，单方擅自处分夫妻共同财产吗？

2007 年张女士与王先生登记结婚，婚前张女士名下有房产一套，无贷款。婚后，张女士因发生交通事故左小腿截肢，获赔医疗费、残疾人生活补助等共 20 万元。2013 年，两人购买某市房产一套，登记在王先生名下。2015 年，王先生到另一城市做项目，与李女士一见钟情并同居。2017 年，王先生与李女士分手并向李女士转账 200 万元作为感情补偿。

问：张女士可否追回王先生向李女士转账的 200 万元？

答：可以。夫妻关系存续期间，夫妻双方对共同财产均享有所有权。王先生与张女士没有对婚姻存续期间的财产作出特殊约定，应当认为两人采取法定共同财产制。夫妻任何一方非因日常生活需要处分夫妻共同财产时，应当协商一致，任何一方无权单独处分夫妻共同财产。夫妻一方超出日常生活需要擅自处分共同财产的，该处分行为应认定为无效。王先生向李女士的转账行为，未经张女士同意，属于王先生擅自处分夫妻共同财产，损害了张女士的利益。王先生与李女士同居的行为有悖于公序良俗，王先生向李女士的转账赠与行为无效。张女士可以主张李女士返还其取得的 200万元。

如果张女士与王先生离婚，可以分得哪些财产？《民法典》第 1063 条规定："下列财产为夫妻一方的个人财产：（一）一方的婚前财产；（二）一方因受到人身损害获得的赔偿或者补偿；（三）遗嘱或者赠与合同中确定只归一方的财产；（四）一方专用的生活用品；（五）其他应当归一方的财产。"按照该条规定，张女士婚前购买的房产属于其婚前财产，以及张女士婚后获赔的医疗费、残疾人生活补助等共 20 万元，均为其个人财产。某市的房产属于两人婚内购买，与可追回的 200 万元一样，均属于夫妻共同财产，离婚时应予分割。此外，《民法典》第 1091 条规定："有下列情形之一，导致离婚的，无过错方有权请求损害赔偿：（一）重婚；（二）与他人同居；（三）实施家庭暴力；（四）虐待、遗弃家庭成员；（五）有其他重大过错。"本案中，张女士作为无过错方，有权在提出离婚的同时请求损害赔偿，要求多分夫妻共同财产。张女士在提出离婚时，还有权主张损害赔偿。

 父母可以以婚姻之名收取女儿的彩礼吗？

2012 年，刘女士（22 岁）与张先生（46 岁）经人介绍后恋爱，刘女士之父老刘坚决不同意，并提出两人如若交往，张先生必须要给 100 万元彩礼钱。后在亲属见证下，张先生向刘女士支付了 100 万元彩礼，老刘表示其女年纪尚小，100 万元巨款由老刘保管，并以老刘名义存入银行。2015 年刘女士与张先生结婚。

（1）问：刘女士可向其父老刘要回这 100 万元吗？

答：可以。尽管《民法典》第 1042 条第 1 款规定禁止包办、买卖婚姻和其他干涉婚姻自由的行为。禁止借婚姻索取财物。但事实上，彩礼在我国的很多地方尤其是农村地区依然很盛行。所谓彩礼，是婚恋中男方给女方的聘礼或礼金，其赠与对象是恋人或妻子，而非女方的父母。因此，除非张先生明确表示彩礼是给老刘的，否则刘女士可以要求老刘将收取的彩礼返还给自己。

（2）问：2016 年张先生与刘女士因年龄差距过大、没有共同语言、两人情感破裂为由离婚。张先生提出当初给刘女士的彩礼中，有 40 万元是其向朋友的借款，要求刘女士返还。刘女士需要返还这部分彩礼么？

答：不一定。目前，返还彩礼的情形一般有三种：第一，双方未办理结婚登记手续的；第二，双方办理结婚登记手续但未共同生活的；第三，婚前给付并导致给付人生活困难的。以第二项、第三项理由要求返还彩礼的，应当以离婚为前提。本案中，张先生与刘女士已经结婚生活，是否需要返还彩礼需要判定支付彩礼是否导致张先生生活困难，这需要结合张先生的收入情况、经济能力、当地婚嫁风俗等综合判定。如果张先生能够证明自己无能力偿还这40万元借款且生活困难，则刘女士需要将这部分彩礼还给张先生。

3 身世之谜如何解？

23岁的小张在工作期间发生车祸被送到医院抢救需要输血。此时，老张发现小张血型为AB型，而自己为O型血，遂对小张是否是自己的儿子产生了怀疑。

问：老张能否向法院要求否认其与小张的亲子关系？

答：可以。《民法典》第1073条第1款规定："对亲子关系有异议且有正当理由的，父或者母可以向人民法院提起诉讼，请求确认或者否认亲子关系。"老张如有正当理由可以向法院请求确认其与小张的亲子关系。

如果小张恢复健康后，也对自己的身世产生了怀疑，想要知道自己的亲生父亲究竟是谁，他认为自己的父亲可能是母亲的战友老王，小张能否向法院请求确认其与老王的亲子关系？这个也是可以的。《民法典》第1073条第2款规定："对亲子关系有异议且有正当理由的，成年子女可以向人民法院提起诉讼，请求确认亲子关系。"因此，小张可以向法院提出确认其与老王亲子关系的诉讼请求。

丈夫挥霍夫妻共同财产并举债给情人购置财产，怎么办？

　　王先生与秦女士于 2010 年在 A 市登记结婚并安家，两人均系初婚，婚后无子女。2018 年王先生到 B 市做工程认识了李女士，并与李女士同居，并用工资、奖金等共计 80 万元为李女士购置 LV 包、名贵珠宝并支付李女士参加欧洲豪华邮轮游的费用。2019 年，王先生向小额信贷公司借款 100 万元为李女士购买保时捷卡宴车一辆。此时，秦女士发现王先生与李女士同居及为其消费举债的事实。

　　问： 秦女士应当如何保护自身的合法权益？

　　答： 第一，秦女士可以在婚姻关系存续期间，向法院请求分割其与王先生的共同财产。根据《民法典》第 1066 条，如果夫妻"一方有隐藏、转移、变卖、毁损、挥霍夫妻共同财产或者伪造夫妻共同债务等严重损害夫妻共同财产利益的行为"，另一方可以向人民法院请求分割共同财产。第二，秦女士可以主张离婚，并要求王先生不分或少分夫妻共同财产，同时，还可以要求损害赔偿。一方面，根据《民法典》第 1092 条，"夫妻一方隐藏、转移、变卖、毁损、挥霍夫妻共同财产，或者伪造夫妻共同债务企图侵占另一方财产的，在离婚分割夫妻共同财产时，对该方可以少分或者不分。离婚后，另一方发现有上述行为的，可以向人民法院提起诉讼，请求再次分割夫妻共同财产"。另一方面，根据《民法典》1091 条，因重婚，与他人同居，实施家庭暴力，虐待、遗弃家庭成员或有其他重大过错导致离婚的，无过错方可以请求损害赔偿。此外，在分割夫妻共同财产与处理夫妻共同债务时，因王先生向小额信贷公司借款的 100 万元并非用于其与秦女士的家庭生活，应当作为王先生的个人债务处理。

父母出资给小夫妻购房的，该房属于夫妻共同财产吗？

王女士与张先生于 2018 年 3 月结婚，2017 年底，王女士父母出资 100 万元作为首付款购买房产 A 一套并登记在王女士名下，并贷款 50 万元。2019 年，王女士与张先生购买房产 B，其中王女士父亲出资 50 万元，张先生母亲出资 100 万元，另贷款 150 万元。房产 B 登记在张先生名下。2020 年 1 月，王女士与张先生因感情破裂而离婚。

问：房产 A 与房产 B 属于夫妻共同财产吗，应当如何分割？

答：房产 A 属于小夫妻婚前一方父母出资首付款购买的房产，并且登记在出资方女儿的名下，尽管由夫妻二人共同还贷，但离婚时，一般根据产权登记确定房屋归属，即房产 A 归王女士所有。同时王女士也应当承担剩余贷款。对在婚姻存续期间内王女士与张先生共同偿还贷款的本金及利息，以及相对应的房屋增值部分，可以由王女士对张先生进行补偿。房产 B 属于婚后双方父母出资为小夫妻购买的房产，尽管登记在张先生名下，但一般按照夫妻共同财产处理。房产 B 可认定为小夫妻按照各自父母的出资份额按份共有。在离婚分割夫妻共同财产时，可以由张先生向王女士按照其所占比例进行补偿。

 再婚夫妻如何处理婚后财产及与继子女的关系？

王女士名下有两套住房并经营一家餐厅，张先生为某市机关某处处长。后王女士与张先生恋爱，但双方均系离异人士，王女士无子女，张先生与其前妻育有一子小张，13 岁，随张先生生活。现王女士想与张先生登记结婚。

（1）问：如果小张反对其父与王女士结婚，那么张先生与王女士结婚必须得到小张的同意吗？

答：不用。《民法典》第1069条规定："子女应当尊重父母的婚姻权利，不得干涉父母离婚、再婚以及婚后的生活。子女对父母的赡养义务，不因父母的婚姻关系变化而终止。"因此，尽管小张反对，张先生和王女士仍可按照自身意愿登记结婚。

（2）问：王女士可以与张先生约定婚前财产及婚后的各自收入等归各自所有吗？

答：可以。根据《民法典》第1065条的规定，男女双方可以约定婚姻关系存续期间所得的财产以及婚前财产归各自所有、共同所有或者部分各自所有、部分共同所有。约定应当采用书面形式。因此，王女士可以与张先生以书面协议的形式约定婚姻关系存续期间所得财产以及婚前财产归各自所有。

（3）问：如果两人约定婚后财产归各自所有，家庭生活中的支出共同负担，那么张先生作为公务员，在申报个人财产之时，还需要一同申报王女士的财产吗？

答：首先，张先生在婚后需要立即向组织汇报个人婚姻及家庭成员的变动情况。其次，张先生需要主动向组织说明，其与王女士已书面约定两人婚前财产及婚后的各自收入等归各自所有，必要时将书面协议提交相关部门留存。最后，按照组织的要求如实填报领导干部个人事项报告。

（4）问：婚后，王女士以双方约定婚姻关系存续期间所得归各自所有为由，拒绝支付小张读初中的费用，这样做可以吗？

答：不可以。根据《民法典》第1058条和第1072条，夫妻双方平等享有对未成年子女抚养、教育和保护的权利，并应当共同承担对未成年子女的抚养、教育和保护的义务。继父或继母和受其抚养教育的继子女间的权利义务关系，适用关于父母子女关系的相关规定。本案中小张与王女士共同生活，因此，作为继母，王女士应当支付小张读书的费用。

7 军官诉讼离婚中有哪些限制？如何确定其子女的抚养权？

白先生为现役军官。2007年，洪女士与白先生经人介绍相恋结婚，两人之子小白于2010年1月出生。2020年，两人之女小洪出生。在洪女士怀孕与生育小洪期间，因家庭琐事与白先生的母亲和白先生先后发生多次争吵。

（1）问：在小洪3个月大时，白先生可以向法院起诉要求离婚吗？

答：不可以。根据《民法典》第1082条的规定，女方在怀孕期间、分娩后一年内或者终止妊娠后六个月内，男方不得提出离婚。鉴于该案例的实际情况，小洪出生不久，洪女士正处于哺乳期，因此，即使白先生向法院起诉，法院也会判决不准离婚。

（2）问：在法院判决不准离婚后，洪女士与白先生的母亲再次发生争吵，这次，洪女士向法院提出离婚请求，法院将如何处理？

答：如果白先生同意离婚，法院将判决准予离婚。《民法典》第1081条规定："现役军人的配偶要求离婚，应当征得军人同意，但是军人一方有重大过错的除外。"同时，根据第1082条的规定，女方在怀孕期间、分娩后一年内或者终止妊娠后六个月内，如果女方提出离婚，人民法院调解无效，确认双方感情破裂，将判决准予离婚。本案中，由于白先生是现役军官，离婚需要征得其同意。尽管白先生曾提出过离婚，但在洪女士要求离婚后，仍须进一步明确白先生此时是否具有结束婚姻关系的意愿。如果两人感情破裂，白先生仍想离婚且调解无效，法院将判决准予离婚。

（3）问：洪女士与白先生子女的抚养权归谁所有？

答：《民法典》第1084条第3款规定："离婚后，不满两周岁的子女，以由母亲直接抚养为原则。已满两周岁的子女，父母双方对抚养问题协议不成的，由人民法院根据双方的具体情况，按照最有利于未成年子女的原则判决。子女已满八周岁的，应当尊重其真实意愿。"本案中，小洪因不满两周岁，应由洪女士抚养。小白已满十周岁，如果洪女士与白先生对小白的抚养权没有达成一致，法院将在征求小白的意见的基础上，综合考量洪女士与白先生的收入、教育情况、家庭环境等因素后决定由谁抚养小白。同时，不具有抚养权的一方具有探视子女的权利。

（4）问：法院判决准予两人离婚后，还需要经过离婚冷静期吗？

答：离婚冷静期仅适用于登记离婚的情形。根据《民法典》第 1080 条，离婚判决书生效后，即解除婚姻关系。因此，本案中，双方可持法院生效判决亲自到婚姻登记机关直接申请发给离婚证，无须经历 30 天的离婚冷静期。

收养子女应当符合哪些条件？

"80 后"赵女士与司先生于 2010 年结婚，两人均为甲县公务员，婚后两人一直未能有子女。现在，赵女士想收养一名子女。在农村居住的张女士与王先生有 3 个女儿，因家庭贫困，张女士想将 3 岁的小女儿小王送养，遂直接将小女儿小王送至赵女士家。

（1）问：赵女士对小王的收养合法么？

答：不合法。首先，《民法典》第 1101 条规定："有配偶者收养子女，应当夫妻共同收养。"如赵女士决定收养子女，应当征得司先生的同意，与司先生一起收养。其次，根据《民法典》第 1104 条，"收养人收养与送养人送养，应当双方自愿"。所收养的子女的亲生父母必须自愿且同意将子女送给他人抚养，张女士应当与王先生共同决定是否将小王送养。最后，《民法典》第 1105 条规定："收养应当向县级以上人民政府民政部门登记。收养关系自登记之日起成立。"未办理收养登记的，收养关系不能成立。张女士、王先生与赵女士、司先生应一同到甲县民政部门办理收养登记。同时，如双方当事人愿意签订收养协议或者办理收养公证的，可以办理相应手续。

(2) 问：赵女士的同事刘先生今年 35 岁，离异无子女。他听说收养小王的事情后，也想收养一名女童，他符合收养女童的条件吗？

答：不符合。《民法典》第 1102 条规定："无配偶者收养异性子女的，收养人与被收养人的年龄应当相差四十周岁以上。"刘先生的年龄不符合要求，因此不能收养女童。如果他具有抚养、教育和保护被收养人的能力，未患有在医学上认为不应当收养子女的疾病、没有不利于被收养人健康成长的违法犯罪记录，符合《民法典》第 1098 条的条件，可以收养一名男童。

9 "以身相许"就不用还债了吗？

刘女士经营一家男装店，因资金周转出现问题，欠了一堆外债。刘女士遂找到经常到店里消费的陈先生借款。短短两月，刘女士向陈先生先后借款共计 10 万元并出具了借条。刘女士年轻貌美，陈先生成熟稳重，由于交往日渐频繁，两人相聊甚欢，感情日益升温。刘女士觉得陈先生收入稳定，对自己花钱大方，不如"以身相许"。陈先生大刘女士 10 岁，对刘女士甚是喜爱。两人遂于 2019 年 1 月办理了结婚登记。此后的 1 个月内，陈先生为表心意，数次通过微信转账几百元或者几千元给刘女士，转账金额共计 1 万元，还将 10 万元的借条还给了刘女士。2019 年 3 月初，刘女士突然与陈先生分居并以死相逼要求离婚，后又诉至法院，要求离婚并依法分割财产。

问：陈先生可以主张要回其给刘女士的 11 万元吗？

答：可以要回 10 万元，因为陈先生婚前向刘女士转账的 10 万元属于婚前个人财产，刘女士借款用于偿还其婚前个人债务。首先，我国实行婚姻自由、男女平等的婚姻制度，法律上并没有夫妻一方因结婚就可以从另一方当然获益的法律规定。其次，双方也没有关于清偿刘女士婚前债务的约定。因此，这 10 万元属于刘女士向陈先生的借款，刘女士应当偿还。婚后两人共同生活，陈先生多次向刘女士转账，每次数额不大，可以认为这是陈先生为表爱意自愿赠与刘女士的行为，也可以认为这是陈先生向刘女士支付的生活费用，并且在微信沟通中双方并没有借款的意思表示，因此，这 1 万元刘女士可不予返还。

10 以"结婚"方式取得的拆迁款合法吗？

江南市城东区拆迁办工作人员张某了解到江南市正在规划新商业区，隶属该区的某村即将拆迁。张某安排外地人林某与其配偶离婚，一子归林某抚养。在张某的运作下，林某与该村寡妇马某结婚，林某及其子的户口也落户到该村。3 个月后，张某安排林某与马某离婚，林某及其子独立成户。随后村庄开始拆迁，张某遂以林某名义制作补偿协议，取得拆迁款 100 万元。接着，张某授意林某与原配偶复婚，将原配偶户口也迁到这个村，又以原配偶名义申请拆迁补偿 80 万元。其中，林某分得拆迁款 80 万元，剩余 100 万元被张某占为已有。

问：林某以"结婚"的方式取得的拆迁款合法吗？

答：不合法。表面上，通过"结婚"这种合法方式，林某及其原配偶先后取得了村民资格，符合民法典婚姻家庭方面与征地拆迁的规定。但实际上，林某与张某一起骗取了征地补偿款，损害了社会公共利益，违背了公序良俗。"假结婚"是骗取拆迁款这一犯罪行为的手段，骗取拆迁款是"假结婚"的最终目的。因此，林某不仅不能以这种方式取得拆迁款，他还将与张某一起被移送司法机关，追究刑事责任。张某、林某的行为将构成贪污罪的共犯。

11 离婚协议约定由一方还债的，债权人能要求夫妻共同承担还款责任吗？

2016 年底，张某与王某登记结婚，随后张某向好友李某借款 50 万元办婚礼、买车，约定 2018 年元旦还款，并出具借条一张，借款人为张某。2018 年春节，张某与王某因感情不和而离婚，在离婚协议的共同负债中写明"欠李某借款 50 万元，由王某偿还"，该协议内容也未告知李某。2019 年 3 月，李某迟迟收不到还款，无奈下，将张某、王某告上法庭，要求两人共同偿还 50 万元与逾期利息。张某认为，按照离婚协议的约定，这 50 万元应当由王某负责还给李某，自己不应当承担还款责任。

问：张某的主张成立吗？

答：不成立。在张某与王某婚姻关系存续期间，张某向李某借款 50 万元，目的是为了办婚礼与买车。尽管借条仅由张某一人签字，但在离婚协议中，已经写明这 50 万元为张某、王某两人的共同负债。张某与王某自行分割夫妻共同财产及债权债务的约定，仅限于夫妻间的分配，对李某（第三人）并不具有约束力。对于张某与王某在离婚协议中约定这 50 万元由王某偿还，李某并不知情。因此，李某要求王某和张某共同承担还款责任，合理合法。在张某和王某共同向李某承担还款责任后，张某可以根据离婚协议的约定，要求王某支付其向李某偿还的数额。

12 父母经济条件好，子女就可以不履行赡养义务吗？

王大妈与李大叔结婚 40 年，生育一女李某。现李大叔病故，王大妈年事已高，患有冠心病、高血压和糖尿病，需要长期吃药和护工护理。王大妈认为，女儿李某长期对其不管不问不照顾，未尽到赡养义务，想要到法院起诉，要求李某支付自己看病产生的医药费、护理费 2 万元，并承担自己未来将发生的生活费、医药费、护理费等。但李某认为，一方面，自己没有支付医药费、护理费的能力；另一方面，王大妈从单位退休后有医保，每月有稳定的退休工资，还有一处房产，无论是用退休工资还是用房产抵押贷款，都可以支付王大妈的生活费用。因此，李某不愿意承担王大妈的生活费、医药费、护理费。

问：王大妈有退休工资、医保和房产，李某就可以不支付王大妈的生活费、医疗费、护理费吗？

答：不可以。《民法典》第 26 条第 2 款规定："成年子女对父母负有赡养、扶助和保护的义务。"这种赡养义务不附加任何条件。父母经济困难时，有权利要求子女支付赡养费；父母经济水平良好时，子女也需要赡养父母。子女不得以任何理由拒绝履行赡养义务。因此，尽管王大妈经济条件较好，李某也应当承担王大妈的医药费、护理费等。如果王大妈日后生活困难，按照《民法典》第 1067 条第 2 款，她还可以要求李某支付赡养费。

13 祖父母可以要求探望孙子女吗？

张先生与黄女士原为夫妻关系，育有一子小张。张先生为家中独子，2018 年初不幸因病去世。由于张先生的父母老张夫妇与黄女士在张先生遗产的分配上未达成一致意见，黄女士以各种理由拒绝老张夫妇看望小张。两年过去了，老张夫妇日夜思念孙子小张，为此老张还急火攻心先后住院两次。

问：老张夫妇想要探望孙子，该怎么办？

答：尽管我国《民法典》第 1086 条只规定了离婚后不直接抚养子女的父或母探望子女的权利，没有规定隔代探望权，但考虑到未成年人的身心健康及老年人的精神需求，在不影响监护人履行法定监护职责的前提下，祖父母、外祖父母有权探望未成年孙子女、外孙子女。一方面，成年近亲属对未成年人的物质支持和精神关怀有利于未成年人的身心发育和人格健全，符合未成年人保护的基本原则。另一方面，探望孙辈也是失独老人获得精神慰藉的重要途径，也符合传统道德和公序良俗。因此，老张夫妇可以与黄女士协商，约定探望孙子小张的适当时间和方式，如果协商不成，再要求法院酌情确定。

14 离婚时，生活困难的一方可以要求仍居住在原来的房子里吗？

2006 年，刘女士与李先生在县城结婚，两人育有一子小李。随后双方多次发生矛盾，夫妻感情恶化。2008 年，双方曾要离婚，感情未能缓和。2009 年，李先生离开县城至省城生活，其间未与刘女士共同生活。2013 年，李先生曾起诉离婚。法院判决不准予离婚。李先生在县城原有平房一处，后拆迁，分得楼房两处，其中一处在甲路，一直由刘女士及小李居住至今。刘女士曾代领过平房的拆迁补偿款及过渡费共 8 万元，其中，用于偿还李先生个人债务 2 万元，用于家庭生活 6 万元。刘女士无固定工作，也没有自己的房产。现在李先生第二次向法院起诉离婚，双方无其他共同财产与债权债务。

问：刘女士决定抚养小李，但她无房无固定收入，她可以要求李先生帮助，让她继续住在甲路的房子中吗？

答：本案中，在李先生离家期间，一直由刘女士承担家庭义务和抚育子女。离婚后，刘女士没有固定工作，也没有自己的住房，并且还需抚养未成年人小李，属于"生活困难"，可以按照《民法典》第 1090 条的规定，要求李先生给予适当的帮助。同时，按照《民法典》第 1088 条的规定，她还可以要求李先生给予离婚经济补偿。由于李先生拆迁获得了两处住房，在离婚时，李先生可以用他的住房对生活困难的刘女士提供帮助，他可以将甲路的房产过户给刘女士作为补偿，也可以按照《民法典·物权编》第十四章的相关规定，与刘女士签订居住权合同并办理登记手续，将甲路的房产继续交由刘女士和小李居住，直到约定期限届满为止。相应地，李先生也应当承担小李的抚养费。

15 约定"不离婚协议"就可以实施家庭暴力了吗？

2008 年，魏女士与谢先生相识结婚。2010 年，两人之女小谢出生。2017 年，魏女士曾与另一男子发生感情纠纷，并被谢先生发现。谢先生耿耿于怀，遂与魏女士签订夫妻忠诚协议，保证在孩子成年之前双方不离婚。2018 年，谢先生经商失败，事业出现滑坡，性情大变。此后两人经常发生争吵、打架，谢先生开始实施家庭暴力。2019 年 7 月一晚，谢先生因琐事殴打其女小谢，小谢跑出家门躲藏至同学家。第二日，学校老师发现小谢疑似遭受家庭暴力，曾对其询问，魏女士无奈之下带小谢外出租房居住。2019 年 8 月至 12 月，谢先生多次到魏女士工作的居委会撒泼吵闹。2020 年 1 月，谢先生酒后尾随魏女士到其租房处，殴打魏女士与其女小谢，魏女士见谢先生手持菜刀恐吓便跑到附近派出所报警。民警赶到家中，阻止了谢先生的暴行。在民警帮助下，当晚魏女士与小谢在酒店住宿。此后，魏女士向居委会求助，并向法院起诉，要求离婚。

（1）问：谢先生称他与魏女士有婚姻忠诚协议，所以双方在女儿成年前不能离婚，他的主张成立么？

答：不成立。第一，尽管该忠诚协议是谢先生和魏女士自愿签订的，但该协议的内容违背了《民法典》第 1041 条婚姻自由的基本原则，应属无效。婚姻自由包括结婚自由，也包括离婚自由。离婚自由权属于自然人的基本权利，不能以夫妻忠诚协议的方式予以限制或剥夺。忠诚协议更不是谢先生实施家暴行为的保护屏障。第二，本案中谢先生多次对魏女士和小谢实施殴打行为，导致公安出警阻止，其并多次到魏女士的工作场所吵闹，使得魏女士和小谢在身体和心理上都感到痛苦，行为极其恶劣严重。在调解无效的情况下，法院可以直接按照《民法典》第 1079 条第 3 款第（二）项准予魏女士与谢先生离婚。

（2）问：魏女士应如何保护自身与小谢？

答：对于谢先生的家庭暴力行为，按照《民法典》第 1091 条，魏女士可以同时要求谢先生支付损害赔偿。必要时，魏女士还可以按照《反家庭暴力法》第 29 条和第 34 条，向法院申请人身安全保护令，离婚后禁止谢先生骚扰、跟踪、接触自己与小谢等。如果谢先生违反人身安全保护令，行为严重构成犯罪的，依法追究他的刑事责任；尚不构成犯罪的，由法院对他进行训诫，还可以根据情节轻重，对谢先生处以一千元以下罚款、十五日以下拘留。

（3）问：学校可以对小谢提供哪些帮助？

答：《反家庭暴力法》第 14 条规定："学校、幼儿园、医疗机构、居民委员会、村民委员会、社会工作服务机构、救助管理机构、福利机构及其工作人员在工作中发现无民事行为能力人、限制民事行为能力人遭受或者疑似遭受家庭暴力的，应当及时向公安机关报案。公安机关应当对报案人的信息予以保密。"如果学校老师发现小谢再次遭到家庭暴力，应当及时报警，同时对小谢开展心理辅导，给予关心关怀。

第八章

继承编：财产承续有法可循

继承制度是关于自然人死亡后财富传承的基本制度，涉及千家万户的切身利益。随着人民群众生活水平的不断提高，个人和家庭拥有的财产日益增多，因继承引发的纠纷也越来越多。继承编位列《民法典》第六编，调整因继承而产生的民事关系，旨在保护自然人的继承权，是民法典的重要组成部分。

一、继承编的主要内容

继承权是指依照法律的直接规定或被继承人生前立下的有效遗嘱，与死者具有一定亲属关系的继承人依法享有取得被继承人的遗产的权利，包括法定继承、遗嘱继承。

我国《继承法》于1985年通过施行。30多年来，该法在妥善处理遗产继承、避免或减少遗产纠纷等方面发挥了积极作用。《民法典·继承编》在《继承法》的基础上，根据我国社会家庭结构、继承观念等方面的发展变化，对遗产的范围、继承人的范围、遗嘱的形式与效力、遗产管理人等内容作了大量修改完善，以满足人民群众处理遗产的现实需要，最大限度尊重被继承人的处分意志，为相关民事主体行使继承权提供有力的法律保障。继承编共4章、45条，主要规定了以下内容。

1 继承制度的基本规则

继承编第一章规定了继承制度的基本规则，重申了国家保护自然人的继承权，规定了继承开始的时间，遗产的范围，法定继承、遗嘱继承、遗赠和遗赠扶养协议的效力，继承的接受和放弃，继承权的丧失和恢复等基本制度。

《宪法》第13条规定，"国家依照法律规定保护公民的私有财产权和继承权"。这是公民私有财产继承权的宪法依据。《民法典》第1120条规定："国家保护自然人的继承权。"因此，国家保护自然人私有合法财产的继承权是《民法典·继承编》的立法目的和基本原则。具体而言，主要体现在以下几个方面：

（1）概括确定遗产的范围，保护合法财产继承权。凡是自然人死亡时遗留的个人合法财产，均可以由继承人依法继承。《民法典》第 1122 条规定，除法律规定或者根据其性质不得继承的遗产以外，自然人死亡时遗留的个人合法财产都属于遗产。依照这一规定，除法律明确禁止个人所有的财产外，只要是属于个人合法的财产，原则上都可以作为遗产，由其继承人继承。

（2）重申遗赠扶养协议优先于遗嘱继承，遗嘱继承优先于法定继承原则，充分尊重被继承人的意志。《民法典》第 1123 条规定："继承开始后，按照法定继承办理；有遗嘱的，按照遗嘱继承或者遗赠办理；有遗赠扶养协议的，按照协议办理。"

（3）不得非法剥夺继承人的继承权。除符合民法典的规定丧失继承权的情形外，不得以任何理由剥夺继承人的继承权。根据《民法典》第 1125 条规定，继承人实施下列行为的，丧失继承权：故意杀害被继承人的；为争夺遗产而杀害其他继承人的；遗弃被继承人的，或者虐待被继承人情节严重的；伪造、篡改、隐匿或者销毁遗嘱，情节严重的；以欺诈、胁迫手段迫使或者妨碍被继承人设立、变更或者撤回遗嘱，情节严重的。除此之外，任何单位和个人都无权非法剥夺继承人的继承权。

法定继承制度

法定继承是在被继承人没有对其遗产的处理立有遗嘱的情况下，继承人的范围、继承顺序等均按照法律规定确定的继承方式。继承编第二章规定了法定继承制度，明确规定了继承权男女平等原则，法定继承人的范围和继承顺序，以及遗产分配的基本制度。

《民法典》第 1127 条、第 1129 条规定，法定继承人的范围包括配偶、子女、父母、兄弟姐妹、祖父母、外祖父母，以及对公婆或岳父母尽了主要赡养义务的丧偶儿媳或丧偶女婿。其中，第一顺序继承人为配偶、子女、父母、对公婆或岳父母尽了主要赡养义务的丧偶儿媳或丧偶女婿。第二顺序继承人为兄弟姐妹、祖父母、外祖父母。继承开始后，由第一顺序继承人继承，第二顺序继承人不继承；没有第一顺序继承人继承的，由第二顺序继承人继承。

民法典还规定了代位继承制度。代位继承是指在法定继承中，被继承人的子女或者兄弟姐妹先于被继承人死亡的，由被继承人的子女的直系晚辈血亲或者兄弟姐妹的子女代替继承其应继份额的法律制度。其中，被继承人的子女或者兄弟姐妹为被代位继承人，被继承人的子女的直系晚辈血亲或者兄弟姐妹的子女为代位继承人。

《民法典》第1130条确立了遗产分配的原则，即同一顺序继承人继承遗产的份额以均等为原则，以不均等为例外。具体而言："同一顺序继承人继承遗产的份额，一般应当均等。对生活有特殊困难又缺乏劳动能力的继承人，分配遗产时，应当予以照顾。对被继承人尽了主要扶养义务或者与被继承人共同生活的继承人，分配遗产时，可以多分。有扶养能力和有扶养条件的继承人，不尽扶养义务的，分配遗产时，应当不分或者少分。继承人协商同意的，也可以不均等。"第1131条还规定了酌情分得遗产权，即："对继承人以外的依靠被继承人扶养的人，或者继承人以外的对被继承人扶养较多的人，可以分给适当的遗产。"

3 遗嘱继承和遗赠制度

遗嘱是自然人生前按照法律的规定对个人财产的处分，并于死后生效的民事法律行为。遗嘱继承是根据被继承人生前所立的合法有效遗嘱而继承遗产的继承方式。遗赠是自然人以遗嘱的方式将个人财产赠与国家、集体或者法定继承人之外的其他自然人，而于其死后生效的单方法律行为。继承编第三章规定了遗嘱继承和遗赠制度。遗嘱形式有六种：自书遗嘱、代书遗嘱、打印遗嘱、录音录像遗嘱、口头遗嘱、公证遗嘱，其中打印遗嘱、录像遗嘱为新增加的遗嘱形式。关于遗嘱见证人的资格，《民法典》第1140条规定，不能作为遗嘱见证人的人员：无民事行为能力人、限制民事行为能力人以及其他不具有见证能力的人；继承人、受遗赠人；与继承人、受遗赠人有利害关系的人。关于遗嘱的效力，《民法典》第1143条规定，无效遗嘱主要包括以下情形：无民事行为能力人或者限制民事行为能力人所立的遗嘱无效；受欺诈、胁迫所立的遗嘱无效；伪造的遗嘱无效；被篡改的遗嘱内容无效。《民法典》第1141条还规定，遗嘱应当为缺乏劳动能力又没有生活来源的继承人保留必要的遗产份额。

4 遗产处理的程序和规则

继承编第四章规定了遗产处理的程序和规则。《民法典》第1145条至第1149条新设了遗产管理人制度，具体包括遗产管理人的确定、职责、赔偿责任、报酬。关于遗产债务的清偿，民法典规定，分割遗产，应当清偿被继承人依法应当缴纳的税款和债务；继承人以所得遗产实际价值为限清偿被继承人依法应当缴纳的税款和债务。超过遗产实际价值部分，继承人自愿偿还的不在此限。继承人放弃继承的，对被继承人依法应当缴纳的税款和债务可以不负清偿责任。执行遗赠不得妨碍清偿遗赠人依法应当缴纳的税款和债务。既有法定继承又有遗嘱继承、遗赠的，由法定继承人清偿被继承人依法应当缴纳的税款和债务；超过法定继承遗产实际价值部分，由遗嘱继承人和受遗赠人按比例以所得遗产清偿。关于遗产的分割，民法典规定，遗产分割应当有利于生产和生活需要，不损害遗产的效用。不宜分割的遗产，可以采取折价、适当补偿或者共有等方法处理。遗产分割时，应当保留胎儿的继承份额。分割遗产，应当为缺乏劳动能力又没有生活来源的继承人保留必要的遗产。

二、继承编的学习运用

继承制度涉及自然人死亡后的家族财富传承，关系千家万户的切身利益。党员干部学习关于继承的各项规定，既有利于做好涉及自身继承的各种问题，也有利于做好与继承有关的群众调解工作。

随着人民群众生活水平的不断提高，自然人的合法财产日益增多，社会家庭结构、继承观念等发生了新的变化，因继承引发的纠纷逐渐增多，情形也更为复杂。《民法典·继承编》对《继承法》作出进一步修改完善，特别是针对人民群众普遍关心的问题给予回应，体现了鲜明的时代特色，符合现代司法理念，有利于促进家庭和睦、推进老龄事业发展。《民法典·继承编》条文数量增加到了45条，完善了遗产的范围、增加了丧失继承权的情形与宽宥制度、增加了打印遗嘱与录像遗嘱、取消了公证遗嘱的优先效力、新设了遗产管理人制度、引入了遗嘱信托制度，为妥善处理遗产继承、避免或减少遗产纠纷发挥了积极作用。学习运用好民法典应把握以下重点。

1 不能继承的遗产的规定

民法典采用概括式的遗产范围立法方法，优化了不能继承的遗产的规定。关于遗产的范围，《继承法》第3条规定："遗产是公民死亡时遗留的个人合法财产，包括：（一）公民的收入；（二）公民的房屋、储蓄和生活用品；（三）公民的林木、牲畜和家禽；（四）公民的文物、图书资料；（五）法律允许公民所有的生产资料；（六）公民的著作权、专利权中的财产权利；（七）公民的其他合法财产。"可见，《继承法》采用了"列举加兜底条款"的方式确定遗产的范围。随着时间的推移，人们的生产方式不断丰富、生活水平日益提高，个人合法财产也多种多样。《继承法》规定的遗产范围具有明显的时代特征，已落后于当下社会迅速发展的步伐。

《民法典》第 1122 条规定："遗产是自然人死亡时遗留的个人合法财产。依照法律规定或者根据其性质不得继承的遗产，不得继承。"由此，民法典通过"概括式规定加除外规定"的方式扩大了遗产的范围，诸如虚拟财产等新型财产类型亦可划入遗产的范围，不仅顺应了经济发展要求，也为司法实践提供了充分的认定空间与裁判依据。

根据《民法典》第 1122 条规定，构成遗产需要具备以下要素：一是主体必须为自然人，其他民事主体不发生继承的问题。二是时间上以被继承人的死亡作为界定遗产的时间点。三是财产必须是被继承人死亡时遗留的个人全部财产权利和财产义务，财产具有财产价值，人身性的客体如"荣誉"等不属于遗产的范围。根据法律规定或者根据其性质不得继承的遗产除外，限定了遗产的范围，如死亡赔偿金、丧葬补助费、死亡抚恤金等都不属于遗产。四是财产必须具有合法性，该财产依法可以由自然人享有的，自然人有合法取得依据的财产，不得违反社会公共利益和公序良俗。

民法典对于遗产范围的概括式规定较好地解决了立法技术上的问题，同时，也给司法实践带来了自由裁量权，对于某个财产是否属于遗产的范围，还需要法官结合自己的生活经验、以往判例或者司法解释来具体判定。

 丧失继承权的事由和宽宥制度

民法典增加了丧失继承权的事由和宽宥制度，以适应我国施行了 30 多年的独生子女政策的国情。继承权的丧失，是指依据法律规定在发生法定事由时取消继承人继承被继承人遗产的资格，其目的是维护社会伦理和家庭秩序，维护遗产继承秩序和被继承人的遗嘱自由。非依法定事由，非经法定程序，继承权不能任意被剥夺。

《继承法》第 7 条规定："继承人有下列行为之一的，丧失继承权：（一）故意杀害被继承人的；（二）为争夺遗产而杀害其他继承人的；（三）遗弃被继承人的，或者虐待被继承人情节严重的；（四）伪造、篡改或者销毁遗嘱，情节严重的。"

民法典在《继承法》基础上扩大了"丧失继承权"的适用情形，《民法典》第 1125 条规定："继承人有下列行为之一的，丧失继承权：（一）故意杀害被继承人；（二）为争夺遗产而杀害其他继承人；（三）遗弃被继承人，或者虐待被继承人情节严重；（四）伪造、篡改、隐匿或者销毁遗嘱，情节严重；（五）以欺诈、胁迫手段迫使或者妨碍被继承人设立、变更或者撤回遗嘱，情节严重。继承人有前款第三项至第五项行为，确有悔改表现，被继承人表示宽恕或者事后在遗嘱中将其列为继承人的，该继承人不丧失继承权。受遗赠人有本条第一款规定行为的，丧失受遗赠权。"可见，民法典增加了"隐匿"遗嘱，情节严重的，"以欺诈、胁迫手段迫使或者妨碍被继承人设立、变更或者撤回遗嘱，情节严重"的两种丧失继承权的情形。民法典规定丧失继承权的情形时，将继承人丧失继承权区分为绝对丧失与相对丧失两种类型。绝对丧失不存在恢复的问题。相对丧失，在符合条件的情况下，可以恢复继承权，又称为宽宥制度。

宽宥制度是《民法典·继承编》的一大特色。宽宥制度是指，当继承人出现法定事由而丧失继承权时，因得到被继承人的谅解而恢复继承权。宽宥制度其实就是给继承人犯错后一个悔改的表现机会，只要得到被继承人的宽恕，则适用宽宥制度，不再当然地剥夺继承人的继承权。宽宥制度充分体现了民法意思自治的权利原则。根据民法典的规定，适用宽宥制度的三种丧失继承权的情形为：一是遗弃被继承人，或者虐待被继承人情节严重；二是伪造、篡改、隐匿或者销毁遗嘱，情节严重；三是以欺诈、胁迫手段迫使或者妨碍被继承人设立、变更或者撤回遗嘱，情节严重。继承人实施上述丧失继承权的情形之一，确有悔改表现，被继承人表示宽恕或者事后在遗嘱中将其列为继承人的，不丧失继承权。

3 国家保障自然人平等的继承权

国家保障自然人平等享有、行使继承权，集中体现为继承权的男女平等、婚生子女与非婚生子女平等、养子女继子女与生子女平等等方面。

（1）继承权的男女平等。男女是否享有平等的继承权，是社会制度区分的显著标志。在奴隶制社会和封建社会，无论东方国家还是西方国家都对女子的继承权进行限制甚至否定。我国民法典真正实现了继承权男女平等，主要表现在：男性与女性享有平等的继承权（《民法典》第 1126 条）；夫妻享有平等的继承权，有相互继承遗产的权利（《民法典》第 1127 条）；在法定继承人的范围和继承顺序上，父系血亲与母系血亲平等（《民法典》第 1127 条）；在代位继承中，父系血亲与母系血亲平等（《民法典》第 1128 条）；在遗嘱继承中，男女都有权按照自己的意愿处分自己的财产（《民法典》第 1133 条）。

（2）婚生子女与非婚生子女享有平等的继承权。我国早在 1950 年的《婚姻法》中就已经确立了婚生子女与非婚生子女享有平等的继承权，《民法典》第 1127 条重申了这一规定。

（3）养子女、有抚养关系的继子女与生子女享有平等的继承权。养子女与养父母基于合法的收养关系形成拟制血亲关系，养子女与生父母脱离父母子女关系。养子女与养父母之间形成父母子女关系，产生与自然血亲的父母子女关系一样的法律效力，相互有继承遗产的权利。继子女与继父母基于扶养关系形成拟制的父母子女关系，相互有继承遗产的权利。

（4）同一顺序的继承人继承遗产的权利平等。《民法典》第 1130 条规定，凡为同一顺序的继承人，不分男女、长幼，也不论职业、政治状况，继承被继承人遗产的权利一律平等。

4 养老育幼、照顾弱者

尊老爱幼、照顾弱者是中华民族的传统美德，与社会主义精神文明建设的要求相吻合，值得发扬与传承；目前，我国尚处于社会主义初级阶段，社会保障措施还不够完善，国家和社会还无力完全负担老年人、未成年人、无劳动能力者的生活供给，这些缺乏劳动能力又没有生活来源的人的扶养责任还主要由家庭来承担。

在民法典中，主要体现在以下几个方面：

（1）保护家庭成员的权利。《民法典》第1125条规定，继承人故意杀害被继承人、为争夺遗产杀害其他继承人、遗弃被继承人或者虐待被继承人情节严重的，丧失继承权。因为在家庭生活中，老年人、未成年人以及无劳动能力又无生活来源者往往是被虐待或者被遗弃的主要对象，这一规定对于保护弱者具有特别的重要意义。

（2）保障先于被继承人死亡的孙子女、外孙子女的生活和成长。《民法典》第1128条规定，被继承人的子女先于被继承人死亡的，由被继承人的子女的直系晚辈血亲代位继承。

（3）保障子女先亡的老年人的生活，鼓励丧偶儿媳或丧偶女婿赡养公婆或岳父母。《民法典》第1129条规定："丧偶儿媳对公婆，丧偶女婿对岳父母，尽了主要赡养义务的，作为第一顺序继承人。"

（4）在遗产份额的确定上，照顾生活有特殊困难又缺乏劳动能力的继承人。《民法典》第1130条第2款至第4款规定："对生活有特殊困难又缺乏劳动能力的继承人，分配遗产时，应当予以照顾。对被继承人尽了主要扶养义务或者与被继承人共同生活的继承人，分配遗产时，可以多分。有扶养能力和有扶养条件的继承人，不尽扶养义务的，分配遗产时，应当不分或者少分。"

（5）保护老年人、未成年人以及无劳动能力无生活来源者。《民法典》

第 1131 条规定："对继承人以外的依靠被继承人扶养的人，或者继承人以外的对被继承人扶养较多的人，可以分给适当的遗产。"

（6）保护缺乏劳动能力又没有生活来源者以及胎儿的权益。根据《民法典》第 1141 条、第 1155 条的规定，遗嘱应当为缺乏劳动能力又没有生活来源的继承人保留必要的遗产份额；遗产分割时，应当保留胎儿的继承份额。

（7）确立了遗赠扶养协议制度。《民法典》第 1158 条规定："自然人可以与继承人以外的组织或者个人签订遗赠扶养协议。按照协议，该组织或者个人承担该自然人生养死葬的义务，享有受遗赠的权利。"

 权利、义务相一致原则

继承法上权利、义务相一致的含义较为宽泛，如在确定继承人的范围时，要考虑继承人与被继承人之间是否有法定的扶养义务；在确定遗产份额时，要考虑继承人所尽义务的多寡；在分配遗产时，要考虑继承人是否履行了法定的扶养义务等。

具体而言，主要表现在以下方面：

（1）法定继承人的范围以及继承顺序的确定体现了权利、义务相一致原则。民法典规定法定继承人的范围包括配偶、子女、父母、兄弟姐妹、祖父母、外祖父母。这些继承人都是与被继承人有相互扶养义务的人，并非单纯依照婚姻和血缘确定继承人，而是考虑了继承人与被继承人之间的权利和义务关系。在继承顺序的确定上也充分体现权利、义务相一致原则。根据《民法典》第 1127 条的规定，第一顺序法定继承人是配偶、子女、父母，第二顺序法定继承人是兄弟姐妹、祖父母、外祖父母；在相互扶养关系上，配偶、子女、父母为第一顺序的扶养义务人，兄弟姐妹、祖父母、外祖父母是第二顺序的扶养义务人。《民法典》第 1129 条规定："丧偶儿媳对公婆，丧偶女婿对岳父母，尽了主要赡养义务的，作为第一顺序继承人。"

（2）遗产数额的确定体现了权利、义务相一致原则。根据《民法典》第1130条的规定，同一顺序继承人继承遗产的份额一般应当均等。但是，对被继承人尽了主要扶养义务或者与被继承人共同生活的继承人，在分配遗产时，可以多分。有扶养能力和有扶养条件的继承人，不尽扶养义务的，分配遗产时，应当不分或者少分。

（3）没有扶养义务而对被继承人扶养较多的人可分得遗产以及遗赠扶养协议制度都体现了权利、义务相一致原则。对被继承人生前没有扶养义务而对被继承人扶养较多的人，有权取得适当遗产。在订有遗赠扶养协议时，扶养人按照协议履行了扶养义务的，享有受遗赠的权利。

（4）接受遗产的继承人需要偿还被继承人的债务与履行遗赠负担义务，也体现了权利、义务相一致原则。继承人继承被继承人的遗产，应当以遗产的实际价值为限偿还被继承人所欠的债务和应当缴纳的税款；在遗嘱继承或者遗赠附有义务时，继承人或者受遗赠人应当履行义务，否则取消接受遗产的权利。

6 打印遗嘱和录像遗嘱

随着科学技术的发展以及信息技术的普及，电脑打字已经非常普遍，个人电脑及电子产品部分替代了传统的书写方式。《继承法》因其制定的历史背景的局限性，相关规定的不完善和滞后性日益凸显，在遗嘱继承制度中体现得尤其突出。《民法典·继承编》在《继承法》规定的公证遗嘱、自书遗嘱、代书遗嘱、录音遗嘱、口头遗嘱的基础上，增加了打印遗嘱和录像遗嘱，实现了遗嘱形式的多样化，使遗嘱形式的立法与当今社会生活的现实状况和科技发展的实际水平相适应，具有创新性和先进性。

《民法典》第1136条规定："打印遗嘱应当有两个以上见证人在场见证。

遗嘱人和见证人应当在遗嘱每一页签名，注明年、月、日。"打印遗嘱实质上是一种书面遗嘱，遗嘱内容以数据电文形式存储在计算机等设备上的不构成遗嘱，遗嘱人须将遗嘱内容通过打印机等设备从电子数据形式转换为书面形式。根据本条规定，有效的打印遗嘱须符合以下要件：①打印遗嘱应当有两个以上见证人在场见证，见证人须符合本法规定的资格、数量、在场见证等方面的要求。②遗嘱人和见证人应当在遗嘱每一页签名，注明年、月、日。当遗嘱人和见证人没有在每一页签名并注明日期，则不能认定打印遗嘱有效。

《民法典》第1137条规定："以录音录像形式立的遗嘱，应当有两个以上见证人在场见证。遗嘱人和见证人应当在录音录像中记录其姓名或者肖像，以及年、月、日。"录音录像遗嘱又分为录音遗嘱和录像遗嘱。录音遗嘱是用录音的方式记录遗嘱人的口述遗嘱内容而形成的遗嘱。录像遗嘱是用录像机、照相机、手机等可以录制声音和影像的器材录制的遗嘱人的遗嘱内容而形成的遗嘱。相比于录音遗嘱，录像遗嘱既可以记录遗嘱人的声音，也可以记录其影像，更能直观地反映遗嘱人的真实状态和意思表示。无论采用哪种形式，遗嘱人在录音录像遗嘱中都应当亲自表达遗嘱内容，不能由他人转述。根据本条规定，有效的录音录像遗嘱需要具备以下要件：①录音录像遗嘱应当有两个以上见证人在场见证，见证人须符合本法规定的资格、数量、在场见证等方面的要求。②遗嘱人和见证人应当在录音录像中记录其姓名或者肖像的内容以及录制日期。

为了确保遗嘱的真实性、合法性，民法典在代书、打印、录音录像以及口头遗嘱中均规定了必须有两个以上见证人在场见证。《民法典》第1140条规定："下列人员不能作为遗嘱见证人：（一）无民事行为能力人、限制民事行为能力人以及其他不具有见证能力的人；（二）继承人、受遗赠人；（三）与继承人、受遗赠人有利害关系的人。"

在当前的司法实践中，如果遗嘱人想变更、撤销曾经立下的公证遗嘱，只有前往公证处才能进行更改。因为《继承法》第20条第3款规定："自书、代书、录音、口头遗嘱，不得撤销、变更公证遗嘱。"这赋予了公证遗嘱优先效力。这一规定给年事已高、行动不便的遗嘱人造成了更改遗嘱的不便。

鉴于公证遗嘱效力优先的缺陷，民法典取消了公证遗嘱效力优先的规定，同时，《民法典》第 1142 条规定："遗嘱人可以撤回、变更自己所立的遗嘱。立遗嘱后，遗嘱人实施与遗嘱内容相反的民事法律行为的，视为对遗嘱相关内容的撤回。立有数份遗嘱，内容相抵触的，以最后的遗嘱为准。"可见，民法典规定的所有遗嘱形式，其效力均属于同一层级。数份遗嘱内容相抵触的，以最后所立的遗嘱为准。这一规定切实尊重了遗嘱人的真实意愿，满足了人民群众处理遗产的现实需要。

7 遗产管理人制度

随着社会的发展，人们拥有的财产种类、形式日趋多样，造成财产处于不稳定状态的因素也越来越多。为确保遗产得到妥善管理、顺利分割，更好地维护继承人、债权人利益，避免和减少纠纷，《民法典·继承编》增加了遗产管理人制度，实现了遗产管理的制度化、规范化。

《民法典》第 1145 条至第 1149 条用 5 个条文分别规定了遗产管理人的选任、指定、职责以及遗产管理人未尽职责的民事责任、遗产管理人的报酬请求权，对遗产管理人制度作出了详细规定，填补了《继承法》在遗产管理人制度上的欠缺，增强了继承法律制度的可操作性。

第一，《民法典》第 1145 条详细规定了遗产管理人的选任程序，适应了社会财产复杂多样性对遗产管理保值增值的需求。"继承开始后，遗嘱执行人为遗产管理人；没有遗嘱执行人的，继承人应当及时推选遗产管理人；继承人未推选的，由继承人共同担任遗产管理人；没有继承人或者继承人均放弃继承的，由被继承人生前住所地的民政部门或者村民委员会担任遗产管理人。"

第二，《民法典》第 1146 条规定了遗产管理人的指定程序。"对遗产管理人的确定有争议的，利害关系人可以向人民法院申请指定遗产管理人。"

第三，《民法典》第 1147 条规定了遗产管理人的职责。"遗产管理人应当履行下列职责：（一）清理遗产并制作遗产清单；（二）向继承人报告遗产情况；（三）采取必要措施防止遗产毁损、灭失；（四）处理被继承人的债权债务；（五）按照遗嘱或者依照法律规定分割遗产；（六）实施与管理遗产有关的其他必要行为。"

第四，《民法典》第 1148 条规定了遗产管理人应承担的民事责任。"遗产管理人应当依法履行职责，因故意或者重大过失造成继承人、受遗赠人、债权人损害的，应当承担民事责任。"

第五，《民法典》第 1149 条规定了遗产管理人的报酬请求权。"遗产管理人可以依照法律规定或者按照约定获得报酬。"

三、继承编有关案例问答

1 哪些人可以取得死者的遗产？

老张（甲）死亡时有妻子乙、长女丙、次子丁。次子丁与老张一直关系不睦，一日，双方因家庭琐事发生争吵，次子丁用刀将老张刺死。老张有遗产房屋 3 间、存款人民币 20 万元，生前立有自书遗嘱，写明：房屋 3 间由甲弟戊继承；存款中的 3 万元赠给所在单位，2 万元赠给朋友己。

问：哪些人属于继承人的范围？

答：根据《民法典》第 1127 条的规定，老张的妻子乙、长女丙、次子丁、弟戊属于老张的近亲属，应属于继承人的范围。根据《民法典》第 1125 条的规定，次子丁因故意杀害被继承人老张而丧失了继承权，不再作为老张的继承人。老张所在单位和老张的朋友乙取得老张的遗产是依据《民法典》第1133条第3款关于遗嘱遗赠的规定，不属于继承人的范畴。老张朋友乙因不是老张的近亲属，所以也不是继承人。所以，只有老张的妻子乙、长女丙、弟戊属于继承人的范围。

 什么时候表示放弃继承权才有效？

老王去世后，留有遗产为价值30万元的房屋5间、存款人民币20万元、债务10万元。老王去世时有妻乙、子丙和女丁。老王生前与子丙关系不好，子丙明确表示放弃对老王的遗产继承权。老王去世后，女丁以书面形式向乙、丙表示放弃对甲的遗产继承权。

问：子丙和女丁放弃继承权是否有效？

答：本案因老王的死亡产生了继承法律关系，老王为被继承人，老王的继承人包括妻乙、子丙、女丁。在老王死亡前，乙、丙、丁享有客观意义上的继承权；在老王死亡后，乙、丙、丁享有主观意义上的继承权。《民法典》第1124条规定："继承开始后，继承人放弃继承的，应当在遗产处理前，以书面形式作出放弃继承的表示；没有表示的，视为接受继承。"本案中，丙在继承开始前，表示放弃继承权，不产生放弃遗产的法律效力，而在继承开始后，丙没有作出放弃继承权的书面表示，应视为接受继承。丁在继承开始后，向乙、丙书面表示放弃继承权，放弃有效，故丁不再享有继承权。

 放弃继承权后表示反悔的，可以撤销吗？

老刘去世后留有遗产若干，其子刘甲以书面形式向其他继承人明确表示放弃对老刘的遗产继承权。于是，老刘的另外两个儿子刘乙、刘丙对老刘的遗产进行了分割。遗产分割后，刘甲对放弃继承权表示反悔，请求撤销放弃继承的意思表示，要求继承老刘的遗产。在遭到刘乙、刘丙拒绝后，刘甲向法院提起遗产继承之诉。

问：刘甲还可以获得老刘的遗产吗？

答：不可以。《民法典》第1124条规定："继承开始后，继承人放弃继承的，应当在遗产处理前，以书面形式作出放弃继承的表示；没有表示的，视为接受继承。"本案中，继承开始后、遗产分割前，刘甲明确以书面形式表示放弃继承权的行为有效。遗产分割后，遗产已处理完毕，刘甲请求撤销放弃继承的意思表示，依法不应得到支持。即使在遗产处理前，刘甲的撤销请求权一般也不应得到支持。因为继承权的放弃常与其他继承人及第三人的利益相联系，继承权的放弃本就会对这些人的权利带来影响，如果放弃继承权后可以任意撤回，则会使遗产处于更为不确定的状态，从而给其他继承人和第三人的利益带来损害。

 故意杀害被继承人未遂，后取得其宽恕的可以恢复继承权吗？

老孙未婚配，收养乙为养子。乙成年后娶妻丙，生子丁，一家人和睦相处。后老孙被确诊为癌症晚期。乙见养父之病已无可救药，家中积蓄也消耗殆尽，认为不如让其安乐死，遂在老孙的药中投入大量的安眠药。事后，乙想起老孙对他的养育之恩，不忍其死去，便将其送至医院抢救。经抢救，老孙脱险。后乙被判处刑罚。乙服刑期满后，老孙死亡，死亡前对乙的行为表示宽恕。经查，老孙留下瓦房4间。老孙的弟弟认为乙对被继承人老孙有杀害行为，应当剥夺其继承权。乙则认为老孙生前已原谅了自己，对老孙的遗产应当有继承权。

问：乙对老孙的遗产还有继承权吗?

答：没有。根据《民法典》第1125条的规定，继承人除了故意杀害被继承人或者为争夺遗产而杀害其他继承人的情形外，确有悔改表现，被继承人表示宽恕或者事后在遗嘱中将其列为继承人的，不丧失继承权。本案中，乙的行为虽未造成老孙的死亡结果，但其行为目的是非法剥夺老孙的生命权，因此，乙故意杀害被继承人老孙的行为的性质不受影响。乙对被继承人老孙实施了故意杀害的行为，尽管其动机是让被继承人不再承受病痛折磨，但这不影响其故意杀人罪的成立，因此，乙的行为符合继承权丧失的条件，应当剥夺其继承权。

5 故意杀害其他被继承人的一概丧失继承权吗?

甲有二子乙、丙，一女丁，乙品行恶劣，作恶多端，社会影响极坏。甲多次教育，但乙仍旧不思悔改，并多次殴打甲，甚至扬言要将其打死。甲遂与丙合谋将乙杀害。甲、丙以故意杀人罪被判处刑罚。甲死后留有遗产人民币40万元。丁与丙因遗产分割发生纠纷，丁认为丙故意杀害了继承人乙，丙丧失对甲的继承权。丙认为杀乙并不是为了争夺遗产，因此，自己对甲的继承权并不丧失。

问：丙对甲的继承权丧失了吗?

答：没丧失。根据《民法典》第1125条的规定，继承人故意杀害被继承人，或者为争夺遗产而杀害其他继承人的，丧失继承权。本案中，甲、丙因对被继承人乙实施了故意杀害行为，均丧失对乙的遗产继承权。虽乙、丙同为甲的继承人，丙也故意杀害了乙，但丙杀害乙并不是为了争夺遗产，因此，丙对甲的继承权并不丧失。

受遗赠人放弃受遗赠的，如何处理？

赵某死亡后，留有遗产房屋 4 间、存款人民币 80 万元及股票若干，赵某的父母早亡，赵某有妻郑某，有子赵甲、赵乙和女赵丙。赵甲为赵某与前妻所生，赵乙为赵某与郑某所生，赵丙为郑某与前夫所生。赵丙随母与继父赵某共同生活时尚未成年，赵某承担了赵丙的抚养费。赵某生前立有自书遗嘱，明确将其遗产中的 2 万元遗赠给朋友周某，遗产中的房屋 4 间由郑某继承。赵某死亡后，周某在知道受遗赠后的 60 日内明确表示放弃受遗赠。郑某、赵甲、赵乙、赵丙为遗产继承发生纠纷，赵甲向法院提起诉讼。

问：周某放弃受遗赠的 2 万元是否适用法定继承？

答：是。根据《民法典》第 1123 条的规定，赵某生前立有自书遗嘱，继承开始后，按照遗嘱继承办理。因赵某的自书遗嘱只对部分遗产进行了处分，遗嘱未处分的遗产部分，按照法定继承办理。赵甲向法院提起诉讼，目的是确认其为赵某的法定继承人的身份并按继承份额分得赵某的遗产。根据《民法典》第 1124 条的规定，受遗赠人周某在知道受遗赠后的 60 日内明确表示放弃受遗赠的 2 万元，因此，遗产中的 2 万元适用法定继承。被继承人在遗嘱中未处分的 78 万元人民币和股票若干，适用法定继承。

签订解除收养关系协议，未办理解除登记手续的养子女是否享有继承权？

小张自幼由老张收养成人。小张在结婚后与老张达成解除收养关系的协议，但未办理解除收养关系的登记手续。老张与老吴于《婚姻登记管理条例》实施后未办理结婚登记手续即以夫妻名义共同生活，但双方均符合民法典规定的结婚实质要件。后老张因遭遇交通事故致残，收入微薄，生活清苦。小张夫妇不忍，每月向老张支付生活费并常去老张处探望、照料。老张去世后，小张、老吴和老张的同父异母弟弟老刘共同料理了老张的丧事。老张生前未立遗嘱，留有遗产房屋 5 间。小张、老吴、老刘为老张的遗产继承问题发生纠纷，三人都认为自己享有对老张遗产的单独继承权。因无法达成协议，老刘向法院提起诉讼，请求确认自己对老张的遗产继承权。

问：小张、老吴、老张的异母弟是否享有继承权？

答：老张和老吴在《婚姻登记管理条例》实施后未办理结婚登记手续即以夫妻名义共同生活，虽然双方符合民法典规定的结婚实质要件，但双方不成立事实婚姻，老吴不得以配偶身份继承老张的遗产。根据《民法典》第1131 条的规定，老吴如符合可以分得适当遗产的人的条件，则可以分得适当的遗产。小张与老张虽协议解除了收养关系，但未办理解除收养关系的登记手续，不能产生收养关系解除的法律后果，因此，小张作为老张的养子女，有权根据《民法典》第 1127 条规定继承老张的遗产。老张同父异母的弟弟虽属于老张的法定继承人的范围，但为第二顺序法定继承人，在小张行使第一顺序法定继承权的情况下，其无权继承老张的遗产。

8 被继承人的子女先于被继承人死亡的，如何分配遗产份额？

温某有一子一女，均于继承开始前死亡。温某的配偶、父亲也先于温某死亡。温某的儿子留有子女甲、乙、丙，其女留有子丁。温某的儿媳戊对其尽了主要赡养义务。温某死亡后，甲、乙、丙、丁、戊为各自应继承的份额发生纠纷，丁向法院提起诉讼。

问：温某的遗产如何分配？

答：《民法典》第 1128 条第 1 款规定："被继承人的子女先于被继承人

死亡的，由被继承人的子女的直系晚辈血亲代位继承。"甲、乙、丙、丁作为温某子女的直系晚辈亲属，符合代位继承被继承人遗产的条件，享有对温某遗产的代位继承权。同时，根据《民法典》第1129条的规定，戊对温某尽了主要赡养义务，应作为第一顺序继承人。因此，甲、乙、丙、丁、戊同为第一顺序的法定继承人。关于遗产份额的分配，《民法典》第1128条第3款规定："代位继承人一般只能继承被代位继承人有权继承的遗产份额。"原则上，被继承人的遗产应分为三份，由戊继承三分之一，甲、乙、丙三人共同继承三分之一，丁继承三分之一。

 继承人在继承开始后、遗产分割前死亡的，该继承人应当继承的遗产如何分配？

老钱有子小钱，小钱与小郑结婚并生有一女，老钱死亡后，留有遗产房屋4间和存款人民币10万元，在老钱死亡后，继承人之间尚未分割遗产时，小钱因悲伤过度猝死，死亡前留有遗嘱，明确其全部遗产由女儿继承，小钱死亡后，小郑、小钱之女因遗产继承发生纠纷，起诉到法院。

问：老钱和小钱的遗产如何分配？

答：《民法典》第1152条规定："继承开始后，继承人于遗产分割前死亡，并没有放弃继承的，该继承人应当继承的遗产转给其继承人，但是遗嘱另有安排的除外。"小钱在老钱死亡之后、遗产分割之前死亡，因此，小钱的继承人小郑、小钱之女对老钱的遗产的继承为转继承。小钱死亡后应从老钱处继承的遗产份额为其在婚姻关系存续期间继承所得的财产，为小钱夫妇共同财产（小钱夫妇另有约定除外）。在确定小钱的遗产时，应当首先进行夫妻财产分割，确定小郑的份额，剩余部分则作为小钱的遗产。

10 继承人以外的前妻对被继承人抚养较多的，如何取得遗产？

老冯与前妻老杨协议离婚，婚生子小冯由老杨抚养。老冯与老许再婚，婚后感情一般。老冯被确诊为肝癌后，老许在老冯住院之初尚能尽妻子之责，但见老冯的病情丝毫未见好转后，便改变了态度，不再对老冯进行照料，医疗费用也不及时支付。无奈之下，小冯请求老杨帮忙照料老冯。老杨念及以往的夫妻感情，在长达一年多的时间里，承担了对老冯的照料责任，并和小冯共同承担了老冯的治疗费用。后老冯去世，留有遗产房屋8间。老冯去世时，第一顺序的继承人除小冯、老许外还有其父母。老冯的父母无劳动能力也无生活来源。因老冯未立遗嘱，老许与老冯的父母、小冯发生遗产继承纠纷，老许向法院提起诉讼，请求继承老冯的遗产。在诉讼进行中，老杨提出请求，要求适当分得老冯的遗产。

问：老杨的要求能否得到满足？

答：能。根据《民法典》第1127条的规定，小冯、老许、老冯的父母均为第一顺序法定继承人，对老冯的遗产均有继承权。按照《民法典》第1130条规定的法定继承的遗产分配原则，老冯的父母属于生活有特殊困难又缺乏劳动能力的继承人，在分配遗产时，应当予以照顾，应多分遗产。老许有扶养能力，在老冯病重之际，不尽扶养义务，应当少分遗产。老杨在老冯病重期间，对老冯进行了经济上和劳务上的扶助，属于继承人以外的对被继承人扶养较多的人，有权根据《民法典》第1131条规定请求分给适当的遗产。老杨的遗产酌给请求权为一项独立的权利，在老许与老冯的父母、小冯的遗产继承纠纷诉讼中，老杨有权以有独立请求权第三人的身份参加到正在进行的诉讼中，主张自己对老冯的遗产的分配权利。

11 遗嘱内容所附义务违反法律的，是否有效？

甲生前立有自书遗嘱，将其所有的房屋 4 间、所得抚恤金给儿子乙，存款 20 万元给女儿丙，存款 10 万元给妻子丁。甲同时在遗嘱中声明：其子乙要取得对 4 间房屋的继承权，必须与戊结婚。如女儿丙先于其死亡，则遗嘱中确定归丙的份额由丙的儿子己继承。甲死后，乙与庚办理了结婚登记手续。

问：甲的自书遗嘱中哪些内容无效？

答：甲通过自书遗嘱的方式对遗产进行了处分，遗嘱中指定的继承人、继承人的应得份额、再指定继承人的确定等内容均符合法律的规定，应当认定为有效。但甲对乙继承 4 间房屋所附的义务是必须与戊结婚，该内容违反了《民法典》第 1041 条规定的婚姻自由原则，因而所附义务违法，不具有强制履行的效力。抚恤金是甲死亡后对其直系亲属的抚慰金，不是遗产，遗嘱中对该财产的处分违反法律关于遗产范围的规定而无效。

12 被继承人生前立有数份遗嘱的，如何认定其效力？

老秦与妻子生有两子一女，婚后共同购置房屋 8 间。老秦的妻子早逝。后老秦亲笔书写了第一份遗嘱，声明："东边房屋 3 间给大儿子，西边房屋 3 间给小儿子，北边房屋 2 间给女儿。"老秦在遗嘱上签署了自己的姓名和日期。老秦到公证处立下第二份遗嘱，声明："东边房屋 3 间给女儿。"后老秦指定见证人代书立下第三份遗嘱，声明："西边房屋 3 间由大儿子继承。"有两个见证人在场见证，其中一个见证人代书，代书人和老秦在遗嘱上签署了姓名和日期。老秦指定见证人录音录像制作了第四份遗嘱，声明："西边房屋 3 间由女儿继承。"录音录像完毕，见证人和老秦均在封存的音像带上签署了姓名和日期。后老秦口头立下第五份遗嘱：老秦因病住院期间，于弥留之际，申请两名护士在场见证，声明："东边3间房屋给大儿子，西边3间房屋给小儿子。"该遗嘱由记录人、其他见证人共同签名，注明年、月、日。老秦订立口头遗嘱2小时后去世。老秦死亡后，其二子一女均要求按照老秦的遗嘱，分割老秦的房产。

问：五份遗嘱中，哪些是有效的？

答：老秦亲笔书写的第一份遗嘱，遗嘱上有老秦的签名并注明了日期，符合《民法典》第1134条规定的自书遗嘱的有效要件。老秦到公证处立下的第二份遗嘱，符合《民法典》第1139条规定的公证遗嘱的有效要件。老秦指定见证人代书立下的第三份遗嘱，由一个见证人代书，遗嘱上只有老秦和代书人的签名和日期，没有其他见证人的签名，不符合《民法典》第1135条规定的代书遗嘱的有效要件。老秦指定两个见证人采用录音录像制作的第四份遗嘱，录制完遗嘱后，老秦、见证人均在封存的音像带上签署了姓名和日期。但录音录像中只记录了遗嘱人的肖像，没有记录见证人见证的肖像，因此，第四份录音录像遗嘱不符合《民法典》第1137条规定的录音录像遗嘱的有效要件。老秦因病住院期间，于弥留之际，请两名护士在场见证，以口头方式立下的第五份遗嘱，遗嘱由记录人、其他见证人共同签名，注明了年、月、日，老秦订立口头遗嘱2小时后去世，该份遗嘱符合《民法典》第1138条规定的口头遗嘱的有效要件。以上五份遗嘱中，只有第一份、第二份、第五份是有效的。《民法典》第1142条第3款规定："立有数份遗嘱，内容相抵触的，以最后的遗嘱为准。"因此，三份有效遗嘱内容存在抵触，以最后一份口头遗嘱为准。

**证明口头遗嘱真实情况的证人不具备见证人资格
是否影响遗嘱的效力？**

老韩与前妻老陈经法院调解离婚，婚生子小韩由老陈抚养，老韩与老何再婚后，双方协议离婚，但离婚后双方未办理复婚登记手续，又以夫妻名义共同生活。老韩立下自书遗嘱，声明自己的财产全部由小韩继承，后老韩突发急病，被老何和朋友老张共同乘出租车送至某医院救治。在出租车上，老韩对老张讲："我这次可能活不了了。我死后，我的财产给老何一半，你要替她做主。"出租车司机在场，听到了老韩讲话的全部内容。从出租车下来到急诊室后不到 20 分钟，老韩突然昏迷，于 7 天后去世。老韩去世后，老韩的父母、小韩因遗产继承与老何发生纠纷，向法院提起诉讼。

问：老韩的口头遗嘱是否有效？

答：否。遗嘱见证人是代书遗嘱、录音录像遗嘱和口头遗嘱的形式要件之一。在设立遗嘱现场的人可以作为证人，证明立遗嘱当时的真实情况，但并非都可以作为见证人。只有立遗嘱人指定的人才能作为见证人，因为见证人的职责是在立遗嘱人死亡后证明遗嘱人的意思表示真实与否。所以，不经遗嘱人指定的人只能是普通的证人，而不是遗嘱见证人。出租车司机不是老韩指定的见证人，虽然能够证明真实情况，但不符合遗嘱见证人的条件，因此，不能作为遗嘱见证人。老韩的口头遗嘱不符合民法典规定的口头遗嘱要求的有两个以上见证人见证的条件而无效。

 **受遗赠人知道受遗赠后、立遗嘱人死亡前作出
放弃的意思表示是否视为放弃受遗赠？**

老薛在丈夫去世后失去了生活来源，小唐是其独生子。小唐夫妇家境

富裕，但对老薛拒不赡养。老薛的邻居老沈看到老薛有困难，主动承担了对老薛的日常生活照料义务。一天，老薛突发急病，老沈急忙将其送往医院抢救，并通知小唐，老薛在手术前立下自书遗嘱，表示死后将其出嫁时带到夫家并埋在地下的一罐银圆留给老沈。在手术进行过程中，小唐夫妇赶到医院，当听说母亲将银圆赠给老沈时，小唐夫妇胁迫老沈签署了放弃受遗赠的声明，后手术失败，老薛在手术过程中死亡，老薛的遗产除一罐银圆（经评估，价值人民币12万元）外，另有债务10万元，老沈持老薛所立遗嘱，请求小唐移交遗赠物，但遭到拒绝，老沈向法院提起诉讼。

问：老沈的请求是否合法？

答：合法。老沈作出放弃受遗赠的意思表示是在老薛死亡前，因遗嘱尚未生效，老沈作出放弃受遗赠的意思表示不产生放弃受遗赠的法律效果。因此，即使未受胁迫，老沈放弃受遗赠权的行为也是无效的。老薛生前所立遗嘱符合遗嘱的有效条件，老沈在知道受遗赠后60日内明确向小唐表示接受遗赠，因此，根据《民法典》第1124条的规定，老沈享有对老薛的遗产的受遗赠权。老薛的遗嘱中没有指定遗嘱执行人，故老薛的法定继承人小唐应为遗嘱执行人。根据《民法典》第1163条的规定，老薛生前有债务10万元，遗赠给老沈的银圆价值为人民币12万元。因此，遗嘱执行人小唐应在清偿完老薛生前所欠的10万元债务后，将遗产剩余的2万元执行遗赠，移交给老沈。

15 扶养人未实际履行遗赠扶养协议内容的，是否享有受遗赠的权利？

甲为某国有企业的职工，退休丧妻后，因子乙和女丙均在外地工作，甲担心年龄增大、行动不便时自己的日常生活无人照料，便与其所在单位丁签订了遗赠扶养协议，约定甲的日常生活由单位丁派人照料，甲通过"房改"取得产权的原单位丁的房屋转归单位丁所有。协议签订后，因甲身体状况一直很好，单位丁也就没有派人照料。一日，甲遭遇车祸突然死亡。甲去世后，甲的子女乙、丙共同处理了甲的后事。后单位丁持协议要求乙、丙办理房屋过户手续，乙、丙则以单位丁未履行协议为由拒绝了单位丁的请求。

问：乙、丙是否有权拒绝单位丁的请求？

答：是。根据《民法典》第1158条的规定，单位丁为国有企业，有权与甲签订遗赠扶养协议。该协议不违反法律的规定，自成立之日起生效，单位丁应当按照协议约定履行对甲的扶养义务，并在甲死亡后履行对其安葬的义务。因单位丁没有履行对甲生前扶养和死后安葬的义务，在甲死亡后，单位丁不能享有受遗赠的权利。从这个意义上讲，甲的继承人乙、丙有权以单位丁未按照遗赠扶养协议履行扶养义务为由，拒绝单位丁接受遗赠的请求。

第九章

侵权责任编：惩恶扬善保障权利

侵权责任编，是民法典关于侵权行为发生后行为人所应当承担的民事责任的集中规定。侵权责任编独立成编，是我国民法典的重大创新。民法典共7编，最后一编是"侵权责任编"，这意味着我国民法典编纂的逻辑和主线是从民事主体的权利确认开始，然后到各类人身及财产权利的运行，最后落脚到权利受到侵害之后的保护和救济。可以说，侵权责任编是民法典的"牙齿"，是司法机关裁判民事案件的重要依据，是民法典从纸面上的法转化为行动中的法的关键。

一、侵权责任编的主要内容

侵权责任是民事主体侵害他人权益应当承担的法律后果。实施侵权行为的一方叫作行为人、侵权行为人、加害人、责任人，权益被侵害的一方叫作被侵权人、受害人、被害人、权利人。侵权行为人和被侵权人都可以包括自然人、法人或者非法人组织。

侵权责任编在 2009 年第十一届全国人大常委会第十二次会议通过的《侵权责任法》的基础上，进一步总结实践经验，针对侵权领域出现的新情况，吸收借鉴司法解释的有关规定，对侵权责任制度作了必要的补充和完善，共 10 章、95 条。从目的上看，侵权责任编致力于规定何种行为属于侵权行为、侵权行为应当承担什么样的民事责任。为了实现这一目的，侵权责任编主要规定了如下几方面的内容。

1 侵权责任的一般规则

侵权责任编首先规定了自己的调整范围，即《民法典》第 1164 条："本编调整因侵害民事权益产生的民事关系。"其次规定了侵权行为的构成要件，以及由此衍生出来的两大归责原则。再次针对实践中数人实施的侵权行为的责任认定的疑难问题，对典型情形作出规定，例如，如何区分共同危险行为和共同侵权行为，以及在数个行为人之间如何分配责任。最后规定了侵权责任的减轻或者免除事由。因为有些损害的发生并不是行为人造成的，或者行为人的行为不具有可谴责性，在这些情况下，就应当减轻甚至免除行为人的侵权责任。例如，受害人故意引起损害的，行为人就不用承担责任；受害人自身也有过错的，就可以减轻行为人的责任。

侵权责任编还有两个重要的规定：一是确立"自甘风险"规则，规定自愿参加具有一定风险的文体活动，因其他参加者的行为受到损害的，受害人不得请求没有故意或者重大过失的其他参加者承担侵权责任。二是规定"自助行为"制度，明确合法权益受到侵害，情况紧迫且不能及时获得国家机关保护，不立即采取措施将使其合法权益受到难以弥补的损害的，受害人可以在保护自己合法权益的必要范围内采取扣留侵权人的财物等合理措施，但是应当立即请求有关国家机关处理。受害人采取的措施不当造成他人损害的，应当承担侵权责任。

 损害赔偿范围的确定

在发生侵权损害后果后，首先依据侵权责任一般规则的归责原则等，来解决行为人要不要赔偿的问题，接下来就需要解决赔偿多少、怎样赔偿的问题。

首先，侵权导致他人受伤和导致他人死亡的，赔偿的范围就不同，因为造成他人人身损害的，应当赔偿医疗费、护理费、交通费、营养费、住院伙食补助费、误工费等合理费用，如果程度比较严重、造成残疾的，还应当赔偿辅助器具费和残疾赔偿金。如果侵权致人死亡的，除了前面发生的费用之外，还应当赔偿丧葬费和死亡赔偿金。

其次，侵害他人财产权利和侵害他人人身权利的，赔偿的计算标准也不同。例如，侵害他人财产的，财产损失按照损失发生时的市场价格或者其他合理方式计算；而侵害他人人身权益造成财产损失的，例如擅自使用明星的照片去进行广告宣传，那么就应当按照被侵权人因此受到的损失或者侵权人因此获得的利益赔偿。

再次，侵权行为人还可能承担精神损害赔偿责任。精神损害赔偿是在人身、财产的赔偿之外额外增加的赔偿，这是对受害人精神层面受到损害的赔偿。精神损害赔偿有一些限制性条件，否则就会形成泛滥：①权利的主体只能是自然人，不能是法人或非法人组织，因此法人不能以自己名誉权受损而主张精神损害赔偿。②必须是侵害自然人的人身权益才能主张精神损害赔偿，例如侵害他人的身体权、健康权、名誉权、隐私权等。③必须造成严重精神损害的后果，受害人才能提出精神损害赔偿的请求，一般的损害后果如愤怒、生气等，不能主张精神损害赔偿，而严重的精神损害后果，在司法实践中往往对应着相关的医学后果，如造成心理上的疾病，或者体现为具体的身体病症等。④例外情况下，可以因财产权受侵害而主张精神损害赔偿，这只限于自然人具有人身意义的特定物被严重毁损或者灭失，并且行为人出于故意或者有重大过失，同样也要求给受害人造成了严重精神损害。这种具有人身意义的特定物，往往是珍贵的纪念品、影视资料、证书等孤品，一旦被破坏就永久失去，给受害人造成心理上的重大伤害。例如，受害人是孤儿，父母在大地震中双双去世，受害人收藏的仅有的一张父母的合影，拿到照相馆复印冲洗时被丢失。

最后，为了加强对知识产权的保护，提高侵权违法成本，民法典还增加了有关知识产权侵权的惩罚性赔偿，即故意侵害他人知识产权、情节严重的，被侵权人有权请求相应的惩罚性赔偿。惩罚性赔偿数额较高，对侵权行为人具有威慑力，能够大幅度提高违法成本，从而起到强化保护知识产权的作用。

3 责任主体的特殊规定

责任主体是指因违反法律、约定或法律规定的事由而需要承担法律责任的人，包括自然人、法人和其他社会组织。一般来说，责任人就是行为人，但有些责任主体在承担侵权责任上，有一定的特殊性，这些规则需要单独作出规定。为此，侵权责任编第三章规定了无民事行为能力人、限制民事行为能力人及其监护人的侵权责任，用人单位的侵权责任，网络侵权责任，以及公共场所的安全保障义务等。

例如，对于被监护人造成他人损害的，由监护人承担侵权责任，也就是通俗说的"小孩闯祸、大人担责"。但如果监护人尽到监护职责的，可以减轻其侵权责任；对于一些有财产的被监护人造成他人损害的，例如已经有较多收入的童星、继承了财产的被监护人或者有财产的成年被监护人，则首先从他们自己的财产中支付赔偿费用，不足部分再由监护人赔偿。同时，如果监护人把监护职责委托给他人的，对于被监护人造成他人损害的责任，仍然应当由监护人承担侵权责任，如果受托人有过错的，则承担相应的责任。例如父母周末加班，将小孩寄放在亲戚家看管，如果小孩"闯祸"，还是由父母负责赔偿，但如果亲戚也有过错的，例如疏于照管小孩，那么也需要在过错范围内承担一定的赔偿责任。

再如，完全民事行为能力人因醉酒、滥用麻醉药品或者精神药品对自己的行为暂时没有意识或者失去控制造成他人损害的，仍然应当承担侵权责任。因此，喝醉酒甚至服药，都不是免除责任的理由。

 七种具体侵权责任

类似于合同编对于买卖合同、租赁合同等常见的重要合同作出规定，侵权责任编也对一些实践中与人们关系密切的侵权类型作出规定，第四章至第十章规定了7种具体侵权责任：产品责任、机动车交通事故责任、医疗损害责任、环境污染和生态破坏责任、高度危险责任、饲养动物损害责任、建筑物和物件损害责任。

侵权责任编规定了生态环境损害的惩罚性赔偿制度，并明确规定了生态环境损害的修复和赔偿规则，这是为贯彻落实习近平生态文明思想新增加的内容。为保障好人民群众的生命财产安全，侵权责任编对高空抛物坠物治理规则作了进一步的完善，规定禁止从建筑物中抛掷物品，同时针对此类事件处理的主要困难是行为人难以确定的问题，强调有关机关应当依法及时调查，查清责任人，并规定物业服务企业等建筑物管理人应当采取必要的安全保障措施防止此类行为的发生。

通过对这些内容的规定，侵权责任编就能够实现其立法目的，即能够判断一个行为是否构成侵权、如果构成侵权那么应当承担什么责任。即便出现了具体条文没有规定的新情况，也可以适用过错责任归责原则来判断是否构成侵权。此外，司法实践中还可以用《民法典·总则编》关于民法的基本原则来辅助进行判断，从而能够适用于未来的生活实践。

二、侵权责任编的学习运用

侵权责任本来是民事主体之间发生纠纷所要解决的问题，是私人之间的纠纷，除了法院需要裁判案件、分清责任以外，绝大多数情况下侵权纠纷不需要国家机关的介入。但是，党员干部仍然要学习好侵权责任的相关规定，因为，学好侵权责任编有利于党员干部了解侵权责任的相关含义、纠纷的解决思路和判断标准，从而不轻易使公权力介入老百姓私权利纠纷的解决中，有利于国家机关履行职责、行使职权时清楚认识自身行为和活动的范围和界限，在实施行政许可、行政处罚、行政强制、行政征收、行政收费、行政检查、行政裁决等活动时，注意区分行政纠纷与民事纠纷、行政职权与民事权利、行政责任与民事责任，提高依法行政能力和水平，不违背法律法规随意作出减损公民、法人和其他组织合法权益或增加其义务的决定。有关机关要依法严肃处理侵犯群众合法权益的行为和人员。

学习侵权责任编，应当与学习总则编、物权编等结合起来，侧重掌握民法典总则部分的一些基本原则、基本理念和基本制度，对侵权责任编的基本原理有所理解。

1 侵权责任编的保护范围

根据《民法典》第 1164 条的规定，侵权责任编的保护范围是民事权益。民事权益是指民事权利和一些值得保护的民事利益。典型的民事权利就是《民法典·总则编》第五章所列举的那些权利类型，包括民事主体的人身权利和财产权利，例如生命权、身体权、健康权、姓名权、名称权、肖像权、名誉权、荣誉权、隐私权、婚姻自主权、物权、债权、知识产权、继承权，等等。《民法典·物权编》还具体规定了物权的权利类型，例如所有权，包括国家所有权和集体所有权、私人所有权、业主的建筑物区分所有权、相邻权；用益物权，包括土地承包经营权、建设用地使用权、宅基地使用权、居住权、地役权；担保物权，包括抵押权、质权、留置权。可见，权利具有法定性，必须要由法律明确规定。

民事权益还包括一些值得保护的民事利益。所谓民事利益，是指虽然尚未形成为权利，但应当受到法律保护的特定利益。当时代前进、生活发展而出现了一些权利之外越发重要的利益时，法院如果认为确有保护的必要，也可以进行保护。这些利益就属于"民事权益"中权利之外的利益。目前司法中常见的权利之外的利益的保护，主要是对于死者的人格利益如姓名、肖像、名誉、隐私、遗体、遗骨等人身利益，某些尚未上升为民事权利的精神利益，某些纯经济损失的财产利益，某些财产性质的信赖利益、占有利益、虚拟财产利益，等等。

由此可见，侵权责任编的保护范围不包括宪法、行政法上的公法性权利。例如，"高考冒名顶替案"，如果权利人提起民事诉讼，则只能从姓名权、个人信息被侵害上去寻求赔偿，而不能单纯主张《宪法》上的"受教育权"受侵害而提起民事诉讼。同样，涉及公务员的录用、考核、职务升降任免、奖励、惩戒、辞职辞退等事项，也不能提起民事诉讼，而只能依照《公务员法》规定的程序向公务员主管部门等机关进行申请复核或申诉。

一般认为，债权不通过侵权责任编而是通过合同编来进行保护，例如债务人不按期还债，那么债权人应当依据合同编来主张债权，而不能依据侵权责任编来主张自己的债权受到了侵害。

侵权责任的归责原则

侵权责任法上的"归责"，是指确认和追究赔偿义务人的民事责任，而归责原则是指以何种根据确认和追究赔偿义务人的民事责任，也就是说，明确行为人承担侵权责任的原因。我国民法典上规定的侵权责任归责原则有两个，一是过错责任原则，二是无过错责任原则。简单地说，前者是因为行为人存在主观上的过错而要求其承担侵权责任；后者则是因为其行为或者物品具有高度危险性，所以不管其主观上对于损害的发生是否有过错，都要求其承担责任。

（1）过错责任原则。过错责任原则体现在《民法典》第 1165 条："行为人因过错侵害他人民事权益造成损害的，应当承担侵权责任。"行为人之所以要对损害后果负责，因为其主观心态上存在故意或者过失的不正当状态，也说明了其行为具有不正当性和非道德性。如果行为人在主观上不存在任何过错，此时行为人也不用承担侵权责任，因为其没有过错。除了法律另有规定，一般的侵权案件都适用过错责任原则来进行归责。而在一般的过错责任中，被侵权人要针对行为人提起诉讼，需要证明行为人的过错导致自己遭受了损害。但是在过错责任中，还有一种特殊的情形，叫作过错推定原则，即对行为人实行举证责任倒置，被侵权人只需要向法院证明自己因为行为人的原因而遭受了损害，至于行为人是不是有过错，则不需要证明。这是为了在一些特殊情况下保护受害人，因为受害人难以找到证据来证明行为人的过错。例如《民法典》第 1222 条就规定，患者在诊疗活动中受到损害，只要医疗机构存在隐匿、篡改、销毁病历资料等行为的，就直接推定医疗机构具有过错。

（2）无过错责任原则。无过错责任原则，有时也被称为无过失责任、严格责任、危险责任或风险责任，是指在法律有特别规定的情形下，只要行为人的行为造成了他人民事权益的损害，不论对此是否存在过错，都应当承担侵权责任。从侵权责任编的规定来看，无过错责任原则的适用范围主要集中在如下几种情形：被监护人造成他人损害的监护人责任、用人者的雇主责任、产品缺陷致人损害的责任、机动车交通事故责任中机动车一方对非机动车或行人致害的责任、环境污染和生态破坏致人损害责任、高度危险活动或设施致人损害的责任、非动物园饲养的动物致人损害的责任。无过错责任原则是适应社会化大生产和工业大发展而逐渐形成的、有利于保护受害人的归责原则，其有利于减轻被侵权人的举证负担，简化诉讼程序，保护特殊群体。但同时由于这一原则对于行为人而言要求较为严苛，所以也难免存在其局限性，对此法律通常设有一些补救措施以消减其局限性，例如对其适用范围作出严格限制、规定最高赔偿限额，等等。

侵权责任的免责事由

侵权责任的免责事由，是指按照侵权责任的归责原则和构成要件，原本应当承担侵权责任，但是由于法律的规定而无须承担侵权责任，或者可以减轻所承担的侵权责任的一些特定情形。也就是说，免责事由其实是免除责任和减轻责任两种情况的统称。侵权责任编第1173条到第1177条集中规定了免责事由，包括受害人过失相抵、受害人故意、第三人过错、自甘风险、自助行为这几种情形。

（1）根据《民法典》第1173条，受害人过失相抵，是指"被侵权人对同一损害的发生或者扩大有过错的，可以减轻侵权人的责任"。这是基于公平理念而产生的免责事由，因为侵权人造成被侵权人的损害固然值得谴责，

但如果受害人对于损害的发生或者扩大也具有故意心态或者过失，甚至是较为明显的过错，此时如果仍然要求侵权人承担全部赔偿责任而受害人无须承担任何责任，则无异于纵容了受害人的过错，这是不公平的，也无法实现对属于被侵权人部分的过错的惩戒。因此，世界各国均规定了过失相抵的免责事由。

（2）根据《民法典》第1174条，受害人故意，是指"损害是因受害人故意造成的，行为人不承担责任"。受害人故意产生完全免除行为人侵权责任的法律效果。这一规定基于两方面的理论依据，一是因果关系的切断，即在受害人故意造成损害时，行为人的行为与损害后果之间不存在因果关系，受害人的故意才是损害发生的唯一原因，行为人的行为与损害后果之间并无因果关系，不能成立侵权行为。二是基于为自己的过错承担责任的原理，在受害人故意造成的损害中，行为人的过错完全被受害人的过错所覆盖，面对损害后果所呈现出来的过错，是受害人自己的过错。

（3）根据《民法典》第1175条，第三人过错，是指如果"损害是因第三人造成的，第三人应当承担侵权责任"，同时行为人相应地减轻或免除其侵权责任。在实践中，有些损害结果表面看起来是行为人造成的，但实质上却是由第三人而导致的，正是因为该第三人的过错，才造成了损害后果，或者扩大了双方当事人之间的损害后果。此时，如果还要求行为人负责，则明显不公平，故应当由第三人承担侵权责任。

（4）根据《民法典》第1176条，自甘风险，是指自然人"自愿参加具有一定风险的文体活动，因其他参加者的行为受到损害的，受害人不得请求其他参加者承担侵权责任；但是，其他参加者对损害的发生有故意或者重大过失的除外"。例如一起打篮球、排球、羽毛球，队友或者对手不慎撞伤某队员，此时受伤的队员不能要求别人承担侵权责任，除非具有故意或者重大过错。因为这些文体活动往往伴随着一定的身体接触，而且比较剧烈，本身就具有一定的危险性，如果任何受伤都要求他人承担责任，则将会导致大家不敢从事文化体育活动，从而有损社会公共利益。当然，如果文体活动的组织者没有尽到安全保障义务的，例如场馆的场地湿滑、无关人员随意进出干扰比赛等，则组织者需要依法承担相关的责任。

（5）根据《民法典》第1177条，自助行为，是指当自然人的"合法权益受到侵害，情况紧迫且不能及时获得国家机关保护，不立即采取措施将使其合法权益受到难以弥补的损害的，受害人可以在保护自己合法权益的必要范围内采取扣留侵权人的财物等合理措施；但是，应当立即请求有关国家机关处理"；如果在此过程中"受害人采取的措施不当造成他人损害的，应当承担侵权责任"。这是为了弥补国家公权力机关救济的不足，而赋予人们暂时的、有限的实施自力救济的权利，例如，遇到吃"霸王餐"不付钱就要逃走的顾客，餐厅工作人员有权扣留其财物；交通肇事后就想逃逸的，受害人可以扣留其车辆；等等。自助行为作为自力救济手段和免责事由，要求必须是合法权益受到了侵害并且可能受到难以弥补的损害，而且是情况紧迫且不能及时获得国家机关保护的情况下，才能采取合理的措施扣留侵权人的财物。因此，将债务人非法拘禁逼迫还债的、为了保护毒品交易中的货款或者为了保护赌博行为中赢得的赌债而扣留他人财物的，都不符合自助行为的构成要件。

　用人单位的责任

用人单位的责任即单位用工责任，是指用人单位、进行和接受劳务派遣的单位对其工作人员执行工作任务时造成他人损害所应当承担的侵权责任。《民法典》第1191条规定："用人单位的工作人员因执行工作任务造成他人损害的，由用人单位承担侵权责任。用人单位承担侵权责任后，可以向有故意或者重大过失的工作人员追偿。劳务派遣期间，被派遣的工作人员因执行工作任务造成他人损害的，由接受劳务派遣的用工单位承担侵权责任；劳务派遣单位有过错的，承担相应的责任。"

据此，用人单位的工作人员因执行工作任务造成他人损害的，由用人单位承担侵权责任。因此，用人单位的用工责任，在归责原则上采取无过错责任的归责原则。也就是说，只要工作人员因执行工作任务而造成他人损害的，用人单位对此都要承担侵权责任。当然，用人单位承担责任的前提必须是工作人员的行为构成了侵权。而且，工作人员的行为必须与执行工作任务有关，造成他人损害也必须是在执行工作过程中，或者与执行工作任务具有密切联系。执行工作任务的判断标准，一是看是否处于工作时间范围内；二是看行为的性质，工作人员行为的性质是否属于完成工作任务的性质；三是看行为人的行为与执行工作任务之间的关联度。

如果工作人员是基于故意或者重大过失而造成的损害，那么用人单位在对受害人进行赔偿之后，对内有权进行追偿，要求工作人员对单位作出赔偿。因此，当工作人员因执行工作任务而造成他人损害时，用人单位应当对外即对受害人承担侵权责任，依据侵权责任编的相关规定，对受害人所遭受的损害进行赔偿，例如医疗费、护理费，等等。用人单位对外赔偿完毕之后，便可以向有故意或者重大过失的工作人员追偿。在此要注意三点，一是用人单位不能以工作人员的过错作为抗辩事由对抗受害人的赔偿请求，因为用人单位对受害人承担的是无过错责任；二是用人单位仅能对具有故意或重大过失的工作人员进行追偿，对仅具有一般过失的员工不得进行追偿，否则将会完全转嫁责任到员工身上；三是用人单位对工作人员追偿的具体方式和数额，可以依据单位的内部管理规定，或者单位与工作人员的劳动合同的约定来确定。如果工作人员认为不合理，还可以提起诉讼，由法院来进行裁判。

劳务派遣又称劳动派遣、劳动力派遣，顾名思义，是一个单位将自己的员工派遣到另一个单位从事劳动的形式，即劳务派遣单位聘用符合约定条件的劳动者，并将其派遣到接受单位的用工形式。劳务派遣是由派遣单位支付给劳动者报酬，并为劳动者办理社会保险登记和缴费等各项事务；用工单位向派遣单位就提供的服务支付劳务费。《劳动合同法》第58条规定，劳务派遣单位应当履行用人单位对劳动者的义务，与被派遣劳动者订立劳动合同。

劳务派遣的用人形式不同于一般的劳动合同，因为存在三方主体，即劳务派遣单位（《劳动合同法》称之为用人单位）、接受劳务派遣的单位（《劳动合同法》称之为用工单位）、劳动者三方，这有别于一般劳动合同中"单位—劳动者"的两方法律关系。

劳务派遣单位虽然与被派遣的员工签订了劳动合同，但并不对被派遣员工进行使用和具体的管理。在劳务派遣期间，被派遣的工作人员是为接受劳务派遣的用工单位工作，接受用工单位的指示和管理，同时由用工单位为被派遣的工作人员提供相应的劳动条件和劳动保护，所以，在劳务派遣期间，被派遣的工作人员因执行工作任务造成他人损害的，应当由接受劳务派遣的用工单位承担侵权责任。但由于工作人员毕竟是由劳务派遣单位招募甚至培训后派往其他单位从事工作的，因此，造成他人损害的原因也可能是员工不符合招聘条件，或者未经过适当培训。此时，如果劳务派遣单位在派遣工作人员方面存在过错，也应当承担相应的责任。

场所管理者、活动组织者的安全保障义务

安全保障义务，是指宾馆、商场、银行、车站、机场、体育场馆、娱乐场所等经营场所、公共场所的经营者、管理者或者群众性活动的组织者，对于进入场所或参加活动的人所负有的保障其人身和财产安全的义务。负有此种安全保障义务的主体，如果没有尽到安全保障义务，构成对安全保障义务的违反，并造成他人损害的，就应当承担侵权责任。此种侵权责任，也被称为违反安全保障义务的侵权责任。

根据《民法典》第1198条的规定，发生安全保障义务的场景和情形，包括场所和活动两种。相应地，负有安全保障义务的主体也分为两类，一是经营场所、公共场所的经营者、管理者，也被简称为场所责任；二是群众性活动的组织者，也被简称为组织者责任。

经营场所是指经营者用于营业的场所，面对不特定的公众开放，以吸引消费者或顾客的光顾，从而实现营业的目的。公共场所是指人群经常聚集、供公众使用或服务于人民大众的活动场所，其范围十分广泛。经营场所的经营者，是指经营场所的运营管理者，一般是以经营场所作为营业地的企业法人，或基于承包租赁等关系而具体从事经营场所运营管理的自然人或其他主体。而公共场所的管理者，要根据公共场所的性质以及相应法律法规的规定来判断。例如，国家林业局《森林公园管理办法》就规定，县级以上地方人民政府林业主管部门是相应级别森林公园的建设者和管理者。

群众性活动并非一个严格的法律概念，而是一个生活中的概念，其含义是指非官方组织的、多数人参加的社会活动。与群众性活动相对应的是官方活动，即公权力机关或依公权力机关授权而举行的、由多数人参加的活动。群众性活动与官方活动在法律上的区别主要在于，如果群众性活动的组织者违反安全保障义务造成损害，则应当承担侵权责任；而官方活动中发生损害的，一般按《国家赔偿法》进行处理。群众性活动的组织者，是指群众性活动的承办者，其具体负责活动的筹划、组织和进行，因此对于活动中的参加者负有安全保障义务。

安全保障义务在性质上是一项作为义务，而不是不作为的消极义务。也就是说，安全保障义务人必须进行积极的作为，以保障相关人员的人身安全和财产安全。作为义务的内容，是经营者、管理者和组织者应当按照法律法规的规定，或者行业惯例、通行做法的要求，而采取相关的安全保护措施，保障相关人员的安全。一般而言，安全保障义务的内容主要体现为责任主体在场所、设施和人员配备的义务，以及依法申报、制定方案、进行管理和告知的义务。

违反安全保障义务的责任是一种过错责任，必须是相关主体未尽到应尽的义务，才具有过错，才需要适用安全保障义务。如果纯粹是由于受害人自身的过错造成的自身损害，则应当适用受害人故意制度，免除安全保障义务人的责任。

6 学校对学生的责任

这里的学校是指针对未成年人开展教育教学的机构，也就是从幼儿园到高中，不包括大学，因为大学生一般都已经成年，不需要法律作出特别的保护规定。18周岁以下的学生在学校学习期间，既可能遭受到学校内部人员如老师、同学的伤害，也可能遭受校外人员的伤害。同时，学生既有8周岁以下的无民事行为能力人，又有8周岁到18周岁的限制民事行为能力人，根据这些不同的情况，《民法典·侵权责任编》第1199条至第1201条分别作出了规定。

（1）8周岁以下的无民事行为能力人，在幼儿园、学校或者其他教育机构学习、生活期间受到人身损害的，首先就推定学校有过错、应当承担侵权责任，但是，如果学校能够证明自己确实尽到了教育、管理职责的，则不承担侵权责任。这是因为无民事行为能力人，例如幼儿园的孩子，其智力发育还很不成熟，在遭遇侵害后，其所描述的情况甚至完全不符合成年人对于相同事实的理解，常常难以提供有效的线索，所以对于无民事行为能力人必须严格加以特别保护，将举证责任转移到学校一方，来减轻被侵权人的负担。学生遭受的损害可能来自如下几方面原因：学校的建筑物、设施、设备缺陷造成；无民事行为能力人自己造成；学校的教师和其他工作人员、内部人员造成；同在学校进行学习、生活的其他同学造成。因此，学校尽到教育和管理职责，就可以分为三方面来判断：一是对硬件设施的管理职责；二是对其内部人员的管理职责；三是对无民事行为能力人自身和其他学员的教育管理职责。

（2）8周岁到18周岁的限制民事行为能力人，在学校学习、生活期间受到人身损害的，学校只有未尽到教育、管理职责的，才应当承担侵权责任。在这里，举证责任发生了变化，应当由受害人承担举证责任，证明学校未尽到教育、管理职责，然后由学校进行反证，证明自己尽到了教育、管理职责。这是因为限制民事行为能力人的认识能力、识别能力要高于无民事行为能力人，可以由其陈述事实、进行举证。当然，被侵权人在进行举证时，一般也需要结合相关法律法规和规范性文件的规定，对于学校、教育机构存在的管理、教育缺陷或不足进行举证，或者证明学校、教育机构未能尽到其应当尽到的注意义务，从而造成被侵权人的损害。

（3）无民事行为能力人或者限制民事行为能力人在学校学习、生活期间，受到校外第三人伤害的，由第三人承担侵权责任，但是学校如果未尽到管理职责的，则应当承担相应的补充责任，之后，学校可以向第三人追偿。例如校外人员混进学校，对学生实施殴打等侵害行为的，学校门卫形同虚设、未尽职守的，则受害人一方面应当向校外人员追究责任，另一方面也可以要求学校在其过错范围内承担补充责任，学校赔偿后，再向校外人员追偿。

三、侵权责任编有关案例问答

1 冒名顶替他人上学，承担什么民事责任？

齐某与陈某同村且均是滕州八中的1990届应届初中毕业生，二人相貌有明显差异。1990年统考结束后，济宁商校发出了录取齐某为该校1990级财会专业委培生的通知书，该通知书由滕州八中转交。陈某从滕州八中将齐某的录取通知书领走。陈某父亲为此联系了滕州市鲍沟镇政府作陈某的委培单位，陈某以齐某的名义在济宁商校就读。其间，陈某父亲将原为陈某联系的委培单位变更为中国银行滕州支行，1993年陈某毕业后自带档案到中国银行滕州支行参加工作。齐某以为自己落榜，便外出打工、卖早点谋生，生活艰辛。1998年齐某偶然发现自己被陈某冒名顶替上学的事实，遂以自己姓名权、受教育权以及其他相关权益被侵犯为由，将陈某、陈某之父、滕州八中、济宁商校等一并告上法庭，请求判令各被告停止侵害、赔礼道歉，并赔偿经济损失 16 万元，赔偿精神损失 40 万元。（据《中华人民共和国最高人民法院公报》2001 年第 5 期）

问：根据民法典，齐某的诉求能得到满足吗？

答：能得到部分满足。冒名顶替案件时有出现。被冒名顶替，是被侵犯了哪些权益？《民法典》第 1012 条规定："自然人享有姓名权，有权依法决定、使用、变更或者许可他人使用自己的姓名，但是不得违背公序良俗。"第 1034 条规定："自然人的个人信息受法律保护。个人信息是以电子或者其他方式记录的能够单独或者与其他信息结合识别特定自然人的各种信息，包括自然人的姓名、出生日期、身份证件号码、生物识别信息、住址、电话号码、电子邮箱、健康信息、行踪信息等。个人信息中的私密信息，适用有关隐私权的规定；没有规定的，适用有关个人信息保护的规定。"本案中，陈某冒名顶替齐某上学，明显侵犯了齐某的姓名权和个人信息受保护的权利。受教育权是《宪法》规定的权利和义务，属于公法性权利。因此，该案通过民事诉讼来审理，只能围绕姓名权、个人信息的保护来进行裁判，因为被告不仅侵犯了原告的姓名权，而且盗用、篡改、非法使用原告的个人信息，已经构成侵权。在民事侵权案件中，保护的是当事人的民事权利，而不是公法上的权利。

在类似的案件中，如果存在公安机关违法提供、调取和修改户口信息，地方教委和大学方面审查失职、中学方面故意配合被告伪造档案截取录取通知书等方面的情节，原告可以通过行政诉讼来维权，如请求撤销被告的大学学历、学位资格。相关人员应该受到党纪、政纪的处分。如果行政机关主动处罚了相关人员，救济了原告的权利，原告也可以选择不起诉。原告的受教育权利通过民法上判令被告停止侵害、赔礼道歉，并赔偿物质和精神损失费得到救济，也可以通过行政法上的具体救济得到落实和维护。如果涉及行贿受贿、伪造证件等刑事犯罪问题，相关当事人还要受到刑事处罚。通过各个部门法的实施，全方位地保障公民的宪法权利。对于遏制高考冒名顶替事件的发生，要通过党政纪律处分、行政法律处罚和问责、刑事责任追究和民法保护等多个方面的治理，才能产生强大的威慑力。

2 见义勇为追赶肇事者，致其死亡，是否构成侵权？

2017年1月9日上午，张甲驾驶两轮摩托车与张乙驾驶的无牌照两轮摩托车追尾相撞，导致张乙受伤，张甲驾车驶离现场。经交通管理部门认定，张甲负主要责任，张乙负次要责任。

事发时，朱某驾车经过现场，发现张甲肇事逃逸，即驾车追赶。追赶过程中，朱某多次电话报警请求出警。张甲驾驶摩托车行至一村庄时，弃车进入村民家中拿走菜刀一把，朱某见状持木棍继续追赶。走出村庄后，张甲跑上公路，并向铁路方向跑去。在此过程中，路政执法大队某副大队长等人加入，与朱某一起继续追赶，并警告路上车辆，小心慢行。张甲翻过铁路护栏，沿路堑而行，朱某亦翻过护栏继续跟随。朱某边追赶边劝张甲自首。后张甲走向两铁轨中间，被火车撞倒身亡。

张甲死亡后，铁路公司与张甲之子签订《铁路交通事故处理协议》，确认死者张甲负事故全部责任，铁路方在无过错情况下赔偿原告张某4万元。随后张甲的父亲与儿子将朱某诉至法院，请求其承担侵害张甲生命权的赔偿责任。（据中国法院网2018年12月19日报道）

问：朱某是否需要对张甲之死承担侵权责任？

答：不需要。从表面上看，本案中朱某对张甲穷追不舍的行为导致了张甲走投无路、被火车撞死，这也是其家属起诉的原因。但实质上，根据侵权责任的构成要件来分析，朱某的行为并不构成侵权，因此无须承担侵权责任。

《民法典》第1165条规定的过错责任原则即"行为人因过错侵害他人民

事权益造成损害的，应当承担侵权责任"，是普遍性的侵权责任的归责原则。那么侵权责任的构成，就要求行为人存在过错、造成了损害后果，以及行为与后果之间存在因果关系。本案中，存在张甲死亡的后果，并且该后果与朱某的行为具有直接的因果关系，所以关键要看朱某的行为是否具有过错。

首先，案涉道路交通事故发生后，张甲驾驶摩托车逃离，朱某作为现场目击人，同时，根据《道路交通安全法》的规定，交通肇事后，责任人应当保护现场、抢救伤者，而张甲在撞车导致张乙受伤倒地昏迷后却选择肇事逃逸，朱某作为目击者追赶，并及时电话报警，这一行为属于制止正在发生的违法犯罪行为的见义勇为，具有正当性。然后，朱某不存在侵害张甲生命权的故意或过失，因为其行为始终克制、适度，未与张甲发生过身体接触，持木棍的行为也是在张甲持刀后的自我保护行为，没有对张甲进行暴力威胁，且对张甲进行自首的劝说。因此，朱某的行为不存在过错，不构成侵权行为，无须承担侵权责任。

3 殡仪馆弄丢骨灰盒，要不要赔偿精神损失？

蔡某的妻子孙某于 2002 年 2 月病故，遗体火化后骨灰由蔡某寄存于榆树市殡仪馆并每年按期交纳寄存费用。2018 年 6 月 6 日，榆树市殡仪馆工作人员在清点骨灰盒时发现孙某的骨灰盒不在原位置，并通知蔡某，但始终未找到。双方就赔偿事宜协商不成，蔡某遂代表自己及子女诉至法院，要求殡仪馆赔偿精神损害抚慰金 10 万元及处理骨灰盒丢失事宜产生的误工费、交通费、食宿费等 1 万元并承担诉讼费和代理费。（据中国裁判文书网 2019 年 5 月 24 日发布）

问：蔡某是否可以要求殡仪馆精神损害赔偿？

答：可以。精神损害赔偿，是指行为人对他人人身权益实施侵害并造成他人严重精神损害时，应当对他人的精神损害所承担的赔偿责任。《侵权责任法》就规定，侵害他人人身权益造成严重精神损害的，被侵权人有权请求精神损害赔偿。《民法典》第 1183 条增加了一款规定，不仅是侵害他人人身权益，侵害他人具有人身意义的特定物造成严重精神损害的，也可以请求精神损害赔偿。

骨灰从本质上讲属于物，因此丢失骨灰盒侵犯的是权利人的物权，权利人应当按照保管合同来主张赔偿。但是骨灰又不同于一般的物，是具有人身意义的特定物，与死者近亲属具有人格上的联系，承载了特定的人格利益。如果按照普通的物进行损害赔偿，则被侵权人只能获得物本身的赔偿，其因为特定物的毁损而遭受的精神层面的痛苦则无法得到补偿。那么按照民法典的这一规定，侵害他人具有人身意义的特定物，造成他人严重精神损害的，就可以主张精神损害赔偿。具有人身意义的特定物，是承载权利人的某种精神寄托，或者是能够给权利人以精神满足和安慰的特定物品。严重精神损害，既应当结合医学鉴定标准，也应当根据常人的心理感受来认定。作为专业保管骨灰盒机构的殡仪馆，将他人妻子、子女的母亲的骨灰弄丢，存在重大过失。并且按照一般观念，丢失骨灰将会对死者配偶和子女造成比较严重的精神损害，因此法院酌应支持原告的精神损害赔偿请求。

 劳务派遣过来的员工打伤他人，谁来负责赔偿?

2018 年 6 月 20 日上午，出租车司机张某某行至一植物园门口时停车下客，门卫要求其驶离，双方发生争执，纠纷中一名保安李某从背后用手臂勒住张某某的咽喉部位，致使张某某受伤昏迷，后送医抢救，经多次治疗后出院。张某某将该保安公司诉至法院，要求赔偿损失。

该保安公司辩称，李某并非该公司员工，而是另一人力资源有限公司派遣到该公司的保安人员，因此其无须对李某行为承担赔偿责任。（据中国裁判文书网 2019 年 8 月 5 日发布）

问：张某是否可以要求该保安公司赔偿损失？

答：可以。劳务派遣的用人形式不同于一般的劳动合同，因为存在三方主体，即劳务派遣单位（《劳动合同法》称之为用人单位）、接受劳务派遣的单位（《劳动合同法》称之为用工单位）、劳动者三方，这有别于一般劳动合同中"单位—劳动者"的两方法律关系。《民法典》第1191条第2款规定："劳务派遣期间，被派遣的工作人员因执行工作任务造成他人损害的，由接受劳务派遣的用工单位承担侵权责任；劳务派遣单位有过错的，承担相应的责任。"因为对第三人而言，其往往无法区分辨别工作人员究竟是接受劳务派遣的单位自己聘用的员工，还是其他公司派遣过来的员工。如果要求受害人向劳务派遣单位主张侵权责任，则受害人必将难以寻找责任人，从而无法弥补自己的损失。因此，应当由接受劳务派遣的用工单位对被侵权人承担侵权责任。

但由于工作人员毕竟是由劳务派遣单位招募甚至培训后派往其他单位从事工作的，因此，造成他人损害的原因也可能是员工不符合招聘条件，或者未经过适当培训。此时，如果劳务派遣单位在派遣工作人员方面存在过错，也应当承担相应的责任。

本案中，保安李某从张某背后勒住脖子并拖拽数米，致张某受伤，李某是其他公司派遣的劳务人员，保安公司作为接受劳务派遣的用工单位，应当对李某执行工作任务期间造成他人损害的行为承担赔偿责任，赔偿张某的医疗费、护理费、交通费、营养费、住院伙食补助费，以及因误工减少的收入等损失。

 5 网上销售的商品构成侵权，网络销售平台是否应当承担连带赔偿责任？

2008年12月22日，欧某向国家知识产权局申请了一款计步器的外观设计专利并获批。后欧某发现淘宝网上有一家店铺销售的计步器涉嫌侵犯自己的外观设计专利，遂向淘宝网发出侵权投诉，淘宝网向侵权网店转发了侵权投诉文件，侵权网店提供了反通知后，淘宝网将反通知文书转发给欧阳某某。

欧某认为淘宝网未尽一般善良管理人的注意义务，存在疏忽大意的过失，淘宝网采取的措施并不能阻止侵权后果的扩大，不构成侵权责任法规定的接到通知后采取的"必要措施"，因此，对淘宝网提起诉讼，认为其应当对损害的扩大部分与侵权网店承担连带责任。欧某起诉后，淘宝网及时删除了被投诉人中被诉侵权产品的信息。（据中国裁判文书网 2017 年 11 月 20 日发布）

问：淘宝网是否需要承担连带赔偿责任？

答：不承担。淘宝网尽到了通知与转告通知的义务，不需要承担连带赔偿责任。《民法典》第 1196 条规定："网络用户接到转送的通知后，可以向网络服务提供者提交不存在侵权行为的声明。声明应当包括不存在侵权行为的初步证据及网络用户的真实身份信息。网络服务提供者接到声明后，应当将该声明转送发出通知的权利人，并告知其可以向有关部门投诉或者向人民法院提起诉讼。网络服务提供者在转送声明到达权利人后的合理期限内，未收到权利人已经投诉或者提起诉讼通知的，应当及时终止所采取的措施。"

本案中，淘宝网某网店销售的某款计步器涉嫌侵害欧某产品的外观设计专利权，淘宝网在收到欧某的侵权投诉通知后，向侵权网店转发了侵权投诉文件，侵权网店提供了反通知后，淘宝网将反通知文书转发给欧某。在投诉人和被投诉人双方均对本案计步器产品提供相关证明材料的情况下，淘宝网难以判断被投诉人是否侵权。淘宝网在此情况下将被投诉人提供的反通知转发给欧某，在欧某起诉后，淘宝网及时删除了被投诉人中被诉侵权产品的信息。因此，淘宝网已经履行了通知、转送通知和及时删除的义务，无须承担侵权责任。

朋友聚餐饮酒后造成伤亡的，饭局参加者是否要承担责任？

李某受邀参加朋友的生日聚餐，在聚餐过程中大量饮用高度白酒，约1小时后，呈现重度醉酒的无意识状态，后聚餐的朋友将其送往酒店休息醒酒。到达酒店后，大家发现李某嘴唇青紫，遂拨打急救电话，待医生到达后，经检查，李某已呈现瞳孔散大等症状，经半小时抢救，心跳未能恢复，遂宣布死亡。

李某家属将一起参加生日聚会的其他8名聚餐人诉至法院，请求法院判决8人承担70%约40万元的赔偿责任。而8名聚餐人则以其未劝李某喝酒，还有劝阻李某继续喝酒的举动，以及在发现其醉酒后采取了一定的措施、尽到了照顾义务为由，认为不应该承担赔偿责任。（据陕西法院网2015年6月17日报道）

问：李某家属是否可以要求其他8名聚餐人承担赔偿责任？

答：可以。李某的死亡与过量饮酒有法律上的因果关系，李某本人作为完全行为能力人，应当预见到过量饮酒可能产生的危险后果，故对其死亡后果存在重大过错，应承担主要责任。同时，8名聚餐人在餐饮过程中没有有效地劝阻李某大量饮酒，在发现其已经严重醉酒的情况下，亦没有采取及时的合适的救助措施，在发现其已经生命垂危的情况下，才拨打急救电话，延误了抢救时机，具有一定的过错，故应当承担相应的赔偿责任。

关于饭局，组织者还负有安全保障义务，责任更重。《民法典》第1198条规定了群众性活动组织者的安全保障义务，而聚集饮酒属于群众性活动，一旦引发损害后果，则酒局的召集人、邀请人在司法实践中往往会承担比一般同饮者更重的赔偿责任。因此，酒局的组织者必须尽到安全保障义务，避免出现过量饮酒的情况，对于酒量较小者应当劝阻其饮酒，确保饮酒者的健康未受损。在饮酒结束后，组织者还有义务将每一位饮酒者安全护送回家、妥当安置，确保其不处于危险状态之中或者从事危险活动。

7 老人上树摘杨梅跌落死亡，景区是否应当承担赔偿责任？

2017 年 5 月 19 日，近 60 岁的吴某在某山村景区情人堤河道旁的杨梅树上采摘杨梅时，由于树枝枯烂断裂而从树上跌落，经送医院救治无效死亡。吴某的亲属认为，该山村景区在核心区域的河堤两旁种植了不少于 50 株杨梅树，杨梅树嫁接处较低、极易攀爬，每到杨梅成熟之际，都有大量观景人员攀爬杨梅树、采摘树上的杨梅，景区从未采取安全疏导或管理等安全风险防范措施。所以吴某的亲属将该山村景区告上法庭，索赔 60 余万元。（据中国裁判文书网 2020 年 5 月 6 日发布）

问：景区是否应当承担赔偿责任？

答：不应当。景区对公众开放，属于公共场所，但如何理解公共场所经营者、管理者的"安全保障义务"，是本案的关键。不能说任何人在公共场所受伤，管理人都要承担责任。违反安全保障义务的责任毕竟是一种过错责任，管理人有了过错，才需要承担责任。老人毕竟是成年人，应该知道不能私自爬树采摘别人的杨梅，更应该知道爬树对于自身的危险性，所以老人对于自身损害的发生是具有过错的，并且景区发现老人跌倒后也及时采取了救治措施，所以景区没有过错，不应当承担赔偿责任。这个案例说明安全保障义务不可滥用，不能无限度为公共场所和群众性活动的责任人增加义务，更不能只要出现有人受损的结果，就一定要追究相关主体违反安全保障义务的责任。安全保障义务必须是法律法规规定或者按照行业习惯所应当负有的义务，并且应当符合常人的判断标准，绝非兜底责任。

产品存在缺陷，厂家是否承担产品责任？

2014年1月20日，张某在新丰泰公司购买奥迪牌A4L30自动挡轿车（朱鹭白）一辆，支付购车款26.2万元。2015年7月25日凌晨，张某饮酒后驾车以170km/h的速度与广告牌发生碰撞，致其当场死亡、车辆受损。后交警部门认定，张某违反交通法规，应负事故全部责任，发生事故时，涉案车辆的安全气囊均未打开。张某母亲吴某认为事故发生时车辆的气囊并未打开才导致张某当场死亡，故将销售者新丰泰公司与生产者一汽大众公司诉至法院，要求退车退款并承担相应赔偿责任。（据中国裁判文书网2017年12月12日发布）

问：张某母亲是否可以要求新丰泰公司和一汽大众公司赔偿？

答：可以。产品是指经过加工、制作，用于销售的产品。根据侵权责任编第四章"产品责任"的规定，生产者对于产品缺陷造成的损害承担无过错责任，并且产品的销售者需要承担连带赔偿责任。即便是产品已经售出、投入流通后，发现存在缺陷的，生产者、销售者也应当及时采取停止销售、警示、召回等补救措施，未及时采取补救措施或者补救措施不力造成损害扩大的，对扩大的损害也应当承担侵权责任。

本案中，案涉车辆存在安全气囊的产品缺陷，需要召回修理，但生产者和销售者均未对案涉汽车有效履行召回义务，导致涉案汽车在发生剧烈碰撞时安全气囊全部没有打开、驾驶人张某当场死亡的损害后果，因此应当承担相应的赔偿责任。生产者、销售者对产品的召回义务，就要求其通过对售出产品进行跟踪观察、记录、收取消费者的反馈信息，及时发现售出产品的缺陷，而一旦发现产品缺陷，应当立即组织调查分析，进而及时采取停止销售、采取警示及召回等补救措施，从而尽量避免因产品缺陷而导致实际损失的发生。

9 医院抢救病危患者未经其家属同意，是否构成侵权？

2013年10月5日，高某因工受伤、生命垂危，被其工友王某送往医院抢救治疗，诊断后医院认为病情十分严重，对高某发出了病危通知书，王某在该通知书上签名。医务人员将拟在全麻下行"开颅血肿清除术"的治疗措施、医疗风险等情况书面告知了王某，并由王某在相关文书上签名确认。医务人员经医院负责人批准后为高某施行了"右侧开颅血肿清除术和去骨瓣减压术"，3天后，医务人员在取得高某父亲同意的情况下，又对高某施行了"气管切开术"，高某术后病情好转，生命体征平稳，右侧肢体配合指令运动，自行睁眼、闭眼，能发声，但不能言语，需要继续加强营养，加强患肢锻炼，密切观察病情变化。

后高某的父亲代理高某将医院诉至法院，认为医院在未取得高某近亲属同意的情况下就对高某施行了"开颅血肿清除术"，侵犯了高某的知情权、选择权，应当对高某的损害后果承担赔偿责任。（据中国裁判文书网2014年10月9日发布）

问：医院是否需要承担赔偿责任？

答：不承担。《民法典》第1220条规定："因抢救生命垂危的患者等紧急情况，不能取得患者或者其近亲属意见的，经医疗机构负责人或者授权的负责人批准，可以立即实施相应的医疗措施。"该条规定源自《侵权责任法》第56条，表明在紧急情况下不能取得患者本人或者其近亲属意见的，医院可以决定对患者采取抢救措施，不构成侵权。虽然在一般情况下，医院和医生都要尊重患者的知情同意权，实施手术、检查等，都应当经过患者本人或者其近亲属的同意。但是在特殊情况下，即患者生命垂危时，毕竟人的生命是最重要的，医院必须救死扶伤、立刻展开抢救，但同时为了防止事后发生纠纷，法律必须免除医院的后顾之忧，因此赋予了医疗机构在紧急情况下的决策权，如果无法及时取得患者本人或者其近亲属同意的，为了抢救患者，医院可以自行决定对患者实施手术，并且不构成侵权。本案中，高某被送去医院抢救治疗时处于深度昏迷、生命垂危的紧急情况，医务人员无法取得其近亲属意见，经医院负责人批准后施行的医疗行为合法，不具有过错，无须承担侵权责任。

政府机关是否可以提起环境公益诉讼？

2014年4月至6月间，安徽海德化工科技有限公司营销部经理杨某三次将该公司在生产过程中产生的废碱液交给无危险废物处置资质的李某等人处置，处置费用为每吨1300元。李某又将上述废碱液交由无危险废物处置资质的孙某处置。孙某等人于夜间在江苏省泰兴市虹桥镇大洋造船厂码头将废碱液倾倒进长江，造成了严重的环境污染，导致江苏省多地区出现集中式饮用水源中断取水的严重后果。上述污染事件发生后，靖江市环境保护局和靖江市人民检察院于2015年3月24日联合委托江苏省环境科学学会对污染损害进行评估，认定上述靖江市长江段发生的三次水污染事件共造成环境损害1731.26万元。（据中国裁判文书网2018年12月26日发布）

问：江苏省人民政府是否可以对海德公司提起环境污染侵权赔偿公益诉讼？

答：可以。根据民法典的规定，行为人因污染环境、破坏生态造成他人损害的，应当承担侵权责任。在涉及环境污染和生态破坏的侵权案件中，国家规定的机关或者法律规定的组织还有权提起公益诉讼，对于能够修复的生态环境，可以请求侵权人承担修复责任。

本案中，化工公司雇人数次向长江倾倒废碱液的行为，给长江水质造成了严重污染，污染区域大、持续时间长、后果严重，构成生态环境侵权行为。由于国务院已经授权江苏省人民政府作为本省内生态环境损害赔偿权利人，因此省人民政府有权就江苏省行政区域内的污染环境、破坏生态所造成的损害提起诉讼。

11 生态环境损害的赔偿范围有哪些？

2012 年 7 月至 2015 年 7 月，徐某未经林业局批准，连续多次非法开垦林场林地 105 亩用于改造成参地种植人参谋利，砍伐焚毁白桦、云杉、落叶松等平均年龄在 13—48 年之间的商品林。经评估机构评估，徐某非法占用的林地恢复植被费用约为 17.55 万元，其非法开垦的有植被的 62 亩林地生态效益价值约为 14.96 万元。

吉林省人民检察院长春林区分院对徐某提起了公益诉讼，请求法院判令徐某承担林地恢复费用约 17.55 万元、生态环境受到损害至恢复原状期间服务功能损失费用约 14.96 万元、鉴定费用 7000 元、公告费 1500 元。（据中国裁判文书网 2018 年 11 月 2 日发布）

问：破坏生态环境造成损失的赔偿范围包括哪些？

答：《民法典》第 1235 条规定了破坏生态环境造成损失的赔偿范围，即："违反国家规定造成生态环境损害的，国家规定的机关或者法律规定的组织有权请求侵权人赔偿下列损失和费用：（一）生态环境受到损害至修复完成期间服务功能丧失导致的损失；（二）生态环境功能永久性损害造成的损失；（三）生态环境损害调查、鉴定评估等费用；（四）清除污染、修复生态环境费用；（五）防止损害的发生和扩大所支出的合理费用。"

本案中，徐某未经林业局批准，连续多次非法开垦林地用于改造成参地、谋取私利，破坏了林场的森林植被，对当地的生态环境造成严重的后果，法院根据《侵权责任法》和《最高人民法院关于审理环境民事公益诉讼案件适用法律若干问题的解释》的相关规定，判令徐某承担生态环境受到损害至恢复原状期间的服务功能损失费用。此外，经评估，该块被毁坏的林地生态效益价值包括涵养水源、水土保持、碳氮平衡等共约 14.96 万元，对于原告提起的这一生态环境受到损害至恢复原状期间的服务功能损失费用，法院也予以支持。另外，对于评估费、鉴定费等费用，需要原告提供支出必要费用的证据才能得到法院的支持。

 高压线下钓鱼触电身亡，供电厂是否要赔偿？

广西一名男子黄某与朋友在柳州市柳江区进德镇一条小河边钓鱼时，身处高压线下，钓鱼过程中不慎触电，经抢救无效死亡，其家属将柳江供电公司起诉至法院，要求赔偿 63 万余元损失。

黄某家属认为，事故发生地的高压线路属于柳江供电公司经营管理，事故发生时，该地点附近没有设置任何安全警示标志，通往河边的小路边草木茂盛，严重遮挡行人观察高压线的视线。因此，柳江供电公司作为事故地点高压线路的经营者，应当承担侵权责任。而供电公司则认为，该地点高压电线高度符合相关规定，事故发生地点已经悬挂有警示性标志，且柳江供电公司只是电力运营企业并非电力管理部门，没有设立安全警示牌的义务。同时，黄某作为完全行为能力人，明知高压线下钓鱼存在重大安全风险，手持 3 米多长的鱼竿在架空电力线路保护区内钓鱼，其行为本身违反了《广西电力设施保护办法》相关规定，存在重大过错，造成损害后果应由黄某自己承担。（据《法制时报》2017 年 12 月 26 日报道）

问：黄某家属是否可以要求柳江供电公司赔偿？

答：可以。《民法典》第 1240 条规定："从事高空、高压、地下挖掘活动或者使用高速轨道运输工具造成他人损害的，经营者应当承担侵权责任；但是，能够证明损害是因受害人故意或者不可抗力造成的，不承担责任。被侵权人对损害的发生有重大过失的，可以减轻经营者的责任。"本案中，受害人是钓鱼过程中不慎甩杆触电，属于重大过失而非故意，柳江供电公司作为涉案高压电输电线路的经营者，应对黄某的死亡承担无过错赔偿责任，不能主张完全免除责任，只能减轻赔偿责任。法院认为，一方面柳江供电公司作为涉案高压电输电线路的经营者，应对黄某的死亡承担无过错赔偿责任。另一方面黄某作为完全民事行为能力的成年人，明知高压电具有相当危险性，仍到高压电线下垂钓，鱼竿触及高压电线，造成自身身亡，其行为属重大过错，对自身的死亡负有责任，故可适当减轻柳江供电公司的赔偿责任。最后法院综合全案情况，判决柳江供电公司承担 60% 的赔偿责任，向黄某家属赔偿各项损失共计 37 万余元。

13 捡到的流浪狗咬伤他人，谁来承担赔偿责任？

2013 年 4 月，董某在街上捡到一条流浪狗，狗脖颈上拴有狗链，董某牵着狗去打牌，打牌期间将狗交给打牌地点附近的一个朋友，朋友将狗拴在街边一棵树上，董某在二楼棋牌室打牌期间，其朋友曾到二楼告知董某自己有事外出。后来，小学生刘某放学路过时，被狗咬伤面部，支出医疗费 1065 元。刘某将董某诉至法院要求赔偿医疗费，董某则认为自己既不是小狗的所有人，也不是管理人，本案与己无关，无须赔偿。（据中国裁判文书网 2014 年 3 月 20 日发布）

问：董某是否需要对刘某承担赔偿责任？

答：需要。《民法典》第 1249 条规定："遗弃、逃逸的动物在遗弃、逃逸期间造成他人损害的，由动物原饲养人或者管理人承担侵权责任。"该条规定来源于《侵权责任法》第 82 条，可见，遗弃、逃逸的动物咬伤他人的，原来的饲养人或者现在的管理人都需要承担赔偿责任。本案一审法院认为，董某不是流浪狗的所有人或者管理人，因此驳回了刘某的诉讼请求。二审法院认为，董某在捡到流浪狗后实际控制管理小狗，董某在打牌期间将小狗交给他人拴到路旁树上后，小狗将刘某咬伤，董某作为小狗的管理人应当承担相应的侵权责任；在小狗已被拴在树上的情况下，刘某作为无民事行为能力人路过时被咬伤，其监护人具有过失，也应自负部分责任，减轻董某的责任。最后改判董某承担刘某医疗费损失的50%。因此，如果收留了遗弃、逃逸的动物，那么收留人就属于动物新的饲养人或管理人，此时对于动物造成的损害就需要承担赔偿责任。

 高空抛物造成他人损害，谁来负责赔偿？

武汉市一小区居民丁某抱着出生刚46天的孙女何某在楼下晒太阳，突然高空掉下一个水泥块，将孙女砸伤，送往多家医院救治，经鉴定为七级残疾。案发后有人报警，派出所立即组织小区物业对该小区11栋100余户居民逐层逐户调查走访，但无论是居民室内还是小区外墙皮，均未发现相似的水泥块。（据中国裁判文书网2016年9月28日发布）

问：何某家属是否可以起诉小区业主？

答：可以。根据《民法典》第1254条的规定，从建筑物中抛掷物品或者从建筑物上坠落的物品造成他人损害的，由侵权人承担责任，难以确定具体侵权人的，由可能加害的建筑物使用人给予补偿。同时要求物业服务企业等建筑物管理人未采取必要的安全保障措施的，承担未履行安全保障义务的侵权责任；并且还要求公安等机关应当依法及时调查，查清责任人。这里主要是将物业服务企业加入到责任人范围内。因为在现代住宅小区中，居民互不相识，物业公司对于各户居民的情况更加清楚，也更有能力对楼宇进行管理、巡视，对小区居民进行宣传、教育以及上门谈话、取证等。那么物业服务企业就应当加强对小区居民的安全教育宣传，加强对高楼外墙面、栏杆、空调外挂机等设施的安全巡查，必要时在楼宇低层安装防护网等遮挡装置，安装必要的探头进行事后取证，发生高楼抛物的事件后积极救助受害人、保护现场、主动报警等，否则一旦发生损害，在无法查明具体责任人时就可能需要承担违反安全保障义务的责任。

无证驾驶摩托车撞上倾倒的树木死亡，公路管理局是否需要赔偿?

2012 年 4 月 20 日深夜，受害人李某 1 无证驾驶借来的两轮摩托车搭乘哥哥李某 2 行驶至省道某处时，突然发现一棵树斜横倒在公路路面上，将机动车道和非机动车道完全挡住，躲闪不及撞树。李某 1 当场死亡，李某 2 多处受轻伤。经查，在事故发生路段两边都种有该鬼柳树，广西壮族自治区平乐公路管理局每年都对鬼柳树进行管理及维护，李某 1 撞到的鬼柳树长在公路边砌砖边线的路边，该树已干枯死亡。李某 1 的家属起诉要求公路管理局赔偿死亡赔偿金、丧葬费、误工费、精神损害抚慰金、交通费等各项损失共计人民币 40 万元。（据中国裁判文书网 2014 年 12 月 13 日发布）

问: 公路管理局是否需要对李某 1 死亡的后果承担赔偿责任?

答: 需要。《民法典》第 1257 条规定:"因林木折断、倾倒或者果实坠落等造成他人损害，林木的所有人或者管理人不能证明自己没有过错的，应当承担侵权责任。"因此，只有公路管理局证明自己对涉案树木的倾倒没有过错时，才无须承担责任，否则就应当承担赔偿责任。该条规定源自《侵权责任法》第 90 条:"因林木折断造成他人损害，林木的所有人或者管理人不能证明自己没有过错的，应当承担侵权责任。"该条明确规定林木折断致人损害的侵权责任适用过错推定责任原则，即只要林木的所有人或者管理人不能证明自己对林木折断致人损害不存在过错的，就应当承担损害赔偿责任。在认定公路管理局应否对李某 1 的死亡承担赔偿责任时，法院认为，本案中倒地的树已干枯死亡，公路管理局应当预料到大风可能导致干枯的树折断而没有及时清理干枯的树木，导致干枯的树横倒在公路路面上，将机动车道和非机动车道完全挡住，李某 1 的死亡后果与树木折断具有因果关系，公路管理局也无法证明自己没有过错，因此应当承担 60% 的赔偿责任。死者李某 1 无证驾驶摩托车深夜上路行驶，未尽到安全驾驶、谨慎注意义务，是造成该事故的次要原因，应当自负 40% 的责任。

第十章

领导干部要做学习、遵守、维护民法典的表率

领导干部是全面推进依法治国的"关键少数",同样也是实施民法典的"关键少数"。2020年5月29日,习近平总书记在中共中央政治局就"切实实施民法典"举行第二十次集体学习时的讲话中指出,各级党和国家机关要带头宣传、推进、保障民法典实施,加强检查和监督,确保民法典得到全面有效执行。各级领导干部要做学习、遵守、维护民法典的表率,提高运用民法典维护人民权益、化解矛盾纠纷、促进社会和谐稳定能力和水平。这一论述深刻指出了领导干部在实施民法典中的关键作用,对此应深刻领会、切实践行。

一、切实实施民法典的关键所在

2021年1月1日，民法典将正式实施，这是事关人民群众现实生活的一件大事，也是事关社会治理、社会和谐稳定的一件大事。民法典本身就是自治、法治、德治融合一体的化身。民法典赋予了民事主体在私法领域极大的自主权。民事主体通过民法典的私法精神和各项规范，可以实现自我教育、自我管理、自我服务和自我监督，自然而然地参与了社会治理。实施好民法典对于统筹推进社会治理的基础性工作，防范化解各类风险源，推进社会治理现代化和法治中国的进程，有着十分重要的意义。

切实实施民法典、维护社会和谐稳定，需要全党全社会共同努力，关键在于各级领导干部的态度、决心和行动。领导干部是我们党执政的骨干力量、中坚力量，建设中国特色社会主义法治体系，建设社会主义法治国家，在法治轨道上促进改革发展、维护社会和谐稳定，要靠领导干部去组织、去推动，需要领导干部的法治意识、法治素养有一个大的提升。领导干部负有维护和保障民法典实施的基本职责，能不能推动和确保秉公执法、公正司法，直接关系到法治权威的树立，关系到法治秩序的形成和法治建设的成效；领导干部是民法典实施的引领者、示范者，自身带头了、做好了，就能以上率下，带动全体人民弘扬民法精神、遵照民法活动，积极投身法治中国建设。

总体上看，当前党员干部特别是领导干部的民法观念在不断增强，遵照民法办事能力也在不断提高，但与全面推进依法治国的要求还存在差距，少数领导干部不清楚公法与私法的界限，公权力插手影响私权利行使的事情时有发生。

其实，地方政府的很多法律事务直接或间接与民法相关，例如：特别法人的资格（机关法人、农村集体经济组织法人、城镇农村的合作经济组织法人、基层群众性自治组织法人）确立，自然资源、土地的开发利用和保护，土地的确权出让征收，农村土地的"三权分置"，政府采购，国企改制，国企的法人治理结构，劳动人事争议处理，等等。这就要求各级领导干部要增强民法意识，最大限度尊重市场主体的意思自由和契约必守的理性，平等对待各类市场主体，充分尊重市场主体的权利，善于运用合同安排事务，让民法精神入脑入心，养成平等思维、权利和义务思维、契约思维等民法思维。

当今时代是法治时代，全面推进依法治国，领导干部带头尊法学法守法用法是题中应有之义。领导干部是否称职，很重要的一个方面就是看有没有法治思维和法律意识、具不具备法治能力、能不能坚持依法办事。这就需要各级领导干部顺应时代要求，带头学习民法典、遵守民法典、维护民法典、践行民法典，努力做法治型领导干部。在学习民法典上，应当全面深入，做到先学一步、高出一筹；在遵守民法典上，应当严格自律，真正内化于心、外化于行，在私法领域时时处处以民法为准绳，在生活中养成遇事找法、办事依法、解决问题靠法的行为习惯；在运用民法典上，应当联系实际、活学活用，尽力维护人民权益、化解矛盾纠纷、维护社会和谐稳定。领导干部在民法典实施方面真正做好了，就能起到引领作用，带动全社会尊崇民法典、践行民法典，汇聚起维护社会和谐稳定的强大力量。

二、带头树立和弘扬民法理念和精神

民法以充分保障权利为己任，制度设计、法律施行和法律教育均以权利为线索和中心。民法典彰显民法理念和精神，以保障民事权利为核心，关切每个人的权利，是一部保护个人权利的法律。领导干部要做学习、遵守、维护民法典的表率，首先要带头树立和弘扬民法理念和精神，在切实保障公民权利上增强思想自觉和行动自觉。

1 人身权和财产权是基本人权

民法典调整两大社会关系即人身关系和财产关系，由此创设了各种性质、各种形态、各种功能的民事权利，这些林林总总的权利，是把生存权、发展权这些基本人权具体化，增进的是全体人民的经济、政治、社会、文化、环境权利，促进的是人的全面发展。民法典以人身权和财产权为主构成的权利体系，规定权利保护和救济规则，体现了以人民为中心的发展理念和治国理念，对于维护人民权益、推动我国人权事业发展具有重大意义。党员干部必须熟知这些权利，充分尊重和保障人权。

人身权包括人格权和身份权。人格权包括生命权、身体权、健康权、姓名权、肖像权、名誉权、荣誉权、隐私权、婚姻自主权等权利，其中尤以体现人格尊严价值的名誉权和体现自由意志价值的自由权为重，它们是人的社会属性的法律要求，社会越发展，文明越进步，人类对于人格权的追求就越强烈，人格权之于人的存在价值就越重要。身份权包括亲权、监护权、亲属权等。

财产权包括物权、债权、知识产权（知识产权中有人格性权利）和股权等。物权包括所有权、用益物权、担保物权，用益物权前已介绍，担保物权有抵押、质押和留置的不同分类。债权主要包括合同债权、不当得利债权、无因管理债权和侵权损害赔偿债权。知识产权主要包括著作权、专利权、商标权、植物新品种权、地理标志权、商业秘密权、集成电路布图设计权等。所有权是最基本的财产权利，对物的占有、使用和收益是人得以生存的物质基础，对物的处分是人得以与他人发生经济交往的法律前提。各种用益物权、担保物权乃所有权之派生，其本身就是权利人行使所有权的结果。现代社会所有权的效力受到一定程度的限制，但对个体成员所有权的一定限制是为了在全社会范围内更好地实现所有权的价值，进而最终达到每一个体成员获享更广泛权利的效果。

权利神圣不受侵犯

法治精神的重要一条就是：对公权力来讲，"法无授权不可为"；对私权领域而言，就是"法不禁止即自由"。"法不禁止即自由"是民法典最基本的法治精神，它引申出私权神圣的理念。《民法典》第3条规定："民事主体的人身权利、财产权利以及其他合法权益受法律保护，任何组织或者个人不得侵犯。"这个条文体现的就是私权神圣的理念。私权神圣是民法的基本理念和精神，指公民权利受到法律的充分保障，不受任何个人或组织的侵犯，非依法律程序不得限制或剥夺。权利是人之为人的价值所在，对权利的侵犯就是对人性的贬损，故权利不受侵犯乃私权神圣的应有之义。民法不仅要为民事主体充分地创设权利，在立法上为其享有权利提供最大限度的可能性，更要为这些已创设的权利提供切实有效的保护，不允许任何人以任何方式侵犯自然人和法人的权利，更不允许对权利的非法限制与剥夺。

民法典的侵权责任制度是权利不受侵犯原则的具体化，其价值体现在三个方面：（1）任何权利在遭受不法侵犯时，权利人都有权通过法律途径获得救济；（2）法律救济以使受侵害的权利恢复到未受侵害时的状态为原则，着眼于补救和惩罚；（3）根据权利的种类不同设定不同的救济措施和责任方式。

 切实保障民事权利实现

民法典为我们开出了需要保障的"权利清单"，实现好、维护好、发展好这些权利，是对党和政府提出的实实在在的要求，也是对领导干部提出的实实在在的要求。

治国理政，法治是基本方式。法治重在规范约束公权力，根本目的在于保障私权利。从根本上说，公权力的设立与运行以保障人民的人身权利和财产权利的实现为目的。领导干部要依法积极主动行使公权力，保障民事权利的实现。立法机关需及时做好与民法典相关的立法工作，应加强同民法典相关联、相配套的法律法规制度建设，做好新立、修改和废止工作。同时，要针对实践中不断出现的新情况和新问题适时推动民法典的完善；行政机关应将民法典作为依法行政的重要标尺，严格规范公正文明执法，推进法治政府建设，不得侵犯民事主体的合法权益；司法机关应提高民事案件审判水平和效率，提高司法公信力，完善相关司法解释，加强对民事审判工作的指导和监督，加强民事检察工作，畅通司法救济渠道，防止民事案件刑事化；司法行政管理部门应重视法律援助、司法救助等工作，鼓励引导法律专业机构和专业人员充分发挥作用；多方面推进民法典实施工作。例如，针对高空抛物行为，民法典新增公安机关的调查职责；针对个人信息保护，民法典规定了国家机关、承担行政职能的法定机构及其工作人员的保密义务。领导干部应按照民法典的规定，主动履行职责义务，保障民事权利实现。

三、切实增强民法思维和依法办事能力

民法典的生命力在于实施，民法典的权威也在于实施。领导干部带头尊法学法守法用法，重在付诸实践、知行合一，切实把民法理念和精神体现到生活和工作实践中，不断提高运用民法思维和方式、依照民法规定和制度解决问题的能力。

1 增强民法思维

民法思维是将民法的诸种要求运用于认识、分析、处理民事问题的思维方式，是一种以法律规范为基准的逻辑化的理性思考方式。领导干部民法思维的强弱，直接影响着民法典的实施效果，学好用好民法典应切实增强民法思维。

（1）平等思维。平等是民法典的基石，民法典调整的人身关系和财产关系是平等主体之间的关系。在民法典的视野中，各类主体的法律地位平等、自然人的权利能力一律平等、各类物权平等受法律保护、婚姻关系中男女平等、继承权男女平等。可以说，民法典处处洋溢着平等的精神。平等也是市场交换的前提，"无平等无交换"。平等思维要求在资源配置、立法、执法、司法等活动中做到内外资、国企民企一视同仁，公私产权同等保护，反对行业垄断、部门割据、地方保护，反对各种形式的歧视。当然，民法典强调平等，但也重视对未成年人、老年人、妇女、消费者等群体的保护。当市场主体的实力和谈判能力严重失衡时，民法不会坐视不管，强制缔约、强制性规定的设定，就是为了矫正事实上的过于不平等可能造成严重不公平的后果。

（2）权利和义务思维。法律是权利义务的规范系统，权利和义务是法律的最小构成单位。法律正是通过权利和义务调整社会关系，平衡各方利益。对于法律现象，若从权利义务的角度去衡量、判断就会清晰得多、轻松得多。权利和义务思维就是要求领导干部从权利和义务两个维度分析、认识社会关系，明确包括政府在内的各方当事人的权利、义务和责任，进而公平、合理、妥善处理历史遗留问题和当下社会矛盾。权利和义务思维要求领导干部认真对待权利。正如美国哲学家罗纳德·德沃金所言："如果政府不认真地对待权利，那么它也不能够认真地对待法律。"市场经济是权利经济，政府等公权力机构不总是以公权力的行使者身份出现，在市场经济舞台上，政府是最大的买家。因此，领导干部在工作中要重视权利实现，防止国有资产流失。同时，也要重视义务履行，避免不履行或不完全履行合同的市场失信行为，这也是对政府尊重其他市场主体权利的基本要求。领导干部一定要认识到权利和义务相辅相成，遇到问题首先想到的应当是各方的权利义务，

尊重权利，履行义务。

（3）契约思维。契约是当事人为自己立的法。企业是各种生产要素所有者间以及其和客户间的一系列契约的集合。市场是契约的总和，任何形式的交换，必须借助于契约这一形式方可实现。契约连接了企业，构成了市场，影响了社会，培育了平等、自由、独立、诚信的品格和环境，我们没有理由不尊重契约。尊重契约，就要相信市场主体的理性，相信市场的力量，相信社会的自治能力。契约不仅是市场交换的工具，也是社会治理、政府治理的有效手段。契约不仅存在于私法领域，也存在于公法领域。善用契约，就是要善于运用平等协商的契约方法，通过当事人自主参与，事先理性、周密地安排各种事务，并对自己参与后果负责。善用契约，不仅仅是简单地借用契约这一形式，而是要用契约精神深化改革、推进创新，尊重市场主体的理性，尊重其正当的利益。

 恪守权力运行边界

法治，重在规范约束公权力。对民事主体而言，法不禁止即自由；对掌握公权力的国家机关而言，法无授权即禁止。法律赋予国家机关的公权力是由在国家机关工作的领导干部具体行使的。因此，领导干部在工作中，要时刻牢记权力受法律的约束，权力的行使有法定的边界，不得越界，充分尊重民法典赋予民事主体的权利。

行政机关应依法行政，立法机关应在权力范围内行使立法权。不论是行政机关还是立法机关，都不能让公权力跨越边界。立法机关和行政机关，以及司法机关等国家机关在任何情况下都应审慎行使公权力，防范权力越界。

3 运用民法化解矛盾、维护稳定

当前，随着我国经济不断发展、社会深刻变革、科技日新月异，民事主体越来越多元、民事主体间法律关系的内容越来越丰富、利益关系越来越复杂。同时，人们的权利意识、公平意识和法治意识不断增强，调整民事法律关系和平衡民事主体间利益的难度越来越大，人们对政府和领导干部工作的要求越来越高。这些都迫切需要领导干部更加注重运用民法思维和方式来解决相关问题。

各级领导干部要积极适应推进国家治理体系和治理能力现代化的新要求，善于运用民法思维和方式化解矛盾、维护稳定。一是提升化解矛盾纠纷的能力。学习领会民法典新精神、新规定，如民法典对夫妻离婚（第1079条）、继承人遗产分割（第1132条）等问题均提出可以进行调解，要把掌握和运用民法典作为履行自身职责、做好群众工作、推动改革发展的重要本领，不断提高维护人民权益、化解矛盾纠纷、促进社会和谐稳定的能力和水平。二是提升基层法治化治理水平，从源头上减少矛盾纠纷。继续扩大公共法律服务覆盖面，在法律咨询服务中宣传民法典，引导当事人更多运用调解方式妥善化解民事纠纷。三是提升化解矛盾纠纷的效果。进一步完善矛盾纠纷多元化解机制，综合运用人民调解、商事仲裁、商事调解等，增进有关当事人之间的相互理解和信任，切实做到定分止争。

这方面，上海市政府相关部门对2009年"上海楼盘倒塌事件"的处理就是一个很好的案例。2009年6月27日清晨5时30分左右，上海市闵行区莲花南路、罗阳路口西侧"莲花河畔景苑"小区内一栋在建的13层住宅楼全部倒塌。事故发生后，上海市政府迅速成立了事故调查组，事故调查组认定其为重大责任事故，6名事故责任人被依法追究刑事责任，相关政府官员也被问责。除了需要依据相关行政法和刑法进行责任认定和对相关人员进行责任追究外，小区内未倒覆楼房的后续建设问题也是事故处理的关键，直接关系到业主的利益。这是一个民法领域的问题，是开发商与业主之间的民事法律关系。上海市的政府部门在这一问题的处理上可圈可点，没有利用公权力强迫业主接受处理方案，也没有将矛盾焦点引致本不属于该法律关系中民事主体的政府自身，而是大力协调和督促在建楼房原开发商在听取业主诉求的基础上出台未倒覆楼房后续处理的操作方案，事情也得以较好解决。

四、自觉担负宣传普及的重要责任

切实实施民法典，必须营造全民尊崇、学习、遵守、运用民法典的良好社会环境。这就需要领导干部不仅要尊崇民法典、学习民法典、遵守民法典、运用民法典，而且要切实肩负起普法宣传、法治教育的责任，深入基层、深入群众，利用各种时机、各种场合，宣讲民法典、普及民法知识，带领群众一道尊法学法守法用法，让民法典走到群众身边、走进群众心里。

在宣传普及的内容上，应把以下几个方面作为重点。一是宣传普及实施民法典的重大意义。2020年5月29日，习近平总书记在中共中央政治局第二十次集体学习时的讲话中指出，要讲清楚，实施好民法典是坚持以人民为中心、保障人民权益实现和发展的必然要求。要讲清楚，实施好民法典是发展社会主义市场经济、巩固社会主义基本经济制度的必然要求。要讲清楚，实施好民法典是提高我们党治国理政水平的必然要求。二是宣传普及民法典主要内容和基本框架。民法典共10万多字，分为7编和附则，共1260条，要宣讲好总则、物权、合同、人格权、婚姻家庭、继承、侵权责任的主要内容，以及各编之间的逻辑结构与内在关系。三是宣传民法典六大基本原则。民法典的基本原则是整个民法典通用的价值准则，对整个民法典起到基础性、宏观性的指导作用，对民法典配套制度的制定、具体民事案件的裁判、与民事活动有关行政管理都具有重要指导意义。万变不离其"宗"，民法基本原则就是民法的"宗"，要大力宣传平等、自愿、公平、诚信、守法和公序良俗、绿色六大基本原则，让群众从整体上掌握民法典的"宗"和灵魂，有效指导自己的工作和生活。

在宣传普及的方式上，应注意开展分众化、对象化宣传，注重群众参与互动，增强宣传普及的针对性、实效性。如司法行政管理部门要加大民法典的宣传力度，拟定和组织实施民法典宣传教育规划，促进人们形成尊法、学法、守法、用法的良好法治氛围。立法、司法和执法部门要将民法典的宣传融入到日常工作中，通过每一项与民法典相配套的制度、每一个与民法典有关的案件、每一次与民法典相关的事务处理向社会和当事人宣传民法典。新闻媒体则应精心策划，积极配合立法、司法、执法部门开展民法典宣传普法工作，为其提供包括网站、微博、微信、手机客户端、电视、电台、报刊等在内的多样的、适合各类宣传对象的和有效的传播方式。

后 记

法律是治国之重器，良法是善治之前提。民法典是新中国成立以来第一部以"法典"命名的法律，立足我国国情，回应人民需求，反映中国特色和时代要求，彰显权利本位的民法精神，必将对全面依法治国、国家治理体系和治理能力现代化起到重大推进作用。

民法典是"社会生活的百科全书"，不管是衣食住行、生老病死还是婚丧嫁娶、生产经营，我们每天都在自觉不自觉地与民法打交道。从个人到家庭再到社会，慈母般的民法每时每刻都在为我们的生活保驾护航。

民法典的生命力在于实施。法国著名思想家卢梭曾言，一切法律之中最重要的法律，既不是刻在大理石上，也不是刻在铜表上，而是铭刻在公民的内心里。不管是从为了国家发展得更好而言，还是从为了自己生活得更好来说，我们每个人都应该好好学习、认真研读这部厚重的法律文献，真正做到内化于心，外化于行。

作为宣传思想文化工作者，我一直注重学习法律，也比较关注党员干部的法律学习。党员干部是社会的先锋力量，在民法典学习上理应先学一步、学深一层。但是民法典专业性强、术语很多，要学深悟透并不容易。如果编写一本深入浅出、通俗易懂的辅导读物，将使广大党员干部的民法典学习之路轻松快捷许多。

把这样的认识和想法与李雅云教授沟通后，她也非常认同，并爽快答应牵头组织撰写一本这样的书。李雅云教授是我在中央党校读书时非常尊敬的老师，从事民法教学 30 多年，专业造诣非常深，为人又极为谦和。在李老师的感召下，很快聚集了一群志同道合的民法学同仁。这其中既有知名教授，也有青年学者、资深法官和律师。大家工作有别、身份不同，但学养都深、目标一致。在李老师的具体指导下，写作团队密切配合、紧锣密鼓、有序推进，写出了这样一本专门针对党员干部学习民法典的普及读物。

虽然时间紧张，但是写作团队并没有为赶时间而放松质量要求，而是树立精品意识，每个人都极端负责，紧紧把握本书定位、紧扣党员干部思想实际和工作实际，用心用情写作、力求好读管用。具体操作层面，既讲解核心要义和重点问题，也兼顾基本框架、整体逻辑；既注重条分缕析透彻讲法，也重视以案释法、以案普法；既做到严谨规范、准确阐释，也尽量通俗易懂、深入浅出。总之，力争为党员干部提供一本高质量的易读易看、实用管用的民法典学习辅导书。

感谢中共中央党校（国家行政学院）副教育长、中国法学会副会长卓泽渊教授，中国人民大学原常务副校长、中国法学会副会长、中国法学会民法典编纂项目领导小组副组长王利明教授大力支持、欣然为序。两位大家的信任与期许，对写作团队是极大的鞭策与鼓舞。

本书是由我和出版社沟通设计总体框架，李雅云教授统筹指导本书的写作，其余各人分工负责。具体承担撰写任务的是：第一章，中共中央党校（国家行政学院）政治和法律教研部刘锐教授、博士生导师；第二章，南京审计大学法学院沈玲讲师、博士；第三章，山东省委党校（山东行政学院）政治和法律教研部司春燕副教授；第四章，中共中央党校（国家行政学院）政治和法律教研部李雅云教授、博士生导师；第五章，四川容宇律师事务所律师、中共中央党校（国家行政学院）法学理论博士严蕊；第六章，山东师范大学法学院谢慧副教授；第七章，北京市第一中级人民法院法官、中共中央党校（国家行政学院）法学理论博士崔丹妮；第八章，华东政法大学徐宏副教授；第九章，北京理工大学法学院民法典研究中心主任孟强副教授；第十章由我、刘锐教授和沈玲博士联合撰写。各部分初稿完成后，由李雅云教授和我进行统一修改定稿。

当然，由于水平有限，书中难免有疏漏和不足之处，敬请广大读者提出宝贵意见。

李林宝

2020 年 8 月